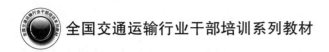全国交通运输行业干部培训系列教材

Zonghe Jiaotong Yunshu Tixi Gailun
综合交通运输体系概论

毕艳红　王战权　主编

人民交通出版社股份有限公司
China Communications Press Co.,Ltd.

内 容 提 要

本书为全国交通运输行业干部培训系列教材之一。主要内容包括:综合交通运输体系概述、综合交通运输体系的战略与规划、综合交通运输体系的政策法规与标准、综合交通运输体系建设的重点任务和建设经验与典型案例。

本书可供交通运输行业干部培训使用,也可供交通运输行业相关人员参考。

图书在版编目(CIP)数据

综合交通运输体系概论/毕艳红,王战权主编. —北京:人民交通出版社股份有限公司,2017.1
 ISBN 978-7-114-13476-0

Ⅰ.①综… Ⅱ.①毕… ②王… Ⅲ.①综合运输—交通运输系统—概论 Ⅳ.①F502

中国版本图书馆 CIP 数据核字(2016)第 277308 号

书　　名:综合交通运输体系概论
著　作　者:毕艳红　王战权
责任编辑:李　斌
出版发行:人民交通出版社股份有限公司
地　　址:(100011)北京市朝阳区安定门外外馆斜街3号
网　　址:http://www.ccpress.com.cn
销售电话:(010)59757973
总　经　销:人民交通出版社股份有限公司发行部
经　　销:各地新华书店
印　　刷:北京市密东印刷有限公司
开　　本:787×1092　1/16
印　　张:16.5
字　　数:340 千
版　　次:2017 年 1 月　第 1 版
印　　次:2017 年 1 月　第 1 次印刷
书　　号:ISBN 978-7-114-13476-0
定　　价:38.00 元

(有印刷、装订质量问题的图书由本公司负责调换)

前言

干部教育培训是建设高素质干部队伍的先导性、基础性、战略性工程。交通运输行业干部教育培训是提高交通运输行业干部队伍素质，保障交通运输行业可持续发展的关键。"十三五"及未来一段时期将是交通运输行业贯彻五大发展理念、加强法治政府部门建设、加快供给侧结构性改革、实现行业治理体系和治理能力现代化的重要时期，面临转型升级、结构调整、提质增效、推进综合交通运输体系建设的艰巨任务。交通运输作为经济社会发展的先行官，迫切需要建设一支适应"四个交通"发展的高素质的干部队伍。交通运输部党组高度重视干部教育培训工作，强调要通过集中轮训、专题培训、岗位培训、网络培训等方式，突出重点，统筹推进各级各类干部教育培训。目前交通运输行业迫切需要一套体系完整的行业干部教育培训系列教材。

交通运输部管理干部学院按照部党组的要求，贯彻《干部教育培训工作条例》，"适应不同类别干部教育培训的需要，着眼于提高干部综合素质和能力，逐步建立开放的、形式多样的、具有时代特色的干部教育培训教材体系"。学院全面推进正规化建设，高度重视培训教材建设，在部人事教育司的大力指导下，与人民交通出版社签订了战略合作协议，组织开发了全国交通运输行业干部培训系列教材。《综合交通运输体系概论》是系列教材中的一本。

《综合交通运输体系概论》作为综合交通运输方面的干部教育培训教材，坚持由浅入深、循序渐进、易学易懂、重点突出的原则，针对干部教育培训的特点，既有理论方面的基础知识，又有实践方面的案例作为指导，突出综合交通运输发展的实践经验，便于交通运输系统领导干部和从事交通运输相关管理的人员学习。

本教材由张柱庭负责整个教材框架和结构设计，毕艳红负责教材编写过程的组织协调工作，王战权负责整个教材统稿工作。教材共分十七章，其中王战权主要参与第四章、第十四章、第十五章、第十六章、第十七章编写，李风主要参与第二章、第三章、第五章、第十三章编写，李丽丽主要参加第九章、第十章、第十二章编写，李莲莲主要参加第六章、第八章编写，韩国兴主要参加第一章、第十一章编写，陈晖主要参加第七章编写。

由于编写水平有限，存在不足之处，敬请谅解。

编者
2016 年 10 月

第一篇 综合交通运输体系概述

第一章 交通运输发展概述 ……………………………………………………… 2
第一节 世界交通运输发展的历程及特征 ………………………………… 2
第二节 我国交通运输发展历程 …………………………………………… 5
第三节 交通运输发展的主要经验和问题 ………………………………… 10

第二章 综合交通运输的内涵及发展趋势 …………………………………… 15
第一节 综合交通运输的内涵与特征 ……………………………………… 15
第二节 综合交通运输的发展趋势 ………………………………………… 17

第三章 综合交通运输体系的构建与行政管理 ……………………………… 20
第一节 综合交通运输体系的内涵 ………………………………………… 20
第二节 综合交通运输体系的构建 ………………………………………… 21
第三节 综合交通运输的行政管理体制 …………………………………… 26

第二篇 综合交通运输体系的战略与规划

第四章 综合交通运输体系发展战略 ………………………………………… 34
第一节 战略思想 …………………………………………………………… 34
第二节 战略目标 …………………………………………………………… 37
第三节 战略方案 …………………………………………………………… 38
第四节 战略保障 …………………………………………………………… 42

第五章 综合交通运输体系发展规划 ………………………………………… 44
第一节 综合交通运输体系发展规划的内涵 ……………………………… 44
第二节 综合交通运输体系发展规划的方法 ……………………………… 47
第三节 综合交通运输体系发展规划的评价方法 ………………………… 51

第三篇　综合交通运输体系的政策法规与标准

第六章　综合交通运输体系的政策 · 56
第一节　综合交通运输体系的政策概述 · 56
第二节　综合交通运输体系的政策内容 · 59

第七章　综合交通运输体系的法律法规 · 65
第一节　综合交通运输现有法律制度 · 65
第二节　综合交通运输法律制度发展趋势 · 73

第八章　综合交通运输体系的标准 · 79
第一节　综合交通运输体系的标准 · 79
第二节　综合交通运输标准体系内容 · 81

第四篇　综合交通运输体系建设的重点任务

第九章　综合交通运输体系的通道建设 · 90
第一节　综合交通运输体系的通道特征 · 90
第二节　综合交通运输体系通道的建设内容 · 99

第十章　综合交通运输的枢纽建设 · 108
第一节　综合交通运输体系的枢纽特征 · 108
第二节　综合交通运输枢纽的建设内容 · 111

第十一章　综合交通运输体系的装备发展 · 120
第一节　综合交通运输体系的装备要求 · 120
第二节　综合交通运输体系装备发展趋势 · 123

第十二章　综合交通运输体系的技术支撑 · 132
第一节　综合交通运输体系的技术支撑 · 132
第二节　综合交通运输体系技术支撑建设的主要任务 · 136

第十三章　综合交通运输体系信息化的支撑 · 149
第一节　综合交通运输体系的信息化 · 149
第二节　综合交通运输体系信息化建设的主要内容 · 149

第十四章　货物多式联运 · 154
第一节　货物多式联运的概念与分类 · 154
第二节　货物多式联运的发展历程 · 163
第三节　货物多式联运的意义和重点 · 167

| 第四节 | 货物多式联运组织与实施 | 172 |
| 第五节 | 国内外货物多式联运典型案例 | 181 |

第十五章 旅客联程联运 185
第一节	旅客联程联运	185
第二节	旅客联程联运组织与实施	189
第三节	国内外旅客联程联运典型案例	193

第五篇　建设经验与典型案例

第十六章 国外综合交通运输体系的建设与实践 198
| 第一节 | 国外综合交通运输体系建设经验 | 198 |
| 第二节 | 国外综合交通运输体系建设典型案例 | 209 |

第十七章 我国综合交通运输体系建设与实践 215
第一节	"十二五"综合交通运输体系规划	215
第二节	综合运输服务"十三五"发展规划	225
第三节	杭州市域综合交通运输协调发展规划	231
第四节	上海虹桥综合交通枢纽总体规划设计	243

参考文献 255

第一篇

综合交通运输体系概述

第一章 交通运输发展概述

第一节 世界交通运输发展的历程及特征

近现代交通运输的发展主要是伴随着工业化进程逐渐发展起来的,欧美国家作为近现代工业文明的发源地,其现代化交通运输系统的形成基本上反映了人类的交通发展轨迹。在18世纪60年代英国率先开始的工业革命之前,人类基本上处于原始游牧经济发展到传统的农业社会,再到工场手工业的阶段。随着工业化的发展,交通运输先是出现了运河运输、带有蒸汽动力的轮船运输,然后出现了铁路运输、管道运输、公路运输以及20世纪初的航空运输;从20世纪50年代开始综合运输发展阶段,对运输效率、效益以及服务质量的追求使运输业的发展出现了集装箱化的运输以及物流服务等。工业化的发展需要运输大量的原材料及产成品,并且规模化的生产对运输的需求也越来越大,工业化还造成大批以农业为生的农民离开世代耕作的土地,进入城市成为产业工人,从而促进了城市化的发展,促进了人员的流动。工业化引起的经济社会的变化使人与货物的空间移动在规模上和速度上的需求大幅增长,从而要求交通运输业进行革命性的变化以适应其发展。在工业化的初期及中期阶段,旅客及货物运输的需求巨大,运输网不断扩大,运输量迅速增长;进入工业革命的中后期,随着产业结构的不断升级以及科技的发展,运输逐渐追求效率、效益和服务质量,对运输在"量"上的追求逐渐转变为对"质"的追求。反映在运输量上的变化是在工业革命的初期,运输量先逐渐加速增加,然后增速逐渐减慢,到缓慢增加进入饱和状态甚至出现下降的过程。

总之,国外交通运输的快速发展开始于19世纪初,经历了从低级到高级、从传统到现代的发展阶段。发展至今已经历了五个阶段,而每个阶段分别有其各自的特点(见图1-1)。

一、水路运输为主的发展阶段及特征

交通运输以水路运输为主的发展阶段是从19世纪初期到19世纪中期。

1765年,英国人詹姆士·瓦特改良了蒸汽机,随后这一项代表最先进生产力的工业技术被广泛应用,以煤炭为燃料、蒸汽机为动力的机械化生产方式出现了。到18世纪后半叶,工业革命取得显著进展,工业发展对煤炭、矿石、原料和钢铁产品等大宗散货运输的需求日益剧增。1807年美国罗伯特·富尔顿发明的蒸汽机船试航成功,使

船舶成为新型生产工具。由于利用天然航道而构成水路运输,投资少、成本低、占用土地少、运输能力大,很快成为各个海洋和内河条件好的国家积极发展的运输方式。从19世纪初期到中期,大部分欧美国家都经历了一次水运大发展和运河大建设时期,极大地促进了这些国家社会经济的高速发展。

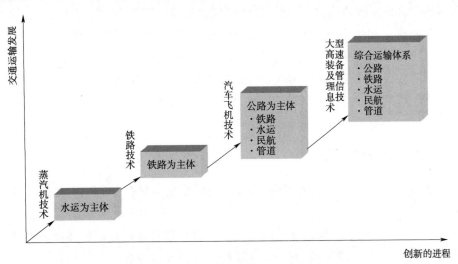

图1-1　交通运输发展过程

二、铁路运输为主的发展阶段及特征

交通运输以铁路运输为主的发展阶段是从19世纪30年代至20世纪30年代。

19世纪初蒸汽机车的发明,将铁路运输方式的广泛应用带入到一个新的时期。1825年9月27日,世界上第一条行驶蒸汽机车的永久性公用运输设施——英国斯托克顿—达灵顿的铁路,正式通车运营,并投入公共客货运输,揭开了铁路运输的新纪元。铁路以其迅速、便利、经济等优点,深受人们的重视,西欧各国和美国都进入了铁路建设的高潮,横贯美国大陆的铁路就是在这个时期建成的。此后的100多年间,世界铁路运输进入高速发展阶段。欧美各国不断掀起筑路高潮,到20世纪40年代,仅美国的铁路里程就达到了40万km,由于铁路运输速度快,运输能力大、可全天候运行,所以在相当长的时期内,几乎垄断了陆上的客货运输任务。铁路的修建促进了沿线经济社会的发展,打破了单纯依赖沿江、沿河进行产业布局的限制,带动了国土开发。时至今日,铁路运输仍在交通运输中占有十分重要的地位,尤其是发展中国家,铁路运输仍为陆上运输的主要方式。

三、公路、航空、管道运输发展的阶段

20世纪30年代至50年代公路运输、航空运输和管道运输相继出现,成为继水路运输、铁路运输之后的新型运输方式。

19世纪末,德国人本茨发明了汽车,在铁路运输发展的同时,随着汽车工业的发

展,公路运输悄然兴起。由于公路运输机动灵活、迅速方便,不仅在短途运输方面显示出优越性,而且随着大载重专用货车、各种完善的长途客车和高速公路的出现以及路网规模的迅速扩展,使公路运输在中、长途运输中与水路、铁路运输展开竞争。

世界航空产生于19世纪末至20世纪初,由于航空运输在速度上的优势,不仅在旅客运输方面占据重要地位,在货运方面发展也很快。随着石油工业的发展,管道运输开始崭露头角,由于管道运输具有成本低、输送方便、有连续性的特点,目前它主要运输的货物是原油、成品油、天然气、矿砂和煤浆等化工流体。

这一阶段,铁路运输、水上运输也有长足的发展,但公路、航空、管道这三种运输发挥的作用显著增强,此时航空和管道运输虽有惊人发展,但与公路运输尚未形成竞争态势。

四、综合发展的阶段

20世纪50年代至70年代,交通运输体系呈现出多种交通运输方式综合发展的局面。

自20世纪50年代以来,水路、铁路、公路、航空和管道运输都已在经济发展中占有一席之地,随后的一段时间,五种交通运输方式以其自身技术经济特点和社会经济发展的需要,继续在国民经济中发挥着作用,出现了多种交通运输方式共同服务于社会经济发展的局面,也就是交通运输综合发展的阶段。但是,由于资本主义社会运输业发展的盲目性,各种运输方式没有形成合理的分工,造成运输企业间竞争激烈,从而造成极大的重复和浪费。

这一时期交通运输发展的特点是五种交通运输方式并存但无序,各种交通运输的优势没能得到充分发挥。

五、一体化综合协调发展的阶段

交通运输的一体化综合协调发展阶段始于20世纪70年代。

交通运输发展到20世纪70年代,各种方式的交通运输都已经取得了较大发展。与此同时,人们开始认识到在交通运输业各种运输方式的优势与不足,以及五种运输方式是相互制约、相互影响的关系,许多国家开始有计划地进行交通运输方式的综合规划,协调各种运输方式之间的关系,其重点是进行铁路、公路、航空和管道运输之间的合理分工与协调发展,发挥各种运输方式的优势,各显其能,开展联运,构建海、陆、空立体交通的综合运输体系。在欧美等发达国家,城市化之后的郊区化现象使得机动车运输有了很大发展,私家车的广泛普及引发了越来越多的社会经济问题,诸如交通安全、拥堵、土地资源紧张、环境污染、全球气候变暖、能源消耗过多等,使交通问题一时成为制约社会发展的棘手问题,为大家所诟病。在此背景下,一些发达国家相继提出交通一体化综合协调发展的战略思想。

到20世纪末,美国已经明确规划发展一体化交通运输,并将交通运输一体化作为一项运输政策提交美国国会。1991年,美国国会通过《陆上综合运输体系效益法案》,明确提出"美国的运输政策是:发展经济高效、环境友善、为国家参与全球竞争奠定基础、以较高的能源效率运送旅客和货物的国家综合交通运输体系系统。"1997年,欧盟在其有关综合运输体系的政策文件中对综合运输体系的定义做了全面、系统的阐释说明:"综合运输体系"是运输系统的一种特性,这种运输系统在门到门的运输链中,按照整合的方式,至少使两种不同的运输方式得到利用。此外,自20世纪90年代以来日本提出"为了加强国际和国内运输网络,运输部将坚定地推进综合运输体系系统的开发建设,在这个系统中,通过运输基础机构(硬件)的发展和运输服务(软件)的改善,使陆、海、空各运输方式实现更有效的一体化。目标是引导日本交通运输成为安全、可靠、环境友好和技术先进的现代交通运输系统。"

在一体化综合协调发展阶段,交通运输发展的特点应该是多种交通运输方式分工合理、衔接高效、有机耦合地构成一个完整的运输体系,相互影响,相互促进发展,更好地为社会经济发展服务。

综上所述,发达国家交通运输业发展大致经历了三个阶段,不仅反映出运输结构的变化,也反映出各种运输方式的技术更新、市场地位变化、相互之间分工协作关系以及与国民经济工业化的关系的演变;不仅是一个发展阶段逐步更替的过程,同时也是发展模式转变的过程(见图1-2)。

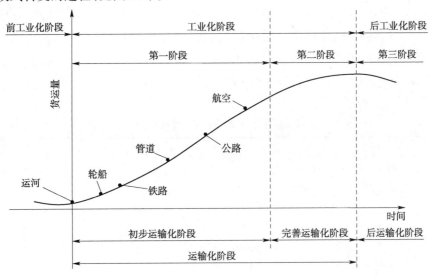

图1-2 交通发展阶段与经济发展阶段的关系

第二节 我国交通运输发展历程

我国交通运输发展的近60年中,以铁路为骨干,公路、水运、民用航空和管道组成的综合运输网基本形成。交通运输建设成效显著,不仅满足了持续快速增长的经济发展的需要,也大大方便了人民群众的生活。铁路营业里程由1949年的2.18万km增加到 2015 年末的 12.1 万 km。公路里程由 1949 年的 8.07 万 km 增加到 457.73 万 km;特别是高速公路从无到有,迅速发展,2015 年末已达到 12.35 万 km。内河航道通航里程由 1949 年的 7.36 万 km 增加到 12.70 万 km。输油(气)管道里程由 1958 年的 0.02 万 km 增加到 12 万 km。

一、我国水路运输的发展历程及特征

我国是世界上水路运输发展较早的国家之一。公元前 2500 年已经制造了舟楫,商代就有了帆船。公元前 500 年前后中国开始工凿运河。唐代对外运输丝绸及其他货物的船舶直达波斯湾和红海之滨,其航线被誉为海上丝绸之路。明代航海家郑和率领巨大船队七下西洋,历经亚洲、非洲 30 多个国家和地区。

新中国成立以后,经过 60 多年,特别是改革开放 30 多年的努力,中国水运事业取得了较大的发展。

1. 水运基础设施建设成效显著

改革开放以来,我国先后批准实施了《全国沿海港口布局规划》、《全国内河航道与港口布局规划》、《国家水上交通安全监管和救助系统布局规划》、《长江三角洲、珠江三角洲、渤海湾三区域沿海港口建设规划》等水运规划,形成了布局合理、层次分明、功能齐全、优势互补的港口体系。沿海港口基本建成煤、矿、油、箱、粮五大运输系统,内河航道基本形成"两横一纵两网"的国家高等级航道网,水运供给能力显著提高。截至 2015 年年末,全国港口拥有生产用码头泊位 31259 个。其中,沿海港口生产用码头泊位 5899 个;内河港口生产用码头泊位 25360 个。全国万吨级及以上泊位中,专业化泊位 1173 个,通用散货泊位 473 个,通用件杂货泊位 371 个(见表 1-1),内河航道通航里程 12.70 万 km。

全国万吨级及以上泊位构成(按主要用途分,单位:个) 表 1-1

泊位用途	2015 年	2014 年	比上年增加
专业化泊位	1173	1114	59
#集装箱泊位	325	322	3
煤炭泊位	238	219	19
金属矿石泊位	80	64	16
原油泊位	73	72	1
成品油泊位	133	130	3
液体化工泊位	184	172	12
散装粮食泊位	38	36	2
通用散货泊位	473	441	32
通用件杂货泊位	371	360	11

2. 水路运输保持快速增长

截至"十二五"末,我国拥有海运船队运力规模达 1.6 亿载重吨,位居世界第三。全国完成水路客运量 2.71 亿人、旅客周转量 73.08 亿人 km,平均运距 27.00km。全

国完成水路货运量61.36亿t、货物周转量91772.45亿t·km，平均运距1495.72km。在全国水路货运中，内河运输完成货运量34.59亿t、货物周转量13312.41亿t·km；沿海运输完成货运量19.30亿t、货物周转量24223.94亿t·km；远洋运输完成货运量7.47亿t、货物周转量54236.09亿t·km。港口货物吞吐量已达127.50亿t。集装箱吞吐量达到2.12亿TEU。

3. 水运市场蓬勃发展

首先是集装箱水路运输的快速发展。随着全球经济一体化和产业结构的调整，我国正逐步发展成为世界制造业中心，集装箱运输以其快速、门到门运输的特性发挥着越来越重要的作用；其次是水运在进口原油运输中发挥着重要的作用，对保障国内原油的供应发挥了主导作用；第三进口矿石运输也是水运的突出优势。国家持续实施扩大内需的积极财政政策，推动了基础设施、房地产及汽车等各类机械工业的快速发展，钢铁需求持续快速大幅增长。

近年来，外贸铁矿石进口量猛增，对全球矿石运输结构和国内钢铁原料供应产生了重大影响；水运在能源原材料和产成品的中长距离运输中发挥着重要的作用。中国进出口贸易货运量每年10亿t，占全世界总贸易货运量的1/6，每年增长率为10%~20%，仅中国因素，带动世界海运量2%~3%的增长率。

二、我国铁路运输的发展历程及特征

新中国成立后，在修复旧中国铁路的基础上，我国以沟通西南、西北为重点，修建了大量线路和铁路枢纽。到1978年，我国铁路营业里程增加到5.2万km，增长了1.4倍。其中，复线7630km，电气化铁路1030km。

改革开放以来，为适应经济社会快速发展需要，我国铁路组织实施了一系列建设大会战，路网规模和质量显著提升。到2015年，全国铁路营业里程达到12.1万km，其中，高铁营业里程达到1.9万km；西部地区铁路营业里程达到4.49万km。路网密度126km/万km^2，其中，复线里程6.4万km，复线率52.9%；电气化里程7.4万km，电化率60.8%。

1. 客运专线建设取得重大进展

具有完全自主知识产权和世界一流水平的我国第一条时速350km高速铁路——京津城际铁路，2008年8月1日胜利通车，多年来实现了安全平稳运营，带来了京津两地的"同城效应"。2014年底，铁路建设取得创纪录的成绩，完成投资8238亿元，新线投产9531km，创历史最高纪录。

2. 既有线改造成效显著

以提速、扩能和电气化为重点，采用先进技术对既有线路进行了大规模技术改造。2003年以来，以北京至上海、天津至沈阳、石家庄至德州、青岛至济南、大同至包头、包头至惠农、杭州至株洲、萧山至宁波电气化改造和大同至太原北、武汉至安康、武昌至九江西、宣城至乔司、宝鸡至兰州、兰州至武威、兰州西至西宁复线建设为重点，全路投产电气化铁路10997.4km，投产复线5728.6km，我国铁路网结构进一步优化。

3. 现代化铁路客站和路网性枢纽建设全面展开

北京南、天津、上海南、南京、武昌、拉萨、重庆江北、昆明南、青岛等91座现代化铁路客站已投入使用。到2012年，全国已有800多座新客站投入运营。新建和改造的大型客站，站房宽敞通透，装备先进导向系统，与其他交通方式无缝衔接，成为所在城市的现代化综合交通枢纽，旅客可以实现无障碍行走和零距离换乘。路网性枢纽方面，重点建设武汉北、新丰镇、贵阳南、成都北等路网性和区域性编组站，实现点线配套，最大限度地满足货物运输直达化、重载化和车流作业集中化需要。

4. 铁路运输走向高速时代

从1997年到2007年十年间，我国铁路已经历了六次大提速，目前，随着越来越多的客运专线建成并投入使用，一批时速200~350km动车组更驶出了铁路的"中国速度"。2007年年底，我国首条时速300km城际高速铁路"京津城际客运专线"全线铺通。随着京津城际铁路、石太客运专线、武广客运专线、郑西客运专线、沪宁城际铁路、沪杭城际铁路的开通，大量时速250、300、350 km的动车组已经上线运行，中国高速铁路已经达到世界先进水平。到2015年底，全国铁路共有动车组1883组，动车数量17648辆。

三、我国公路运输的发展历程及特征

回顾过去60多年的发展里程，我国公路运输事业的发展主要体现在以下6个方面：

1. 公路实现跨越式发展

20世纪90年代以来，我国公路基础设施规模迅速扩大。到2015年年底，全国公路通车总里程达到457.73万km，公路密度为46.50km/百km^2。

2. 高速公路从无到有迅猛发展

20世纪80年代后期，我国高速公路开始起步建设。1988年沪嘉高速公路的建成通车实现了中国大陆高速公路零的突破，到2015年底，中国高速公路通车总里程达到12.35万km，总里程稳居世界第一。20多年间，从"两纵两横三个重要路段"，到五纵七横，到"7918"，纵横华夏大地的高速公路网，成为经济的大通道、大走廊，也见证和承载着无数国人的梦想跨越时空得以实现。

3. 农村公路实现历史性巨变

农村公路由普及到提高不断发展。进入新世纪以来，启动了历史上规模最大的农村公路建设，实施"五年千亿元"工程，截至2015年底，全国农村公路总里程达到398.06万km，99.99%的乡镇和99.87%的建制村通了公路。农村公路的发展，为统筹城乡协调发展、推进社会主义新农村建设做出了贡献。

4. 桥梁隧道建设达到国际先进水平

经过改革开放30多年的发展，我国公路桥梁建设取得了举世瞩目的成就。截至

2014年年底,仅黄河上已建和在建的大桥已达228座,长江上达到162座。到2015年底,全国已建和在建公路桥梁77.92万座、4592.77万m,其中,特大桥梁3894座、690.42万m,大桥79512座、2060.85万m。全国公路隧道为14006处、1268.39万m,其中,特长隧道744处、329.98万m,长隧道3138处、537.68万m。我国建成的悬索桥、斜拉桥、拱桥和梁桥这四类桥梁的跨径均已居世界同类桥梁跨径的前列。

5. 港航基础设施建设取得重大进展

我国港航基础设施建设由于长期投入严重不足,港口吞吐能力较弱、压船压货现象时有发生。20世纪90年代以来,港航基础设施建设进入了快速发展期,初步建成中国特色的港口体系,拥有16个亿吨大港,港口数量、规模、专业技术和管理水平位列世界前列。截至2015年末,全国港口拥有生产用码头泊位31259个,全国港口拥有万吨级及以上泊位2221个。内河通航里程达到12.70万km。

6. 运输能力大幅度提升

到2015年年底,全国营运汽车发展到1473.12万辆,比上年末减少4.2%。全国营业性客运车辆完成公路客运量161.91亿人、旅客周转量10742.66亿人km,全国营业性货运车辆完成货运量315.00亿t、货物周转量57955.72亿t·km。特别是在1998年抗洪抢险、2003年抗击"非典"、2008年抗击低温雨雪冰冻灾害和四川汶川大地震,以及电煤运输等紧急时刻,公路水路交通在道路抢通保通、物资抢运等方面发挥了重要作用。

四、我国航空运输的发展历程及特征

我国最早的民航航线是北京到天津,1920年4月试航,载运旅客和邮件;同年5月正式开航。1921年7月,又开辟了北京至济南段,同时开办了航空邮政。

建国初期,我国航空运输规模很小。1950年,运输总周转量、旅客运输量、货邮运输量分别仅为157万t·km、1万人和767t。到1978年,运输总周转量、旅客运输量、货邮运输量分别为2.99亿t·km、230万人、6.38万t,航空运输总周转量世界排名为第37位。经过改革开放之后30多年的持续快速增长,截至2015年,全年全国民航完成旅客运输量4.36亿人次,旅客周转量7270.66亿人·km。完成货邮运输量625.3万t,货邮周转量207.27亿t·km。

目前,我国已拥有大、中、小各种类型飞机及配套的机群,新建了北京、上海、广州等一批国际机场。我国现今的航空国际运量位居世界第二位,仅次于美国。

五、我国管道运输的发展历程及特征

新中国成立以后,随着石油和天然气生产的发展,管道运输也得到了发展。20世纪50年代初,首先在甘肃玉门油矿铺设了一些短距离的输油管道。1958年我国修建了从克拉玛依油田到独子山炼油厂的第一条原油干线管道,揭开了我国长距离管道运输的历史。但是大规模的油气管道建设,则是在70年代以后随着石油工业的大发展

而修建的。

从 1970 年 8 月 3 日的"八三会战"开始,中国石油天然气管道局就伴随着中国管道运输业的诞生、发展,从稚嫩走向成熟,成长壮大为我国管道建设的主力军。管道运输业从大庆起步,1970 年开始抢建东北输油管道。建设长距离、大口径的输油管道在我国尚属首创,一系列技术问题均无章可循,材料设备必须从零开始。靠人拉肩扛和气吞山河的军民大会战,完成了北起黑龙江大庆、南达辽宁抚顺的中国第一条千里油龙的建设。1973 年 4 月 16 日,中国石油天然气管道局在河北廊坊诞生。这就意味着,继铁路、海运、公路、航空之后,一个新兴的运输行业——管道运输业的兴起。1975 年 9 月,管道建设者又完成了大庆至铁岭、铁岭至大连、铁岭至秦皇岛、抚顺至四平、抚顺至鞍山、盘山至锦西和中朝输油管道,这 8 条管道,编织成了东北输油管网。到 1990 年底,全国已建成长距离输油(气)管道 1.60 万 km,管道运输量和周转量分别为 1.57 亿 t 和 627 亿吨 km,大大提高了管道运输在我国运输体系中所占的地位。截至 2014 年,中国已建成天然气管道 8.5 万 km,形成了以陕京一线、陕京二线、陕京三线、西气东输一线、西气东输二线、川气东送等为主干线,以冀宁线、淮武线、兰银线、中贵线等为联络线的国家基干管网,干线管网总输气能力超过 2000 亿 m^3/年。近十年内,中国天然气管道长度年均增长约 0.5 万 km,进入 2015 年,天然气管道业仍保持快速发展势头。

第三节 交通运输发展的主要经验和问题

交通运输是社会经济发展的关键因素之一。从各国交通运输发展的历程可以看出:交通运输行业的发展总是要受到生产力和生产关系决定的经济基础上产生的市场需求的影响;同时,也受到上层建筑中政府政策和法规制度的影响。

事实上,政府的交通运输政策和法规是在解决单个运输方式所面临的各类问题的基础上发展起来的。在很长一段时期内,政府的政策与法规主要注重于经济和社会问题,偏重于解决个别运输方式的发展问题。随着时间的推移,越来越多的问题表现为:经济和环境的无效率;交通拥挤和事故损失;运输设施和服务的价格缺乏透明度;燃油资源的匮乏;温室气体排放和其他污染;资金筹集的机制不能满足基础设施基本建设和维护成本的需要;边远地区和弱势群体的运输服务问题;交通运输目前的发展格局对健康和环境的影响等。这些问题最终归结为经济、社会和环境的可持续发展的问题。

现在越来越多的国家正在采取积极的政策制定和实施可持续交通运输发展战略,这也是基于与交通运输有关的经济、社会和环境可持续发展历史经验和教训的一种共识。本章试图总结各国为达到可持续交通运输发展战略的目标拟采取的措施和政策,以及发达国家和发展中国家某些共同的经验和教训,作为我国可持续交通运输发展战略决策的参考。

一、国外交通运输发展的基本经验

从国际上看,一些发达国家早就在交通运输体系方面进行了成功的改革,美国、日本均取得了卓越成效,在交通行政管理体制上有其鲜明的特点和较为成熟的做法。我国推进综合交通运输发展可以合理借鉴这两国的有益经验。

综观美国和日本的交通行政管理体制,其建设特点鲜明,成绩斐然,一些有益的经验对我国推进综合交通运输体系建设,具有启迪作用。

1. 积极建立一体化交通

交通一体化是指:"通过协调各级管理部门、基础设施、管理措施、价格调整及土地利用等因素来发展交通,从而提高运输体系的整体效益的一项交通政策"。美国、日本自实施大交通行政体制改革以来,非常注意各种交通运输方式之间的相互衔接与一体化建设,合理配置资源,大力减少对环境的破坏和对能源的浪费使用,积极促进天空、土地、海洋资源的合理利用与公共交通系统的协调发展,既降低了行政成本,又充分内蕴着以人为本,最大限度地方便居民出行与货物运输,达到"无缝隙中转行程"的目的。如在日本,任何城镇、乡村1h内均可通过四通八达的交通运输系统到达等级干线公路。

2. 健全完善交通法律法规

在大交通运输体系的建设过程中,美国、日本都极为重视交通运输的法律、法规建设。多年来,美、日根据不同时期的交通运输状况,颁布、制定了与之相适应的一系列的交通运输法律法规,有力地促进了本国大交通体制的建设。

在美国,仅与道路交通相关的法律法规就多达10余部,例如《紧急医疗服务制度》、《交通事故地点的鉴别与监护》、《机动车辆定期检验法》、《交通事故调查与报告规定》、《交通法庭组织法》等等。日本的交通法律法规建设不仅完备,警察们更是有法必执,执法必严。对于酒后驾车和肇事后不作为行为,日本规定:"每1mL血液中的酒精成分为0.15mg则视为酒驾,依法可判1年以下徒刑或罚款30万日元以下;如果是醉驾,则可判3年以下徒刑或罚款50万日元以下;如果肇事逃逸或事故后不作为,将受到5年以下的徒刑或50万日元以下的罚款"。

在大交通运输体系的建设过程中,美国、日本将国家运输政策、规划、机构的设置、机构的变更、管理者与被管理者的权力与义务、交通建设资金来源与分配等等大到政策,小到行为细则,都尽可能地以立法形式予以规定,这使行政管理执法人员在处理交通事件时,有法可依,有法必依,保证国家对交通运输的有效管理,推进大交通体制的日趋完善。

3. 宏观调控交通企业运营

对每个国家而言,交通运输业都是非常重要的基础产业。因而美国、日本政府对本国重要的桥梁、飞机场、公路、水道等重点设施均予以必要的投资建设,但是政府并不直接干预各交通企业的经营行为。中央政府对交通运输市场进行宏观调控,对交通运输结构、行业经营走向等方面予以适时、适当地引导。交通管理部门的主要职责是创造良好的市场竞争环境及建立公平的竞争秩序,并对交通运输行业中出现的不当经营行为,进行监督与协调。其中,中央政府对交通产业结构等的调整,不像对其他类型的企业一样,完全按照市场规律和经济手段调节,而是同时采用技术标准、运输安全措施、环境影响标准、营运执照制度、对运输业的扶植制度、对运输业的财政补贴、运价审批制度等非市场经济手段来促进和整合运输方式的发展。例如,美国联邦铁路管理局不直接管理铁路企业,铁路行业协会才是真正对铁路企业予以管理的行业自律部门。

二、国内交通运输发展的经验

新中国成立以来,我国交通运输经过60多年的建设发展,积累了宝贵的经验,总结起来,可以概括为"六个始终坚持"。

1. 始终坚持把发展作为第一要务

经济社会发展和人民群众日益增长的交通运输需求与交通运输供给之间的矛盾,始终是交通运输发展的主要矛盾。60多年来,交通运输工作认真贯彻落实中央的部署要求,把发展作为第一要务,扭住发展不放松,以人为本,努力加快发展、坚持科学发展,不断提高发展的质量、能力和水平,走出了一条符合中国国情和交通运输特色的发展道路。

2. 始终坚持抓住和用好机遇

60多年来特别是改革开放以来,交通运输工作紧紧抓住机遇、用好机遇,实现跨越式发展。一是抓住党的十一届三中全会要求交通运输业"优先发展"的机遇,促进交通运输业成为经济恢复发展的战略重点。二是抓住中央提出"发展以综合运输体系为主轴的交通业"方针的机遇,制定长远战略规划并组织实施。三是抓住中央应对1998年亚洲金融危机、扩大内需的机遇,加快高速公路等交通基础设施建设。四是抓住中央实施西部大开发战略的机遇,着力推进西部交通基础设施快速发展。五是抓住中央建设社会主义新农村战略决策的机遇,农村公路投资和建设力度不断加强。

3. 始终坚持科学规划

根据国民经济和社会发展的总目标总要求,大力加强交通运输发展战略、发展规划、发展政策的研究,促进战略规划、政策措施落到实处,为加快发展、科学发展奠定基础。制定了交通发展长远战略规划,提出了实现交通现代化三个发展阶段的目标,制定并组织实施了高速公路、农村公路和沿海港口、内河航运、水上交通安全和救助以及区域交通运输发展等一系列中长期规划,促进了交通运输科学发展、和谐发展、安全发展。

4. 始终坚持调动各方面积极性和激发活力

坚持统筹规划、条块结合、分层负责、联合建设的方针,发挥好中央、地方和广大人民群众的积极性,形成加快交通运输发展的联动机制和强大合力。各地加强组织领导,为交通运输发展提供了政策、资金等支持。广大人民群众积极支持并踊跃参加交通建设。实践证明,交通运输发展离不开各级党委、政府和人民群众的关心支持。只有凝聚各方力量,才能有效应对建设发展中遇到的困难与挑战,不断开拓交通运输改革发展事业的新局面。

5. 始终坚持深化改革、扩大开放

改革开放是解放和发展交通运输生产力的强大动力。多年来,交通运输工作坚持解放思想、转变观念,冲破体制性机制性障碍,积极探索建立统一开放、竞争有序的公路水路建设市场和运输市场;建立健全"国家投资、地方筹资、社会融资、利用外资"的多元化投融资机制;推进和深化企业管理体制、港口管理体制、海事救捞体制等重大改革;扩大开放,引进国外先进技术、资金和管理经验,开阔交通运输管理的国际视野,不断拓展发展空间。

6. 始终坚持不断提高公共服务能力

在科学发展观的指引下,交通运输工作坚持把满足经济社会发展和人民群众的交通运输需求作为出发点和落脚点,加强服务型政府建设,推进政府职能、工作作风和工作方法转变,加强交通法制建设,增强政府交通部门的行政执行力和公信力,着力提高适应经济社会发展能力、统筹规划和协调发展能力、公共服务和组织保障能力、运输和建设市场依法监管能力、安全管理和重大突发事件应急处置能力。

近年来,我国的公路、铁路、水路、航空、管道五种交通运输方式均得到了快速发展,特别是高速铁路网、高等级公路网的建设规模不断扩大,其干线骨架体系都已经基本形成,综合运输能力明显增强,交通运输滞后于经济发展的被动局面初步扭转,基本形成了分工明确、协调发展的交通运输体系。

三、交通运输发展存在的主要问题

虽然我国交通运输有了较快的发展,但我国现有的交通基础设施总体规模仍旧很小,不能满足经济社会发展对交通运输不断增长的需求。我国按国土面积和人口数目计算的运输网络密度,不仅远远落后于欧美等经济发达国家,就是与印度、巴西等发展中国家相比,也存在较大差距。

1. 内河船平均吨位小,运输效率低,单位运输成本高

尽管我国内河航运有很大发展,但开发利用得并不充分,多数河流仍处于自然状态。这些河流中,目前达到通航技术标准的仅5.7万km,占有51.2%,其中能通航运1000吨级以上船舶的航道不过6715km,仅占通航总里程的6.1%。内河船平均吨位小,运输效率低,单位运输成本高,制约了内河航运的发展,特别是小吨位船挤满航道,大型船队的运输能力得不到应有的发展,小型船舶技术状况差,人员素质低,水上交通事故频繁发生。同时,还存在水系之间不能沟通,水系内干支流航道等级差别较大,难以发展大吨位船舶直达运输等问题。这些与其他内河航运发达的国家相比,存在着很大差距。

2. 公路交通运输存在的问题

虽然公路交通运输业发展很快、成效很大,但在发展过程中还是存在不少问题和困难,集中表现在以下五个方面:

1)运输生产力水平不高

在营业性客货运输车辆中,中、高档客车特别是高档客车和大吨位柴油货车以及集装箱等专用货车所占比例偏低,远不能满足广大旅客和货主的需求。

2)运输站场基础设施建设滞后

由于种种原因,客货运输站场建设进度缓慢,到目前为止,在部分大中城市、相当数量的县城以及大多数乡镇,客货运输站场基础设施仍很短缺且设备简陋,成为制约道路运输发展的薄弱环节,影响了公路基础设施功能和车辆运输效率的充分发挥。

3)运输组织水平和运输效率较低

在部分地区,由于地方保护主义比较严重,存在着地区之间相互排斥、相互封锁的现象,在一定程度上使空驶率提高、运输组织水平降低,对建立全国统一、开放、竞争、有序的道路运输市场造成了消极的影响。

4)运输法制建设滞后

目前道路运输业执行的仍是部门规章,缺乏高层次的管理法规,使全行业的行政执法工作受到影响。

5)人才建设滞后

运政管理工作需进一步改善和加强,运政管理人员素质有待于进一步提高。

第二章　综合交通运输的内涵及发展趋势

第一节　综合交通运输的内涵与特征

综合交通运输(comprehensive transportation)是综合发展和利用铁路、公路、水路、航空和管道等各种运输方式,逐步形成一个技术先进、网路布局和运输结构合理的交通运输体系。它是社会生产发展到一定历史阶段产生的。18世纪蒸汽机的发明,使交通领域逐渐出现了列车、机动船、汽车、飞机和管道等新型运输工具。采用新型的运输工具,需要配套的工程技术设备和相应的科学组织管理,从而构成了新型的运输方式。资本主义社会运输业由于发展的盲目性,运输企业间竞争激烈,从而造成极大的重复和浪费。在这种情况下,人们开始认识到从综合角度对各种运输方式的发展及其协作关系进行科学研究的必要性。最初,某些国家的政府和私人企业,只是试图对不同运输企业之间的利益冲突进行某些调节。由于各种运输方式为完成一定客货运输任务所需的投资和经济效益不尽相同;而国民经济各部门和人民生活对客货运输的需求也较复杂,因此,根据客货运输的需要,研究各种运输方式的综合发展和利用,对于国民经济和社会发展具有重要意义。

1. 综合交通运输的内涵

综合交通运输不是五种运输方式各自发展简单的叠加,是一个有明确目标、政府引导下构建形成的有机组合整体,有着深刻的内涵,主要体现在以下五个方面:

(1)发挥比较优势,优化组合,合理利用资源。不同运输方式具有不同的技术经济特征,适应不同层次需求的范围,交通运输的发展应根据资源条件和需求引导的要求,充分发挥各种运输方式的比较优势,进行规划布局和优化组合,在有效满足运输需求的情况下,实现资源的最合理利用和节约。

(2)各种运输方式之间、基础设施与使用系统之间协调发展和有机配合。各种运输方式在布局和能力衔接上要协调发展,同时,各种运输方式的运行使用系统与交通网络供给系统要形成有机匹配,实现系统整体的高效率。

(3)连续、无缝衔接和一体化运输服务。交通基础网络在物理上要形成一体化连接,运行系统在运输服务、市场开放、经营合作、技术标准、运营规则、运输价格、清算机制、信息以及票据等方面要形成一体化的逻辑连接,运输全过程实现一体化的运输组织和服务。

(4)现代先进技术的应用。以先进技术、信息化、智能化提高系统整体发展水平和管理服务水平,实现能力供给增加、安全保障性提高以及经济、环保等目标。

(5)提高人们生活质量与统筹协调、可持续发展的平衡。一方面,要建立发达的、完善的现代化交通运输系统,适应经济发展和人们生活质量提高的需要;另一方面,综合运输体系的发展结构和规模要坚持和贯彻可持续发展的理念和战略,与经济、社会、环境发展相协调,通过供给系统、使用政策以及宣传教育等引导人们树立更加注重资源节约的交通消费观念和交通行为。

构建和发展符合现代技术发展方向和我国国情特点的综合交通运输,以适应经济社会发展、人民生活质量提高、资源节约的要求,是我国政府一直努力的目标,也是交通运输使用者和运输业经营者所期望的目标。我国的资源条件、人口因素以及经济社会发展的资源节约、环境友好的要求,决定了我国交通运输必须走综合交通运输的发展道路,以综合发展、优势发挥、系统高效的发展方式,最大可能地合理利用资源,高效率地满足不断增长的客、货运输需求和应对经济全球化的挑战。

2. 综合交通运输的特征

综合交通运输体系具有以下特征:

(1)运输方式的多样化。所谓综合运输,应具备两种及两种以上现代化运输方式。当前,综合运输具有铁路、公路、水路、航空、管道五种主要运输方式,每种运输方式均可进行货运及客运。

(2)各运输方式之间的优势互补、竞争协作。由于不同运输方式具有不同的优势及劣势,可以满足不同性质和层次的运输需求。为了充分发挥各运输方式的比较优势,应科学规划、合理布局,实现运输资源的最佳配置。

(3)综合运输体系应包括运输相关的硬、软件设施。综合运输体系不仅包括火车、汽车、飞机、轮船等运输工具,铁路、公路、航线、航道、管道等运输通道,机场、火车站、港口等运输场站,电线、光缆、卫星等控制及通信设备等硬件设施;还应包括由信息系统、运输代理、承运公司、物流中心等运输组织及管理系统所构成的软件设施。

(4)运输环节的顺畅衔接。在现有的技术及组织水平下,综合运输体系应能实现各运输环节最佳的有效整合。各运输环节的整合,不仅包括同一运输方式内各环节的连接,而且还包括不同运输方式运输环节的连贯。为了实现这种有效衔接,一方面要求运输网络在物理上的一体化;另一方面要求运输服务、技术标准、运输信息、运输票据等方面的一体化。

(5)综合运输体系的开放性。事实上,综合运输体系是一个不断发展的系统。在第一次产业革命之后,随着运输动力系统的变革,综合运输体系开始形成。迄今为止,综合运输体系已具有了五种现代化运输方式。但是,这并不意味着综合运输体系仅仅局限于这五种运输方式。随着科技的进步,现有运输方式仍会不断进步,新的运输方式仍然可能诞生,因此,综合运输体系具有开放性。

第二节 综合交通运输的发展趋势

随着不同运输方式的技术发展,未来综合交通运输也将呈现出更加明显的趋势,其主要体现在这四个方面:

(1)提高速度。提高运行速度是交通运输发展过程中的永恒主题。一部交通发展史就是运行速度不断提高的历史。任何一种运载工具都是在特定的介质中运行。随着技术的进步,能够克服介质阻力而不断提高速度。但是,提高速度是要付出代价的,如果同提速带来的效益相比没有明显的优势,这种提速不具备生命力。

(2)提高载重。如果客运最关注速度,货运第一位的就是载重。货运载重化和客运高速化共同构成现代交通运输的主体。

(3)智能化。在走向信息社会的21世纪,交通运输现代化的必由之路是信息化,是全面采用由计算机技术、通信技术和监控技术组成的信息技术。信息化的高级阶段就是智能化,智能交通系统是当前发展的重要方向。

(4)环保化。在环境持续性危机中,交通运输的影响很大。汽车尾气污染是大气污染的主凶,油船泄露和垃圾排放等势必造成严重水污染,公路铁路施工中的不合理取土和填方,飞机汽车火车等的噪声污染,电气化铁路和通信线路的电磁干扰等,都说明建设生态洁净型的现代交通系统非常重要。

总之,高速化、重载化、智能化和环保化是交通运输发展的共同趋势。各种交通方式在解决这些问题的技术路线和经济路线往往大同小异,可以相互借鉴,但在具体实施上又各有特点。下面将分析不同交通运输方式未来发展趋势的异同。

一、铁路运输的发展趋势

未来铁路运输的发展趋势主要体现在以下四个方面:

(1)提高既有线路速度。自1997年4月以来,为提高铁路既有线路运输效率,优化运行方案,方便旅客出行和货物运输,我国铁路相继进行了六次大提速,很大程度上提高了铁路的运力和运能。

(2)发展高速铁路。发展高速铁路是当代世界铁路的一项重大技术成就,它集中反映了一个国家铁路牵引动力、线路结构、高速运行控制等方面的技术进步,在经济发达、人口密集地区的经济效益和社会效益尤为突出。

(3)重载货物运输。重载运输是行驶列车总重大、行驶轴重大的货车或行车密度和运量特大的铁路运输。在运送大宗货物上显示出高效率、低成本的巨大优势,是铁路运输规模经济和集约化经营的典范。

(4)技术先进。利用先进的信息技术和指挥系统,可以实现铁路车次的最优调度,降低火车晚点发生的频率,提升应急调度指挥能力。

二、公路运输的发展趋势

公路及其沿线设施是支撑公路运输的基础,未来的公路主要的发展趋势是高速化、信息化和可持续发展。

(1)加快公路信息化建设,是经济和社会发展的必然要求,是公路行业建设服务型政府的重要内容,是实现公路管理现代化的必由之路。公路的建设将着眼于公路的多功能利用,不仅使用路面,还要利用空间,使其成为信息化公路。信息化公路不仅具有运输人和物资的固有的交通功能,而且还能输送电力等能源及各种信息,加上公路所派生出来的美化环境、提供出游及作为建造其他建筑物的基础等空间功能。

(2)公路的建设也要走可持续发展道路。公路建设是一项综合性的社会系统工程,与引导和促进物流转换、使用和消耗土地、影响和改造自然风貌等紧密相连;同时路网结构配置与城镇规划的协调、土地资源保护等方面亦对可持续发展产生重大影响。

三、水路运输的发展趋势

水路运输的发展趋势主要体现在以下三个方面:

(1)船舶发展趋势。包括船舶的大型化、专业化、高速化、自动化和绿色化。

(2)港口发展趋势。包括泊位深水化、码头专业化、装卸机械自动化和装卸机械大型化。

(3)港航管理发展趋势。包括港航管理信息系统化和电子数据的交换。

四、航空运输的发展趋势

航空运输的发展趋势主要体现在以下四个方面:

(1)机场发展趋势。包括机场的数量继续增长,布局合理化;机场的建设规模趋于合理;机场的功能更加完善;机场的设施和设备趋于信息化和自动化。

(2)飞机发展趋势。包括飞机的大型化、飞行高度更高、飞行速度更快、制造的数字化和精益化、飞机本身的各个组成部分智能化、自动化和集成化。

(3)航空运输组织和管理趋势。包括航空联盟的逐渐形成和新航空系统的发展。

(4)我国民营航空发展趋势。包括大力发展航空货运、鼓励发展支线航空、增大低端航空的规模和发展高端航空。

五、管道运输的发展趋势

管道运输的发展趋势主要体现在以下六个方面:

(1)管道运输的范围不断扩大,包括管道建设范围增大和大型的供气系统建成。

(2)干线输送管道向长距离方向发展。

(3)干线输送管道向大口径方向发展。

(4) 干线输送管道向高压力方向发展。

(5) 管道运输向大运输量方向发展。

(6) 管道运输技术不断进步。

总之,综合运输体系是我国运输未来发展的方向,对于提高运输体系运行效率和服务水平起着重要的作用,是解决我国现阶段交通运输业存在的各种现实问题的一条出路,它的实现最终也会对国民经济的发展和综合国力的提升起到积极的影响和促进作用。

第三章 综合交通运输体系的构建与行政管理

第一节 综合交通运输体系的内涵

一、综合交通运输体系的提出

综合交通运输体系是指各种运输方式在社会化的运输范围内和统一的运输过程中,按照各自的技术经济特征,形成分工协作、有机结合、联结贯通的交通运输综合体。现代运输业是由铁路、公路、水运、航空和管道等五种运输方式组成,每种运输方式有各自特定的技术经济特征、经济性能和合理有效的使用范围。综合交通运输体系使这五种运输方式,在质量、效率和效益的基础上有机结合;在运输建设上,统一规划,合理布局;在运输设备上相互衔接,组合配套;在组织管理上协调配合、相互利用。在综合运输体系的指导下,既要使每种运输方式都能用在它最合适的领域,又要使整个运输体系发挥其整体功能,满足国民经济和人们生活在规模、时间和空间上经常变化的运输需求。

2012年6月14日,国务院印发了《"十二五"综合交通运输体系规划》(以下简称《规划》)。《规划》提出了"十二五"时期,构建综合交通运输体系主要有九大目标和五大任务,以基本适应经济社会发展要求为根本,以引导各种运输方式和各区域运输能力协调发展为目标,以促进交通运输可持续发展为动力,提高交通运输供给能力和服务水平,全面阐述了综合运输体系的构建及主要内容。《规划》全面总结了"十一五"时期交通运输发展取得的成绩和存在的不足,深入剖析了现阶段发展的现实基础和形势要求,提出了"十二五"综合交通运输体系发展的指导思想、原则、目标、任务和政策措施。《规划》体现了国家发展综合交通运输体系的战略方针,是我国综合交通运输发展的纲领性文件。

二、综合交通运输体系的内涵

综合交通运输体系的内涵主要包括三方面。第一,应满足经济社会运输需求,适应货物优质运输、及时送达和旅客购票方便、出行安全、换乘便捷等需要的必然要求。第二,综合交通运输体系应促进城乡区域协调发展,充分发挥综合交通运输体系引导产业优化布局、人口合理分布、区域空间拓展和城乡协调发展的作用,统筹东、中、西部协调发展和城乡协调发展。第三,综合交通运输体系应强化节约资源保护环境,加快转变交通运输发展方式,切实推进绿色交通系统建设,以占地少、能耗低、运能大、科技含量高、环保型的现代交通方式为战略重点,实现节约集约发展,全面提高综合交通运输体系可持续发展能力。

未来综合交通运输体系发展应实现各种运输方式从分散、独立发展转向一体化发展,初步形成网络设施配套衔接、技术装备先进适用、运输服务安全高效的综合交通运输体系,总体适应经济社会发展和人民群众出行需要。秉承安全质量、合理布局、优化结构、适度超前、讲求效益、绿色发展、多元投入、改革创新的发展原则,强化对交通运输的资源特性与优化配置要求、资源环境的可持续利用和运输安全可靠性的关注,坚持安全、综合、协调、可持续、公平、差异化、国际化等发展方向。实现由各种运输方式独立发展向综合协调发展转变,由以交通建设为主向交通建设与运输服务并重转变,由依赖要素投入发展向要素投入、科技进步、体制机制创新并举转变,由通道建设为主向通道与枢纽建设并举转变,由片面增加供给向更加关注需求与约束条件的平衡转变。

综合运输体系一般由三个子系统组成。

(1)综合运输网络系统。综合运输网络系统是具有一定技术装备的综合运输网及其结合部系统,是综合运输网络系统这个大系统的硬件,由各种运输方式的线路、港、站、场、运输枢纽和各个换装点以及各种运输设备、生产工具所组成的运输网络系统,它构成了综合运输体系的物质技术基础。综合运输网络系统要求在运输网的布局上合理协调,运输环节相衔接,技术装备相互配套,使运输网四通八达。

(2)综合运输生产系统。综合运输生产系统是由软硬件结合而形成的系统,是综合运输体系的核心,是由各种运输方式组成的综合运输协作系统、一体化系统、区域运输系统,相互衔接和相互配合而构成的联合运输系统,它要求高效率、低能耗、高质量、低成本,充分发挥各种运输方式的能力及优势。

(3)综合运输组织管理系统。综合运输组织管理系统是综合运输体系的软件,由三部分组成,一是在各种供给方式内部及其相互之间进行组织衔接、协调的运输生产指挥系统;二是对某种运输方式、某一运输网及区域运输体系进行调节和控制的综合调控系统;三是对所有运输方式、统一运输网络和运输体系进行生产、调度、指挥所必需的通信、导航、计算机、管理信息系统。综合运输组织管理系统要求既要有宏观上的管理、统筹规划,又要发挥每种运输方式在微观上的基础作用。

第二节 综合交通运输体系的构建

一、综合交通运输体系的规划与优化

由于各种运输方式都具有一定的可替代性,替代的范围和程度取决于对运输方式质量的追求和愿意支付替代发展的成本大小,交通运输的主导方式、各种运输方式的组成结构是在一系列发展政策环境下形成的,任由市场自行发展,很难会形成合理的

结构关系或发展比例,资源必定是更多地流向于更具有现实回报和更符合人们追求物质生活质量的方式,一旦这种趋势形成规模,需求将会越来越集中于这一方式。即使其他方式更经济、更具有社会效益,也很难扭转,或需要付出巨大的代价。而交通基础设施是一种投资大、占用土地等稀缺资源较多、建设周期相对较长,长期服务于社会经济的一种基础设施,建成使用和沿线土地被开发利用后,再进行改造或布局调整的社会成本极高;一旦有限的线位资源被某一运输方式或其他行业占用后,再进行调整和发展其他运输方式将会遇到极大的困难和需要付出更大的代价。因此,如何整合各种运输方式,统筹规划好综合交通运输体系势在必行。

交通运输体系最终结构和形态形成有两种方式:一种方式是各种运输方式以本运输方式为中心,以满足全需求的发展方式进行网络布局、自系统完善以及结构优化,在供给大于需求的情况下,各种运输方式形成比较激烈的市场竞争,最终只能停用部分设施和降低能力利用率,逐步达到一种相对平衡的结构状态;另一种方式是在对体系科学研究的基础上,政府制定长远发展目标和规划,指导各种运输方式按照大系统、结构优化的原则进行合理分工和组合发展,最终建成体现政府意图的系统高效、满足需要又节约资源的综合运输体系。我国的资源条件、经济条件,决定了必须以较少的资源、最有效的途径来满足高强度的不断增长的运输需求,适应经济社会发展和人们生活水平的提高。在资源、资金上不允许有较多的浪费,在发展进程上必须抓紧时间、不允许走太多的弯路。

因此,我国综合交通运输体系的构建必须以综合运输体系大框架优化为目标,研究综合运输体系大框架结构,编制长期发展规划。各种运输方式应在此大目标的指导下编制各自的发展规划,在网络布局、系统建设中体现多种运输方式协作、组合的思想,在建设和完善各自网络以及系统的过程中,综合运输体系随之逐步构建形成和完善。有发达国家的经验和教训作借鉴,我国完全有后发超越、少走弯路的条件,而且我国的经济体制也有利于采用这种发展方式。

二、综合交通运输体系的资源整合和配置

从世界范围看,现代交通运输经历了水运—铁路—公路、民航为主导的发展过程,每一种运输方式的广泛使用都与社会经济发展水平和各种运输方式的技术发展水平紧密相连。在当今五种主要的运输方式中,相互之间都具有一定的可替代性,替代的强度即取决于运输方式技术上的经济性,也取决于各种运输方式的在不同区域的发达程度以及由政策决定的使用成本。五种运输方式的不同发展组合,将构成不同的社会资源消耗数量和系统效率水平,构成不同的总社会运输成本,并且对产业布局、生产组织方式、人口分布和生活方式产生不同的影响。

现在,五种运输方式的技术发展都已比较成熟,各种运输方式的技术发展潜力和在现代社会发展中的作用在未来相对较长的一段时间内也具有较强的可预见性。发达国家的运输结构是各种运输方式通过市场竞争形成的结果,代表了当代社会文明时

期的发展趋势。我国的交通运输正处于大规模的建设发展过程,具有后发优势的有利条件,应该充分分析和借鉴发达国家交通运输发展的经验和最新的发展趋势,在发展过程中实现跨越,少走弯路。在大发展的过程中贯彻综合运输的理念、可持续发展的理念,不断实现和完善各种运输方式的合理分工和协调发展,使建立完善的综合运输体系的发展目标在交通运输的建设发展过程中逐步得到实现,使发展过程中的体系保持较高的效率和保证资源的合理利用。

各种运输方式的技术经济特征和运输方式之间的可替代性,客观上决定了每一种运输方式在确定的地域范围内使用的比较成本和使用的广度。但是,对某种运输方式而言,随着技术的进步、交通基础设施质量的提高、更先进运输工具的使用,会使整体运输效率和服务水平提高,除了原有的基本需求以外,还会突破原有的技术经济适用范围,并通过促进社会经济发展产生新的诱增需求和转移其他运输方式的运输量;同时,运输需求的增多,也会得益于综合运输整体发展水平的提高,因为交通运输是国民经济的基础、是国民经济发展的先导,与国民经济之间存在着相互循环的推动作用,交通运输条件的改善,会使经济发展产生新的比较优势,会使区域的产业聚集效应增强,拉动经济的发展;社会经济发展速度提高,会产生新的交通需求,使区域的交通需求总量增加;此外,各种运输方式之间虽然存在着竞争和替代关系,但也存在着相互增强的作用,某一种运输方式需求增加也会得益于其他运输方式的发展,如:港口运输量,要依赖于集疏运的铁路和公路的发展,同样,港口的发展也为铁路和公路带来了更多的运输量。即某种运输方式某一时段的运输总需求是整个交通运输系统与国民经济相互作用以及各种运输方式相互间达到一种暂时平衡的结果,不是独立的,是对应于综合运输系统某一具体结构状况下的需求。因此,为了充分利用各种运输方式的优势,最大可能地为社会经济发展服务和尽可能地降低社会总成本,应依据各种运输的新的技术经济特征和未来发展前景对综合交通运输网络系统进行合理布局规划。在规划的思想上,既要考虑各种运输方式的使用成本特征,但也不能作为唯一的依据,要充分体现社会的进步性,要将时间效率、便捷性、个性化需求作为重要的衡量标准,要考虑各种运输方式的互补和相互促进的作用,要以实现整个大系统的高效率为目标。

三、综合交通运输体系的通道网络布局

综合运输大通道是综合运输网络和国家经济发展的命脉,是跨区域间最重要的连接,其发达程度既代表着一个国家交通运输的发展水平,也是区域经济发展规模与发展水平的重要影响因素。之所以成为运输大通道是因为其连接的是区域间最大的城市和城市群,沿途经过的也都是省会城市和重要城市,是人口最为密集、经济最为发达(相对于区域内其他地区)、产业最为聚集的地区,GDP 和人口在全国占有重要比重,各类客货运输流量大、强度高。经济、人口、资源分布的特点以及区域间的交流决定了大通道运输需求总量大、集中以及多样化,明显区别于其他地区需求总量小、分散的特征。大通道除了两端以及中间重要结点之间的直达运输需求量很大以外,由于沿线产

业的密布和城市带的形成,大结点与沿途由中小城市组成的众多中小结点之间以及各中小结点之间的运输需求也很大,还有大量从其他区域以及直接影响区外转入的运输量。此外,一个地区或一个国家人们生活的方式及特点很大程度上是由城市交通系统和城市间交通系统的性质和服务质量所决定,交通方式多类型的提供,是现代社会发展的需求,而这种提供又将影响城市和城市带的发展与布局,正像洛杉矶的生活方式是由它的高速路决定的,伦敦的生活方式是由它的19世纪的铁路所决定的一样,交通运输方式提供的种类和组合不仅仅影响着经济发展,也影响着人们的生活方式。

大通道影响范围内的经济发展和人口总量大、分布集中,人们的收入水平也相对较高,对各种交通运输的服务需求性强,具有较大规模量的各类运输需求,为各种运输方式的共存与发展提供了经济基础,各种运输方式都具有较好的发展条件。而且交通运输的先导作用和基础作用在大通道内更为明显,通道经济发展规模的壮大需要有各种运输方式相互配合的、发达的交通运输系统,以进一步降低交易成本、提供更加便捷的服务,区域经济才能进一步扩大市场范围、产业分工深化和产业链加长。

在大通道中,单一的运输方式无论是在能力和效率上,还是在支持与促进国民经济和社会发展方面都难以较全面地满足需求,需要多种运输共同协作。以多种运输方式的组合形式发展运输大通道,是区域经济分工与发展的客观要求,是综合运输体系发展的需要,也是交通运输系统效率和效益水平的提高、降低交易成本和提高我国产品国际竞争力的需要。

此外,大通道是国家社会经济的主要集中带和发展带,是各种运输方式骨架网络线路的必经通道和地区,也是各种运输方式承担运输量最大、在综合运输体系中作用最明显的线路,是各种运输方式建设的重点,多种运输方式共同组合将可以促进各种运输方式在相互竞争中提高效率,在相互依存中不断提高技术水平和服务质量,进而带动全国综合运输体系的发展。多种运输方式共同组成通道综合运输系统既是社会经济发展的需求,也是交通运输发展的必然结果。

综合运输大通道,是全国交通运输网的命脉骨架,对全国综合运输体系的形成与完善具有极其重要的意义,在发展过程中,既应按照每一种运输方式全国网络布局与层次结构的发展要求,也要按照各种运输方式合理分工、优势互补、协调发展、连接贯通的布局原则,进行统筹规划与建设。

四、综合交通运输体系的基础设施建设

交通基础设施是一种投资大、占用土地等稀缺资源较多、建设周期相对较长,长期服务于社会经济的必不可少的设施,一经建成使用后,再进行改造或重建的社会成本很高。因此,在制定发展规划与建设中,要有超前性,一是在建设标准与规模上要满足未来较长期的交通运输量增长的需要,要充分认识到我国的客货运输需求还处于较快的增长时期;二是在技术上要对世界交通的领先技术有充分的了解和预见性,对于未来新技术的采用留有一定的接口。

我国正处于社会经济快速发展的时期,各种运输的需求在不断地快速增长,为了给社会经济创造更好的发展条件和主动地适应未来的发展需要做准备,交通基础设施应该留有较大的富余量。我国正处于工业化中期、部分地区还处于工业化初期,城镇化进入快速发展期,尽管伴随着后发的技术进步和信息化会使货物运输量增幅减缓,但未来的运输需求仍将会以较高的速度增长,特别是旅客运输需求会随着收入水平的不断提高和生活质量的不断改善而快速增长。根据目前客货运输的发展的趋势,在未来20年内客货运输总需求还会翻一番,甚至多达1.5倍。适度超前发展造成的暂时富余不应该理解为浪费,而应从更长远的社会总成本的角度进行评价,特别是在经济全球化的竞争环境下,增加社会资本投入、改善交通运输费用,使各种资源和生产要素能够更有效更经济地结合,能够增强产品国际市场竞争力,是一种国家战略措施。如果在建成后没几年就饱和,很快就需要进行扩建和新建将造成更大的损失。要彻底改变以往的被动适应式的发展,新建大型基础设施的交通运输能力应基本满足未来20年的发展需要。

在交通运输系统中,各种运输方式都有其具体的技术经济特征,担负着不同的运输任务,其中包括:干线运输、支线运输、长途运输(跨区域)、短途运输。要使交通运输网畅通,承担国家和地区的旅客、货物运输任务,则必须形成全系统的综合运输能力,既要有符合国家需要的承担干线、长途运输任务的铁路、干线公路、沿海和内河水运干线的运输能力,同时还必须要有相应承担支线、短途运输任务的公路、内河航运的能力。如果只有交通运输网的骨架——干线,而无联系中小城市、厂矿企业和广大农村的短途运输网,必然造成枢纽、车站和港口的堵塞,客流、货流的中断,影响国民经济发展和人们出行与社会交流。

发达交通基础设施是区域经济发展的基本条件,仅有干线交通,区域内的交通不足、网络布局不完善,区域经济的效率和专业化分工以及发展规模将受到制约,将直接影响到产业的布局和人口分布的集中、城市化水平的提高。此外,支线网络的不发达,将使"门到门"的全程运输受到影响,效率水平得不到有效发挥,产业不能形成更合理的布局。同时,还会使一部分人无法获取相应的交通服务。特别是西部地区,近几年,通过国家的倾斜支持,干线交通有了较大的改善,但一般路网和支线交通仍然非常落后,交通服务质量差、运输成本高,还有一部分乡村不通路,只能采用古老的人力或畜力交通方式。

因此,建设综合运输体系过程中,除了要重点解决干线的交通运输问题外,还应同时加快与其连接的次干线和支线网络的建设,提高路网密度和农村的通达程度,形成层次分明、结构合理的网络系统,才能使系统效率提高和社会效益目标趋于最大化,才能适应地区经济、农村经济和城市化发展的需要;才能逐步体现社会公平的原则,促进城市与农村共同发展,实现全面建设小康社会目标;才能较全方位降低生产要素流动成本,促进资源的有效开发和资金、技术、人才的进一步合理流动,促进地区内、区域外的分工与协作,避免因流通不畅造成"大而全"、"小而全"和产业雷同所带来的资源使用浪费和低效,进而进一步带动地区经济的发展。

五、综合交通运输体系的综合运输枢纽建设

在综合运输体系建设中,综合运输枢纽的建设对于各种运输方式的衔接配合非常重要,交通运输枢纽是几种运输方式相互连接的结合部,它是组成运输网的节点,是实现综合运输"零距离换乘"、"无缝衔接"最基础的条件之一。各种运输方式的交通线只有通过运输枢纽才能形成一个整体,才有可能在运输组织方式上、实际运行中实现全程"无缝"的物理连接和逻辑连接,实现全过程的高效率。此外,交通运输枢纽的建设与布局,也会影响到各种运输方式网络布局的完善和综合运输能力的形成以及城市的合理布局。

目前,我国综合运输枢纽规划和建设滞后的原因主要有两个。一是体制障碍和行业垄断,各种运输方式的站场都是按照各自的运输生产要求各自规划、各自建设、自成体系,如:铁路场站枢纽是与铁路线路作为一个整体归属铁路总公司统一建设与经营;而公路场站枢纽则主要是以企业为主或地方政府与企业共同建设,企业运营。在场站建设中,公路与铁路二者在场站枢纽合作建设与运营的谈判中处于极不相称的地位,而且由于发展目标和所代表的利益不同,往往难以达成共识。二是垄断造成了缺乏"一体化"运输的思想和服务创新意识,联合运输仅仅是一种简单的分段集成,存在中间的环节多,而且复杂、协调困难,交易成本高等问题。由于系统阻力巨大(推动成本高),"一票到底"、减少中间繁琐的环节、提高全程效率很难实现。各方对各种运输方式需改进的必要性没有达成共同认识和付诸统一行动,只靠个别企业或政府是难以推动的。为此,必须加快基础设施建设的市场化进程,在政府的有关政策引导下,由市场来推动。

综合交通运输枢纽是多种运输方式相互之间实现一体化的全程"无缝"物理连接和逻辑连接的关键,必须以战略的高度在规划综合运输网络的同时对综合交通运输枢纽进行统一布局规划,加强包括城市部门在内的各有关部门的协调,强调城间运输与城市交通的衔接配合。在目前的各种运输分别管理的体制下,规划与协调工作应由国家主管交通运输的综合部门主持,各种运输方式的交通运输管理部门和城市规划部门共同参与进行。同时还必须指定主要单位(部门)负责按规划进行建设,采取"统一规划、联合建设、共同使用"的方式,加快将对必要性的认识落实到实际行动中,尽快为"一体化"运输系统的建立创造物理连接的基础。

第三节 综合交通运输的行政管理体制

一、综合运输行政管理体制的概念

行政管理体制是指行政系统的权力划分、组织结构、职能配置等关系模式,主要包

括三方面含义。

（1）行政体制的核心内容是行政权力的划分和行政职能的配置，行政职能的配置同时左右行政组织结构和行政运行。

（2）行政组织结构是行政体制的表现形式，是行政权力和行政职能的载体，若无机构，行政体制也就不存在。

（3）行政体制是政治体制的有机组成部分，与立法体制、司法体制等共同构成国家管理体制，也受到立法体制、司法体制的制约。综合交通运输行政管理体制一般是指交通运输行业有关的国家机关和企事业单位管理权限划分的制度。

二、综合运输行政管理的一般要求

综合交通运输是交通运输业伴随社会经济发展到一定阶段以后的内在要求。在运输化的不同发展阶段，所面临的的主要运输问题显然是不同的，所需要的管理方式、政策也存在差别。在发展初级阶段，解决的主要问题是各种运输方式单独发展、基本网形成、通达性问题、公众基本出行和大宗货物的运输问题；发展到新阶段以后，解决的主要问题转变为多种运输方式共同发展、方式间衔接、枢纽换乘、可持续发展、现代物流及社会公平等问题，新的相关问题越来越突出。可见，不同阶段对政府行政能力提出了不同要求。在初级阶段，相对简单的系统状态只需要相对简单的政策体系和行政管理体制；而在高级阶段，由于系统的综合性和复杂性，使政府必须在更高层次上设立综合性的交通运输主管机构。

从国际经验看，工业化、城市化快速发展的阶段，正是交通运输基础网络和基本结构形成的重要时期。要想构造一个高效率、一体化和可持续的综合交通发展模式，各种技术、政策、规划、法制一定要共同发挥作用，才能取得较好的效果。同理，各种运输方式都已具备一定程度发展的条件下，综合运输管理体制的建立应该是越早越好，相应的管理体制也应快速与之配套。

三、目前体制下的职能分工与主要问题

2013年国家实施大部制改革后，中央各相关部委有关综合交通运输的相关职责进行了调整。

国家发改委研究交通运输（含城市轨道交通）和邮政发展的战略、规划、改革方案和政策措施。统筹交通运输发展规划，衔接平衡交通、邮政行业规划和行业政策，综合分析交通运输运行状况，加强交通运输趋势发展研判，监管交通基础设施建设，拟订国防交通发展规划和计划。

交通运输部承担涉及综合运输体系的规划协调工作，会同有关部门组织编制综合运输体系规划，指导交通运输枢纽规划和管理。管理国家铁路局、中国民用航空局、国家邮政局。组织拟订并监督实施公路、水路、民航等行业规划、政策和标准。参与拟订物流业发展战略和规划，拟订有关政策和标准并监督实施。指导公路、水路行业有关

体制改革工作。承担公路、水路运输市场监管责任。组织制定公路、水路运输有关政策、准入制度、技术标准和运营规范并监督实施。指导城乡客运及有关设施规划和管理工作，指导出租汽车行业管理工作。负责汽车出入境运输、国际和国境河流运输及航道有关管理工作。承担水上交通安全监管责任。负责水上交通管制、船舶及相关水上设施检验、登记和防止污染、水上消防、航海保障、救助打捞、通信导航、船舶与港口设施保安及危险品运输监督管理等工作。负责船员管理有关工作。负责中央管理水域水上交通安全事故、船舶及相关水上设施污染事故的应急处置，依法组织或参与事故调查处理工作，指导地方水上交通安全监管工作。负责提出公路、水路固定资产投资规模和方向、国家财政性资金安排意见，按国务院规定权限审批、核准国家规划内和年度计划规模内固定资产投资项目。拟订公路、水路有关规费政策并监督实施，提出有关财政、土地、价格等政策建议。承担公路、水路建设市场监管责任。拟订公路、水路工程建设相关政策、制度和技术标准并监督实施。组织协调公路、水路有关重点工程建设和工程质量、安全生产监督管理工作，指导交通运输基础设施管理和维护，承担有关重要设施的管理和维护。按规定负责港口规划和岸线使用管理工作。指导公路、水路行业安全生产和应急管理工作。按规定组织协调国家重点物资和紧急客货运输，负责国家高速公路及重点干线路网运行监测和协调，承担国防动员有关工作。指导交通运输信息化建设，监测分析运行情况，开展相关统计工作，发布有关信息。指导公路、水路行业环境保护和节能减排工作。

国家铁路局起草铁路监督管理的法律法规、规章草案，参与研究铁路发展规划、政策和体制改革工作，组织拟订铁路技术标准并监督实施。负责铁路安全生产监督管理，制定铁路运输安全、工程质量安全和设备质量安全监督管理办法并组织实施，组织实施依法设定的行政许可。组织或参与铁路生产安全事故调查处理。负责拟订规范铁路运输和工程建设市场秩序政策措施并组织实施，监督铁路运输服务质量和铁路企业承担国家规定的公益性运输任务情况。负责组织监测分析铁路运行情况，开展铁路行业统计工作。

民用航空局提出民航行业发展战略和中长期规划、与综合运输体系相关的专项规划建议，按规定拟订民航有关规划和年度计划并组织实施和监督检查。起草相关法律法规草案、规章草案、政策和标准，推进民航行业体制改革工作。承担民航飞行安全和地面安全监管责任。负责民用航空器运营人、航空人员训练机构、民用航空产品及维修单位的审定和监督检查，负责危险品航空运输监管、民用航空器国籍登记和运行评审工作，负责机场飞行程序和运行最低标准监督管理工作，承担民航航空人员资格和民航卫生监督管理工作。负责民航空中交通管理工作。编制民航空域规划，负责民航航路的建设和管理，负责民航通信导航监视、航行情报、航空气象的监督管理。承担民航空防安全监管责任。负责民航安全保卫的监督管理，承担处置劫机、炸机及其他非法干扰民航事件相关工作，负责民航安全检查、机场公安及消防救援的监督管理。拟订民用航空器事故及事故征候标准，按规定调查处理民用航空器事故。组织协调民航突发事件应急处置,组织协调重大航空运输和通用航空任务,承担国防动员有关工作。负责民航机场建设和安全运行的监督管理。负责民用机场的场址、总体规划、工程设计审批和使用许可管理工作,承担民用机场的环境保护、土地使用、净空保护有关管理工作,负责民航专业工程质量的监督管理。承担航空运输和通用航空市场监管责任。监督检查民航运输服务标准及质量,维护航空消费者权益,负责航空运输和通用航空活动有关许可管理工作。拟订民航行业价格、收费政策并监督实施,提出民航行业财税等政策建议。按规定权限负责民航建设项目的投资和管理,审核(审批)购租民用航空器的申请。监测民航行业经济效益和运行情况,负责民航行业统计工作。

可以看出,现行体制下综合交通运输管理的职能初步理顺,但有些管理职能仍然模糊。如政府在与市场关系的处理上"越位"与"缺位"并存;我国交通运输管理体制采用的是一种"条"与"块"相结合的管理模式,对于中央与地方之间的事权有待进一步厘清;大交通管理体制虽然已经建立,但工作机制尚未完全理顺;地方交通运输管理体制还存在职能分割、衔接不顺等问题,推进综合交通运输体系建设困难重重。随着这些问题的日益突出,综合交通运输体系的体制机制问题,已成为我国交通运输可持续发展必须破解的关键问题。建立统一完善的综合交通运输管理体制,已经成为综合交通发展的必然要求。

四、我国交通运输管理体制沿革

新中国成立后,交通运输部成立于1949年10月,主要负责公路和港口的建设与运输管理。1958年2月,民航局由在中央军委下设立划归交通运输部领导,1962年,改为国务院直属局。1970年,铁道部、交通部和邮电部的邮政部分合并组建为"大交通部"。1973年,邮政业务被归还邮电部。1975年1月,交通运输部与铁道部分开,再次分别成为独立的主管部门。1980年,民航总局正式脱离军队建制和管理。油气管道的行政主管一直由石油行业自己负责。城市交通长期由所在城市自己管理,体制上是由国家建委、建设部及住房和城乡建设部归口政策业务互道。1986年国务院决定由公安机关对城乡道路交通安全进行统一管理。但在此阶段中,综合运输的核心内容当时并没有实质性地被提出,各种运输方式仍旧自成体系发展。交通是一个整体,但是涉及交通的管理分解到了各个部门,形不成一个整体。

改革开放后,除铁路以外的各种运输行业一直在推进政企分开和市场化。党的十三大报告提出了"加快发展以综合运输体系为主轴的交通业",但1988年全国人大成立综合性运输部的决定因民航和铁路相继发生重大事故而搁置,这是我国第一次带有综合交通思路的管理体制的改革尝试。党的十七大报告又再次明确提到要"加快发展综合运输体系",提出要"加大机构整合力度,探索实行职能有机统一的大部门体制",以体制改革促进综合运输体系发展的思路再次提上日程。2008年全国人大审议通过《关于国务院机构改革方案的决定》,改革的内容包括组建交通运输部,将原交通部、中国民用航空总局的职责及住房和城乡建设部指导城市客运的职责整合划入交通运输部,国家邮政局改由交通运输部管理。2013年的交通运输继续进行了大部制改革,明确交通运输部负责推进综合交通运输体系建设,国务院已经明确交通运输部负责推进综合交通运输体系建设,统筹规划铁路、公路、水路、民航以及邮政行业发展。党的十八大强调要以转变发展方式为主线,十八届三中全会又做出了全面深化改革的决定,这一系列顶层设计为通过改革推动发展方式转变,释放新的发展动力提供了契机。在整合交通运输相关机构、探索职能有机统一的大交通体制等方面迈出了重要步伐。

五、我国交通运输行政管理体制改革的方向

我国2013年的交通运输大部制改革相比2008年的改革又向前进了一步,应该得到充分肯定,因为它有助于去除原部门分设行政体制对推进综合交通运输体系建设的障碍。但大部制改革走出的这一步,并不意味着综合交通运输在其体制机制转变上的障碍就可以自行克服。发达国家在实行交通大部制后都有过长期的磨合过程,我们需要汲取经验教训,不能让必须的改革与调整停顿下来。特别是,我们以规划加审批为主要特点的交通运输行政管理模式应该尽快转向政策管理。在对于我国的交通运输管理体制进行改革时,必须严格按照党的纲领来进行制度改革,适应我国经济体制的发展,针对现在交通运输发展的形势,来完善综合交通运输管理体制改革。

综合交通运输管理体制改革应依照的原则是:

精简、统一、效能的原则;统一规范、权责一致、依法治交、依法行政的原则;政企分开、政事分开的原则。

主要措施包括:使机构设置由分散走向集中,实行"大部制"的部门格局;制定综合交通运输的政策、法规、标准、规范等,加强综合交通运输发展的规范性与合理性;制定交通运输发展的规划并由相关部门监督、协调、促进规划的实施,全面统筹交通运输发展;实行决策与执行相分离的纵向机构格局;实施综合交通运输安全管理以及交通运输行业市场监管,发挥宏观调控职能;各地区各利益相关方共同参与交通方式的决策综合交通运输对现代国家的行政体制形成挑战,必须具备及时应对运输业发展重大阶段性转换所要求的体制与机制调整能力。

1. 完善综合交通运输行政管理机构职能

我国交通运输基础设施总量和客货运输总量目前在世界上已经名列前茅,综合运输体系建设的问题已经到了应该从基本理念和根本制度层面去解决的时候。现行的交通运输管理体制中,交通运输管理职能分布在不同的主管部门内,出现管理职能重复和交叉的现象,应加快全国综合交通运输行政主管部门职能改革,完善综合交通运输管理部门职能。

首先,国务院已经明确交通运输部负责推进综合交通运输体系建设,统筹规划铁路、公路、水路、民航以及邮政行业发展,将分散在其他部门的交通运输管理职能逐步统一划归到交通运输行政主管部门。但国家发展改革委的综合运输规划、车辆目录管

理职能,公安交警的车辆和驾驶员的管理职能等还需进一步整合;其次,要对交通运输部门进行内部深化改革,加强相应的管理措施,推进建设规划、政策法规以及标准规范的统一管理,推进部门内综合统一的政策法规的制定和行政执法的落实;再次,进一步加快对省、市和县的交通运输行政管理职能转变。

目前,虽然中央部门初步建立了综合交通运输管理职能,由于规划涉及多种运输方式、多个部门,必须统筹协调。省及以下交通运输综合管理职能仍然需要进一步加快改革,尽快统一铁路、航空等管理职能,以做好规范、统一、高效的交通运输管理工作。

2. 完善交通运输政策和法规体系

理顺了大交通格局下机构设置之后,应该对各部门的职能进行分类、整合和梳理。在立足我国基本国情的基础上,适当的借鉴其他国家在综合交通运输管理体制上的做法,建立健全我国综合交通运输管理政策和法规体制。

由于我国铁路、民航和城市公共交通等重要交通运输行业并入交通运输系统时间不长,各项政策和法规还没有系统统一的对接,各方面还存在不完善不衔接的地方。可设立一个专门的研究综合交通运输政策和法律法规的机构,统一研究制定一个交通运输系统的"宪法",加强对交通运输系统内各行业机构法律法规的制定的统一规划和指导,以形成一个统一高效的交通运输法律法规体系。各行业机构根据"宪法"研究制定各行业的法律法规,以细化各项操作规程,做到有法可依。

基层交通运输主管部门还应对公路运输行政执法、公路路政执法和水运执法等执法机构进行整合,精简执法人员数量,提高执法人员素质,采取科技、联合等手段执法,加强对交通运输系统违法行为的监管,做到违法必究。

通过不断完善我国的交通运输政策和法规体系,为建立综合交通运输管理体制打好基础,树立科学发展、和谐发展、安全发展的理念,促进经济和社会的可持续发展。

3. 厘清中央与地方关系

党的十八届三中全会通过的《关于全面深化改革若干重大问题的决定》第19部分明确提出,要建立事权和支出责任相适应的制度。目前,具体的交通管理与决策权向城市层面逐渐下移,同时与国家层面更集中关注制定交通政策与长远战略是交通行政体制改革的趋势。

交通运输行为都涉及人民群众的切身利益,属于与具体时空结合更加紧密的地方性公共事务,但交通运输又与国家层面财政金融、资源环境、区域发展以致全球化战略密切相关,也需要中央政府的政策干预。既不能用全国的交通利益代替特定地方的交通利益,也不能让特定地方的交通利益过渡膨胀以损害全国利益。

在交通行政领域理论中央关系的关键,是理顺分层行政主体,并建立分工合理、责任明确、规则有序的制度。一方面,国家层面的政策与规划必须更加注重长远战略目标与原则的确立,并严格相应的程序与评估标准,通过各种行政措施引导实施和规范,改变与项目汇总为主的交通规划思路。另一方面,应该让城市群政府在更大程度上进入决策体系,与国家、部门和省级政府共同发挥作用,项目层面的实体规划要向城市下移。要明确城市政府作为综合交通枢纽规划、投资、建设和管理的责任主体,与相关部门协调解决综合交通枢纽建设和运行中的相关问题。在保证国家行政功能上下对应的条件下,要允许城市政府探索设置不同形式的交通管理机构,因为综合交通与城建、市政、土地、环境、公安等部门的协调性越到城市层面越具体,所需要的部门间协调也越直接。

4.统筹规划各种运输方式平衡发展

交通运输行业作为基础性产业和服务性产业,影响着国民经济和社会发展,对于各种运输方式的发展需要综合规划。各种运输方式全面协调发展可以促进经济快速协调发展,方便群众生产生活。要统筹规划航空、高速铁路和高速公路、航道和管道的建设、运输方式之间的平衡发展,形成几种运输方式之间互相竞争、相互补充的发展关系。

促进各种运输方式加快发展,对于经济发展和方便群众生产生活有着重要作用。要统筹私家车与公共交通工具之间的协调发展,引导人们出行首选公共交通工具出行习惯。在建设和发展综合交通枢纽上,要合理科学地规划各种交通运输方式的有效衔接,减少群众换乘的麻烦,使得群众愿意乘坐公共交通工具出行,以充分发挥综合运输的整体功能。通过出台行政和经济上的政策,引导人们采用有利于社会交通顺畅的出行和运输方式出行,促进各种交通方式之间的协调发展。

第二篇

综合交通运输体系的战略与规划

第四章 综合交通运输体系发展战略

第一节 战略思想

一、指导思想

交通运输发展战略必须以党和国家发展的大致方针为前提,支撑国家发展战略是中国交通运输发展战略的目的,坚持科学发展是中国交通运输发展的基本实施途径。

中国共产党的"十六大"提出了未来20年的国家发展战略:"在本世纪头20年,集中力量,全面建设惠及十几亿人口的更高水平的小康社会,使经济更加发展、民主更加健全、科技更加进步、文化更加繁荣、社会更加和谐、人民生活更加殷实。"国家发展战略对经济社会的基本内涵是,在优化结构和提高效率的基础上,国内生产总值到2020年力争比2000年翻两番,综合国力和国际竞争力明显增强。基本实现工业化,建成完善的社会主义市场经济体质和更具活力、更加开放的经济体系。城镇人口的比重大幅度提高,工农差别、城乡差别和地区差别扩大的趋势逐步扭转。可持续发展能力不断增强,生态环境得到改善,资源利用效率显著提高,促进人与自然的和谐发展。

中国共产党十六届三中全会进一步指出了科学发展观:"按照统筹城乡发展、统筹区域发展、统筹经济社会发展、统筹人与自然和谐发展、统筹国内发展和对外开放的要求,更大程度地发挥市场在资源配置中的基础作用……建立促进经济社会可持续发展的机制……坚持以人为本,树立全面、协调、可持续的发展观,促进经济社会和人的全面发展。"

为了实现未来20年中国经济发展的宏伟目标,必须落实科学发展观,重新审视交通运输的重要性,科学、客观地制定交通运输发展战略。经过改革开放以来的快速发展,人们对交通运输的认识有了质的飞跃,交通对空间经济的引导作用业日益显现,交通先行的发展理念已成为共识。在经济全球化背景中,交通运输成为现代物流乃至供应链管理的重要组成部分,是提高企业竞争力、转变经济增长方式、提高经济发展效率和人民生活质量的重要环节,对市场配置资源、全面、协调、可持续发展、构建和谐社会具有十分重要的作用。

基于此,中国交通运输发展战略指导思想考虑如下:

首先,中国的交通发展要贯彻以人为本,全面、协调和可持续的发展观,这也符合交通运输系统自身发展的客观要求;其次,交通运输发展要体现国家意志,就必须具体落实到着重解决未来中国交通运输发展的重大问题,满足和支撑新世纪全面建设小康社会的宏伟目标的实现。

"发展是硬道理"。尽管交通运输经过了20多年改革开放的快速发展,但现阶段交通运输仍然面临供给总量不足,结构矛盾突出,形成了对国民经济和社会发展的"瓶颈"制约;而未来中国的交通运输发展,必须通过转变交通运输增长方式、构建完善综合运输体系,从战略上解决交通运输与经济发展的适应性,实现交通运输可持续发展。唯有加快建设交通基础设施,完善综合交通网络的空间布局,扩大运能,才能彻底扭转中国经济运行中频频出现的运输"瓶颈"制约;只有加快交通运输发展,才能更好地解决未来交通运输发展的战略问题,适应全面建设小康社会的需要。因此,中国的交通运输要"坚持以发展为主题"。

但是,中国交通运输还面临着发展模式的选择。

长期以来,由于交通运输能力严重不足,致使各种运输方式追求量的扩张,交通运输发展方式粗放,这在当时的条件下,通过发挥各种运输方式的积极性,采取自我发展模式,有利于快速改变交通运输供给能力严重短缺的局面,具有积极意义。随着中国交通运输发展规模的不断增加,这种发展模式就必然带来各自为政、条块分割、各种运输方式难以协调发展的矛盾,以及运输一体化目标无法实现,并成为交通运输实现可持续发展的障碍。

在经济全球化和全面建设小康社会的战略机遇期,国内外环境都发生了巨大变化,交通运输的发展必须考虑资源、环境和社会的约束,必须从粗放型增长方式转变到集约型增长方式,充分发挥市场在资源配置中的基础性作用,积极采用先进的科学技术提高交通设施和运输装备水平,发展综合交通体系,优化运输资源配置,实现资源使用效率最大化。

因此,从战略上考虑,未来中国交通运输发展的指导思想是:贯彻"以人为本"、全面、协调、可持续的发展观,坚持以发展为主题,以优化交通运输结构为主线,科技进步为动力,充分发挥市场配置资源的作用,加快建设交通设施网络,完善运输市场体系,努力构建符合中国国情的现代综合运输系统,实现交通运输增长方式向集约化、规模化、现代化转变,确保经济发展、国防安全和国家整体利益的实现。

二、基本原则

为充分体现中国交通运输发展战略的战略思想,交通运输发展战略要遵循以下原则。

(1)体现国家意志。国家意志代表一个国家整体发展的战略方向。交通运输作为国民经济的有机组成部分和社会生活不可缺少的基础要素,必须充分体现国家发展意志和人民利益。交通运输战略作为国家总体发展战略的组成部分,必须具体体现中国全面建设小康社会、科学发展观及构建和谐社会的基本要求,以交通运输发展支撑经济发展,通过提高交通运输服务的质量和水平来促进人民生活质量改善和提高;以交通运输发展促进和支撑东部加快、中部崛起、西部大开发及东北老工业基地振兴等区域发展战略,促进区域经济文化交流和人民共同富裕,交通运输发展在促进和保障经济社会发展的同时,还要与国防建设紧密结合,综合利用交通资源,提高国家的国边防能力,维护国家经济安全和领土完整。

　　交通运输发展战略作为国家总体发展战略的组成部分,体现建设全面小康、构建和谐社会的要求,支撑经济发展,改善人民生活质量,促进区域协调,提高国防能力,维护经济安全。

　　(2)贯彻可持续发展。可持续发展在世界范围内已经成为各国遵循的发展观。交通运输在为社会提供人员出行和货物运输服务的同时,也消耗了地球上的巨大资源,污染了人类生存环境,当下我国交通运输,尤其是交通基础设施仍处于大发展阶段,必须按照可持续发展的理念建设综合交通运输系统,努力提高运输系统的效率,优化运输结构,争取以尽可能少的对社会资源的占用满足运输供求关系;在充分满足运输供求的前提下,积极发展水路、铁路等运量大、耗能低、土地占用少的资源节约型和环境友好型运输方;在增加交通能力供给的同时,实施交通需求管理,降低交通运输设施建设对资源的刚性使用。

　　(3)发挥先导作用。交通运输业要改变长期以来被动服务于经济和社会发展的状况,按照交通运输"先行官"的定位,积极发挥交通运输的先导作用、引导作用和推进作用。通过加快交通运输发展,利用交通运输所创造的便利条件,推进工业化、城镇化、市场化、国家化和提高人民生活质量的进程。一是促进东中西部地区的通畅链接,各经济区之间的相互互通、城市群内的紧密连接,实现城市与乡村交通运输的一体化;二是加强城乡衔接,重点是建设农村交通基础设施和城乡交通设施链接,实现城市与乡村交通运输的一体化;三是完善国民经济各产业间的综合协调,实现各产业产品的上下游、主副业、产销市场强度和运输成本;四是跟不同产业对交通运输的基本需求,引导产业的合理布局,降低运输强度和运输成本;五是全面提升交通基础设施质量,为大众出行及旅游观光、促进生活消费创造良好环境。

　　(4)注重系统性。交通运输系统是由多种运输方式、多样设施装备、多项软硬技术构成的综合体。要从国民经济和社会整体概念出发,将交通运输作为国民经济的子系统,实现交通匀速系统的最优化。首先,发挥各种运输方式的优势,在不同地区、不同时间、不同条件下取长补短,扬优劣汰,建设最适合的交通基础设施,选择最合适的运输服务形式;其次,加强各种运输方式的衔接、协调和优化,充分发挥运输系统的作用,实现交通运输的整体效率最大化和整体运输成本的最小化;另外,要按照交通基础设施、运输装备与组织管理三位一体的要求建设运输系统,为经济社会发展提供安全、快速、便捷、高效、可靠的运输服务。

　　(5)坚持市场导向。根据交通运输的基础性特征,既有为社会普遍服务的准公共性,又存在为商品生产与消费服务的经营性。因此,要以改革开放作为基本方针,正确把握好政府规制与市场竞争的关系,坚持正确规划、监管与市场实施的原则,发挥市场配置运输资源的基础性作用。进一步深化交通运输领域的改革与开放,以改革促进发展,用开放推进建设,实现交通圆弧供给能力的跨越式提升;加强交通运输业的制度性建设,完善交通圆弧的管理体制和运行机制,逐步建立健全完备的交通运输法律法规和市场监管制度;坚持交通运输发展的市场化方向,更加充分的发挥市场在交通基础设施和运输经营中的重要作用,加快运输市场化进程。

第二节 战略目标

作为发展中国家,中国交通运输发展的长期战略目标是面对问题,解决并制定战略目标。这个战略目标,要立足于解决交通运输发展的现实问题,着眼于解决影响未来中国交通运输发展的战略问题。

交通运输发展的现实问题,往往是在交通运输发展的历史过程中不断积累形成的,这些问题不解决,交通运输系统自身就难以健康发展,导致交通运输市场化进程受阻,运输资源配置得不到优化,交通运输对经济发展的基础性和引导性作用不能发挥,从而,也无法解决中国交通运输发展的战略问题。交通运输就不可能支撑国家发展。因此,首先要认清交通运输发展的现实问题。现阶段中国交通运输发展还存在的问题是:交通运输总量不足,主要表现为各种运输方式基础设施的发展不足,铁路、公路、水路、航空和管道等交通基础设施都要有一个大的发展;运输供需结构性问题突出,主要表现是区域性发展差距,城乡发展差距等带来的交通运输供需结构矛盾,城市快速扩张带来的交通结构矛盾,以及各种运输方式协调配合,运输设施统筹规划和建设尚未形成有机整体;体质性障碍制约,主要表现为各种运输方式改革管理与区域交通管理各自为政,影响了交通系统的协调发展;缺乏科技创新机制,导致交通运输领域的总体科技含量较低、新技术的应用和现代化管理水平亟待提高。中国交通发展需要解决的战略任务是:适应经济社会发展,转变增长方式,完善综合交通运输体系,实现交通运输可持续发展。

中国交通发展的长期战略目标是,以市场经济为导向,可持续发展为前提,建立客运快速化、货运物流化的智能型综合交通运输体系。

制定中国交通运输的长期战略目标,就是要构建未来中国交通运输的发展蓝图。依据交通运输发展的战略思想和面临的形势与发展任务制定发展战略,未来的交通运输发展战略应包括以下内容:

(1)以市场经济为导向。既坚持市场导向,又兼顾准公共性产品特征;既充分发挥市场配置资源提高交通运输效率的优势,又兼顾普遍服务的公平原则。

(2)以可持续发展为前提。可持续发展是21世纪中国重大战略决策。与基础设施建设紧密关联的可持续发展目标包括改善人类居住区的社会、经济和环境;改善居民的居住工作环境和生活质量。作为基础设施重要组成部分的交通建设对这一目标的实现具有引导、支撑和保障等多重作用,即对区域经济空间形态发展的引导,提供区域空间的基本支撑框架。运输效率的提高不能超越环境和资源的承载能力,交通运输发展要充分适应中国的基本国情,转变交通运输的增长方式,集约利用各类资源,最大限度地减少对资源的占用和对环境的破坏,实现可持续发展。

(3)实现客运快速化。速度是人们始终追求的目标,在以市场为导向和可持续发展的前提下,各种交通运输方式在保障出行安全、便捷、舒适等基础上,力求提高速度,缩短时空距离,扩大人民的出行满意度。

(4)实现货运物流化。货物运输作为供应链过程的重要组成部分,已与现代物流和供应链管理融为一体。有效降低运输成本,提高运输增值服务水平,既是现代物流管理的需求,也是货物运输的目的。

(5)建立智能型综合交通运输体系。实现客运快速化和货运物流化,要充分利用现代装备技术和管理技术,特别是电子计算机、信息技术及智能化的高新科技,使各种运输方式有机衔接,形成高效、便捷、安全的综合交通运输体系。

针对中国交通运输发展面临的形势与任务,结合交通运输发展的长期战略目标,至2020年,中国交通运输战略定位是加快发展交通基础设施网络,努力降低交通运输成本,积极提高交通科技含量,促进全面建设小康社会宏伟目标的早日实现。

根据长期战略目标和战略定位,中国交通运输发展的近期目标是:以加快扩大交通基础设施网络为基础,通过交通运输领域的技术、制度、管理和组织创新,建立以系统衔接、优化、协调为特征的一体化的综合交通运输体系,提供安全、高效、便捷的运输服务。

第三节 战 略 方 案

21世纪前20年,是中国全面建设小康社会的战略机遇期,也是建立客运快速化、货运物流化的智能型综合运输体系的关键发展时期。为使交通运输切实成为国民经济和社会发展的助推器和牵引力,使中国经济彻底摆脱运输"瓶颈"的约束,交通运输的发展应按照远近兼顾,以交通基础设施网络、交通运输服务和交通科技进步为发展的切入点,促进综合交通运输发展实现新的跨越。为此提出中国交通运输发展的战略方案是:以较低的成本提供安全、高效、便捷的运输服务;以最佳的途径缩短与发达国家管理和技术的差距。

一、以最短的时间完善交通基础网络

交通基础设施网络是交通运输服务的基础。总体上看,无论是按照国土面积,还是按照人口平均,中国交通基础设施网络总供给规模不足,致使交通运输市场总供给无法满足总需求。造成运输市场供不应求和季节性波动的局面。在交通基础设施总量供给不足的背景下,各种运输方式发展及其空间布局又存在结构不合理问题。在运输的空间格局上,主要通道和繁忙干线的运能严重不足,交通运输枢纽的效能得不到

很好发挥,导致了经济运行中运输的"瓶颈"制约。

从城市交通发展的结构以及城乡结构看,由于大城市轨道交通设施和大容量的地面公共交通能力严重不足,运输效率普遍较低,由此带来的资源浪费和生态环境损害,不仅影响了人民生活质量,也不利于加快中国城市化进程;农村公路发展滞后造成农村基本交通服务严重不足,不利于"三农"问题解决。城乡交通结构性的失调,增加了中国改变城乡二元经济结构的困难。因此,改变城乡交通结构,完善农村交通基础设施网络,特别是改善农村和边远落后地区的交通服务条件,是交通运输发展的重要任务之一。

交通基础设施总量供给不足也引起了交通运输的普遍服务问题。发挥交通运输的社会公益功能,让低收入阶层和残疾人群享有交通服务的权益,强化公众服务和为社会弱势群体提供可靠的运输服务等,都依赖于加快交通基础设施建设,扩大交通基础设施网络规模。

从交通运输的市场供求理论分析,无论是优化运输结构,还是提高运输服务质量,必须建立在交通运输供给能力适度超前于运输需求的基础上,交通基础设施网络供给总量不足,不仅是导致中国交通运输发展长期滞后于经济发展的根本原因,而且也是造成运输系统结构性矛盾突出、服务质量低下、增长方式粗放、发展不可持续的主要原因,对于发展交通运输,解决运输供给能力短缺,前提条件是交通基础设施的供给水平适度超前于经济发展的运输需求水平。

鉴于既有各种运输方式的基础设施网络规模不足,能力短缺,而且交通基础设施从投资建设到形成运营能力,又需要一个较长的时间周期。为了适应全面建设小康社会的宏伟目标,必须紧紧抓住交通运输发展的战略机遇期,力求用最短的时间完善交通基础设施网络,为交通运输现代化打下坚实的基础。

今后一段时间内,要继续加快交通基础设施建设,优化综合运输大通道布局,合理配置综合交通枢纽,完善铁路网、公路网、水路网、管道运输网以及港口和机场的布局,增强国防功能,力争用15~20年时间,建立符合中国基本国情、反映经济地理特点、基本适应经济社会发展、满足国防交通需求和城乡人民生活需要的综合交通网络。

(1)扩大交通网络规模,提高网络密度和通达度。到2020年,铁路营运里程达到10万km以上,其中客运专线1万km以上;公路通车里程达到300万km以上,其中高速公路9万km以上;国家高等级内河航道里程达到1.4万km;输油气管道8万km;民用机场220个。

(2)优化网络结构,推动交通协调发展。充分发挥各种运输方式的技术特长和比较优势,合理配置运输资源,发展适合大运量、长距离、低消耗的运输方式,优化综合交通网络的方式结构、空间结构、城乡结构及重点物资运网结构,构建干、支衔接和各种运输方式有机联系的综合优化网络,大力提高综合网络的承载性和机动性,推动交通运输协调发展。

(3)发展综合运输大通道,提高主干网络能力。按照各种运输方式衔接、优化、协调的要求,既要充分挖掘既有线路设施潜力,又要适应中国空间经济的发展现状及未来演化趋势,加快发展完善综合运输大通道及各类配套设施,有效联系主要经济中心、城市密集带和资源富集区,形成畅通、高效的国家综合运输骨干网。

(4)合理布局综合交通枢纽,强化运输方式衔接。按照综合交通枢纽与通道网络、枢纽与城市空间有机结合的原则,科学规划、合理配置综合交通枢纽,统筹规划和建设枢纽内的线路、场站及信息传输等设施,强化枢纽集疏运的衔接配套,以及与城市交通的有机连接,促进客货运输的"零换乘"和"无缝衔接",最大限度发挥综合交通枢纽的集散、辐射和交换功能。

二、以较低的成本提供安全、高效、便捷的运输服务

在完善网络的同时,交通运输服务的基本功能是提供用户满意的服务。在生产、流通(交换)和消费三大经济领域中,运输业属于流通领域,是沟通生产和消费,实现流通的基础,是资源消耗大户,特别是对土地、能源等资源的消耗巨大。运输不生产实物形态的产品,但通过增加产品的场所效用及时间效用而实现增值服务。降低运输成本的收益主要是表现为交通运输的消费者剩余的增加;企业运输成本的降低增大企业的利润空间,提高企业的竞争力;旅客运输成本的降低则直接减轻了旅客的交通负担;经济发展的运输总成本降低则意味着提高资源使用效率和配置效率及经济的投入产出率。因此,在保证为用户提供安全、高效和便捷的运输服务的前提下,必须最大限度地降低运输成本,以交通运输发展促进中国经济社会的发展。

为实现以较低的成本提供有效的运输服务,在国家战略的层次上,要充分发挥交通运输对经济发展的引导作用,合理规划运输设施,引导产业的优化布局,减少无效运输,降低经济发展的运输成本,在交通运输系统层次上,适应经济地理特征,充分发挥各种运输方式的经济比较优势,优化运输资源的配置,完善全国和区域及地区综合运输通道,强化枢纽的辐射和集散作用,实现一体化运输,以最大限度降低交通运输发展的系统总成本,提高运输及资源配置效率。

(1)建立一体化的交通运输系统。要以国民经济效益最大化原则统一规划交通圆弧发展,综合利用各种运输方式的成本优势,实现交通运输系统的有效集成和运输服务的"无缝衔接",构筑安全、可靠、便捷、快速、经济的国家综合交通运输体系。

(2)提高运输效率,降低运输成本。要以提高经济发展的整体效率,降低全社会单位运输成本和社会流通总成本作为基本要求,通过改善交通运输系统结构和提高交通运输系统效率,促进经济增长。到2020年,争取使全社会运输成本所占流通总成本比例下降5%。

(3)注重社会公平,保障交通普遍服务。在追求运输效率的同时,更加注重社会公平,努力使全社会都能享受到现代交通带来的便利,增强交通对摆脱贫困,提高生活品质的促进作用。通过加强支线交通网络建设,改善农村、边远和落后地区的交通服务条件。要大力提倡发展公共交通体系,提高城市交通的便捷性和运输的集约性,为

社会各阶层提供可靠的运输服务。

(4)加强交通安全系统建设,保障交通安全。强化交通运输安全的制度建设,充分体现以人为本的交通安全要求,完善以交通设施和装备的规划、设计与建造为重点的交通安全管理和技术系统,建立全方位、全天候、具有快速反应能力的现代交通安全保障体系,大力推进交通安全的信息发布、宣传教育;加强交通运输的立法、执法。对交通运输设施、设备和服务等实行严格的安全管理,最大限度地保证人民的生命和财产安全。到2020年,道路交通事故死亡率降至4人/万车以下。

(5)提高运输服务质量。按照人性化的要求建设安全、可靠、及时、舒适、快速、便捷的旅客运输系统,城市间客运系统要快捷、舒适,城乡间客运实行一体化,基本实现建制村通客车;进一步完善以方便乘客换乘为基本功能的客运枢纽,建立和完善以现代物流服务为特征,以中等以上城市的铁路和公路货运站场、港口、机场和特大型工矿企业为主要节点的货物快速运输系统,促进厢式货车运输,集装箱多式联运快速发展,加快交通运输信息化发展,以政府公共信息平台为主导,建设交通运输信息系统,及时提供运输供给与需求服务信息。

三、以最佳的途径缩短与发达国家在管理和技术上的差距

管理和技术是实现交通运输现代化的重要保障。发达国家的交通运输系统的发展经历了相对漫长的历程,积累了值得人类学习和传承的宝贵经验财富,其交通基础设施发达,运输设备先进,管理科学化,也有许多可借鉴的内容。但是,交通运输发展既要适合一个国家的自然地理、经济地理、人口和资源禀赋特征,还必须与经济发展水平相适应。这就决定了中国的交通发展不能照搬和重复发达国家交通运输发展模式,要从制度、技术、资金、管理积极探索符合基本国情和经济水平相适应的交通现代化道路,寻找最佳途径缩短与发达国家在交通科技及管理上的差距。通过引进世界交通科技成果,提高中国交通运输管理和技术水平,加快中国交通运输现代化的进程,实现交通运输业的跨越式发展。

(1)建立比较完善的交通科技创新体系。促使交通基础设施建养技术、运输装备技术、运营管理技术有较大提高或突破性提升,实现交通基础设施、运输装备与现代化管理的综合集成,加大交通运输领域的信息化、智能化的应用与集成,使部分领域的技术接近或达到国际领先水平。

(2)坚持自主创新和技术引进相结合。加速交通科技成果的转化,提高交通技术现代化水平,是建设现代综合运输系统的必要手段。要在积极引进、消化和吸收国外先进技术的同时,进一步重视提升自主研发的能力,从完善交通系统、提高安全性和资源利用率、降低运输成本、提高劳动生产率等方面,促使关键技术取得重大突破。

(3)加快提升重大装备技术水平。依靠新材料、新技术、新工艺和新结构的开发应用,全面提升交通基础设施和运输装备的设计、施工和建造技术,提高交通建设质量,降低基础设施和装备的全寿命成本。研究开发交通装备的新技术和运行控制系

统,以及新型交通运载工具技术和输送系统,大幅度提高交通技术装备水平,实现交通运输快速化、节能化、环保化,带动运输装备制造业发展。

(4)实现交通运输管理现代化。开发应用综合交通运输信息技术、智能交通系统技术、现代物流管理技术等现代管理技术;大幅度提高集装箱多式联运技术水平,促进交通运输管理与服务现代化,提高运输效率、效益,增强运输企业的竞争力。

第四节 战略保障

为了保障交通运输发展战略得到切实的实施,使交通运输发展战略起到指导国家交通运输总体发展的作用,必须有相应的配套措施从制度环境、法律法规和资金筹措、科技进步等方面给予保障。

一、推进交通运输管理体制改革

20世纪70年代末开始的改革开放,极大地促进了国民经济各行业的快速发展,交通运输业也不例外。纵观交通运输30多年的前进历程,改革是发展的原动力。要深化交通运输行业的改革,本着"整齐分开、引入竞争、加强监管、协调发展"的原则,加快推进交通管理体制改革,促进各种交通运输方式协调发展。政府职能改革是交通运输管理体制改革的主要内容。在加快交通运输市场化进程中,要重建设政府的管理职责,按照健全和完善市场体系的要求,健全交通运输行业管理和市场监管机制,依法行政,依法监管,为交通运输发展战略的实施提供可靠的制度保障,充分发挥政府和市场两个方面作用,合理有效地利用交通运输资源,释放交通运输的整体活力,提供运输成本最低、质量最佳的服务。

二、完善运输管理法规与市场规则

建立完善的运输市场规则,实行市场管理制度化,这是市场经济条件下运输管理的重要手段。进一步制定和完善交通运输管理的法律法规和相关标准。加快完善交通运输管理的法律法规体系建设,制定与实施综合性交通运输法规,规范全社会和各种运输方式的交通运输行为。同时,修改完善交通运输领域相关的技术标准,满足交通安全、技术先进、管理科学与可持续发展的要求。建立公开、公平、公正的市场竞争机制,规范政府行为,完善运输市场法律法规,维护市场秩序,创造公平的竞争环境。进一步开放交通运输市场,促进市场竞争格局的形成和良性发展,加强综合交通体系的法规建设,促进多式联运发展。

三、建立稳定可靠的资金渠道

交通发展战略的实施需要稳定可靠的资金保障。除各级政府积极支持、加大投入外,更重要的是充分发挥市场的作用,广泛吸纳各方资金。一是放宽限制,消除形成投资多元化的障碍,鼓励、引导各类资本介入;二是完善法规,保障投资者合法权益和回报;三是鼓励规模小、资金使用规范的企业通过上市和发行企业债券等资本市场募集资金,增加向社会直接融资的比例。

四、支持交通运输科技进步

加大相关产业对交通运输科技进步的支持。积极鼓励建筑、材料、机械、电子、信息等行业在交通运输领域推广应用新技术、新材料、新工艺,提高交通设施和运输装备的技术含量。加大政府对交通运输基础设施及装备的基础性、关键性重大工程科研项目的支持力度,特别是对新交通技术、重大运输装备研发的支持,包括客运高速、货运重载技术,高效、环保、节能交通技术,运输管理和控制系统的数字化、信息化、智能化技术等,促进中国交通运输整体科技水平的提高。

第五章 综合交通运输体系发展规划

第一节 综合交通运输体系发展规划的内涵

一、综合交通运输体系发展规划层次划分

按照行政区划和不同范围区域综合交通运输体系发展特点，综合交通运输体系发展规划可划分为国家、省（经济区）、城市群、市县四个层次。不同层次的综合交通运输体系发展规划要解决的重点问题各有侧重。国家级综合交通运输体系发展规划主要研究国家发展综合交通运输体系的战略取向和总体部署。省级、市县级综合交通运输体系发展规划重点是落实国家总体部署，研究本区域内交通基础设施布局和一体化运输发展等具体问题。经济区是我国经济发展的重要区域，近年来国家陆续出台了长江三角洲地区、环渤海地区、振兴东北老工业基地、深入实施西部大开发等一系列经济区发展规划，以经济区为范围开展综合交通运输体系发展规划研究符合我国发展实际，经济区综合交通运输体系发展规划的特点总体与省级规划类似，可以归为一类。城市群具有大区域和城市节点的双重特点，把城市群作为一个类型区域开展综合交通运输体系发展规划有利于打破行政区划界限，促进城际间及各种运输方式间一体化运输体系的形成，有利于提升区域竞争力。为引导城市群内交通运输的协调发展，落实国家区域协调发展战略、城镇化战略和国家主体功能区规划，可以借鉴美国、日本在城市群交通运输规划方面的做法，开展城市群综合交通运输体系发展规划的编制工作。

二、综合交通运输体系发展规划基本内容

虽然不同层次综合交通运输体系发展规划关注的重点不同，但规划的基本内容大致相同。总体来说，区域[国家、省（经济区）、城市群、市县]综合交通运输体系发展规划主要包括发展现状评价、运输需求分析、发展定位与目标研究、规划方案研究和政策措施建议等五方面的内容。

（1）发展现状评价是综合交通运输体系发展规划的逻辑起点。主要从综合交通网络规模与结构、综合运输通道、综合交通枢纽及集疏运、各种运输方式之间以及城际交通与城市交通之间相互衔接等方面对基础设施发展水平进行评价；从客货运输组织、客货运量发展、基本公共服务覆盖面等方面对综合运输服务效率和水平进行评价；从安全应急保障能力、交通运输科技与信息化水平、绿色低碳交通运输发展等方面对

综合运输的现代化水平进行评价。在此基础上,总结评价综合交通运输体系发展对国民经济社会发展的适应程度,分析综合交通运输体系发展中存在的突出问题。

(2)运输需求分析是综合交通运输体系发展规划的理论依据。从经济社会发展总体趋势出发,论述对外贸易、产业布局、城镇化、新农村建设、"两型社会"建设等方面对综合交通运输体系发展的影响和需求,进一步分析在这种形势下客货运输发展的新特点,并对部分客货运输指标进行定量预测,作为制定区域综合交通运输体系发展规划方案的重要依据。

(3)发展定位与目标研究是综合交通运输体系发展规划的战略导向。主要从经济社会发展战略的高度、从区域整体利益的广度、从交通运输自身发展需要的深度出发,研究制定适合区域特点和实际的综合交通运输体系发展指导思想和基本原则,提出规划期内综合交通运输体系发展的目标和主要指标。

(4)规划方案研究是综合交通运输体系发展规划的核心内容。主要从基础设施、运输服务、支持系统三方面提出综合交通运输体系规划的方案设计,具体框架及其逻辑结构在下面展开论述。

(5)政策措施建议是综合交通运输体系发展规划的实施保障。主要从体制机制、投融资渠道、政策引导与支持等方面提出支撑和保障综合交通运输体系发展规划实施的主要措施。

三、综合交通运输体系发展规划逻辑框架

1. 综合交通运输体系发展规划内容

综合交通运输体系发展规划在外延上与交通运输发展规划基本一致,主要包括基础设施、运输服务、支持系统三部分,如图5-1所示。

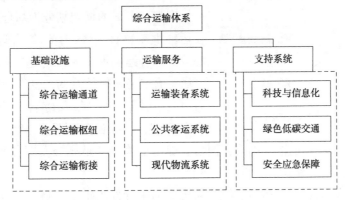

图5-1 规划方案基本框架示意图

(1)基础设施。基础设施主要包括综合运输通道、综合运输枢纽、综合运输衔接三方面。综合运输通道是指在一定区域范围内,连接主要经济点、生产点和重要城镇,有共同流向的客货流密集地带,一般包含两种以上运输方式,主要由干线公路、铁路、水路(航道)等组成。综合运输枢纽是由若干运输方式连接的终端设施(包括综合客

运站、物流园区、公路场站、铁路场站、港口码头、机场等)组成的整体,承担着所在区域的客流、物流集散和转换功能,是所在区域对外联系的桥梁和纽带。综合运输衔接依托综合运输通道与综合运输枢纽,共同构成综合运输基础设施网络,主要包括重点客货运输场站的集疏运系统、城际交通与城市交通的衔接系统、城乡集散交通系统等。

(2)运输服务。运输服务是规范运输市场管理以及提高运输组织化程度、运输效率、服务质量与水平的重要手段,主要包括运输装备系统、公共客运系统、现代物流系统等方面。

(3)支持系统。支持系统是实现交通运输行业健康与可持续发展的保障系统,也是交通运输发展时代特征与要求的集中体现,主要包括科技与信息化、绿色低碳交通、安全与应急保障等方面。

2. 规划方案演化框架

政府作为规划的制定者,主要关注基础设施建设、公共信息平台构建等公益性领域,对于客货运输行为,主要依靠市场配置资源。政府要发挥市场监管、公共管理等方面的作用。因此,政府制定的区域综合交通运输体系发展规划中,往往基础设施规划的内容较多,运输服务和支持系统两方面的内容相对较少。同时,这种偏重基础设施的规划特点也是与目前我国综合交通运输体系处于网络形成与完善的发展阶段相适应的。为体现政府对公益性基础设施规划的重视,也为了平衡基础设施、运输服务、支持系统三方面的规划内容,我们在综合交通运输体系发展规划方案基本框架的基础上,提出了一个演化框架结构,如图5-2所示。

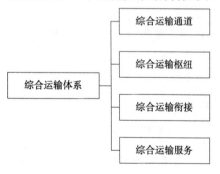

图5-2 规划方案演化框架示意图

在新的演化框架中,本书将运输服务与支持系统合并,统称为"综合运输服务",并将其与基础设施的三个部分并列,使整个综合交通运输体系发展规划方案的框架划分为综合运输通道、综合运输枢纽、综合运输衔接、综合运输服务四个部分。综合运输通道和综合运输枢纽共同构成区域综合交通运输体系的主骨架,其中综合运输通道是主骨架中的"线",综合运输枢纽是主骨架中的"点"。综合运输衔接与综合运输主骨架共同构成了区域综合运输基础设施网络。综合运输服务是充分发挥交通基础设施功能、提高运输管理与服务水平的重要环节。

综合运输通道和综合运输枢纽共同构成的主骨架决定了区域综合交通运输体系的总体布局形态。综合运输通道的布局要服务于区域经济社会发展战略,有利于改善区域对外交通条件,提高区位优势,有利于引导产业布局,有效支撑产业基地发展,有利于完善城镇体系布局,不断优化区域空间布局,还要与国家综合运输规划在本区域内的总体布局相协调。综合运输枢纽的布局要服务于城镇体系布局,满足人民群众便捷出行的要求,要服务于经济和产业布局,还要与综合运输通道布局相协调。

第二节 综合交通运输体系发展规划的方法

一、综合交通运输系统运行与成长机理分析

对综合运输过程的认识可以从对运输过程本身机理的剖析来入手,其规律可以用图 5-3 来描述。显然,无论客运还是货运,满足运输需求的过程有以下两方面的基本特点。

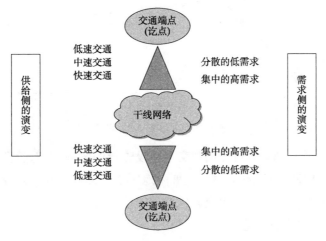

图 5-3　运输过程的特点分析

首先,对于任意两个区域之间的交流需求来说,运输需求在空间上具有近末端的分散性与中间过程集中性的特点,即起始末端相对分散的运输需求在中间阶段经过运输过程的组织才能集约成有规模的、较大的需求,这也是运输网络设计需要干、支分级的意义所在。

其次,由于末端运输需求在空间上的分散特性,满足需求的方式一般应保持较好的可达性与一定的服务频率,这决定着在方式选择上需要考虑降低运输成本,从而较低的速度、较频密的站点及其对应的运输服务水平成为运输供给设计的要点。同时,中间阶段由于数量规模大,通常可以采用更高的速度、更大的能力,这密切关联于运输供给本身的集约优势。因此,综合运输系统的规划、建设与运营管理应根据上述特点来展开。

综合运输是以满足国民经济发展与人们生活对客货运输的需求为基本目的的,综合运输的成长过程一般也是渐进的。根据综合运输系统建设与区域经济发展二者的关系,综合运输系统的成长一般可以分为三种类型见图 5-4。

(1) 追随型:交通发展总体上滞后于经济发展进程。具体体现是运输能力不能完全满足运输需求,或在时间与空间上出现受关注的拥堵。

(2) 超前型:交通发展超前于经济增长。这种状态的标志是运输系统服务质量较

高,能力能够满足经济运行与居民生活对客货运输的需求。

(3)适应型:交通建设与经济建设基本同步。其标志是除时间与空间上的个别情形外,综合运输系统基本适应经济运行需要,能够为居民提供满意的运输服务。

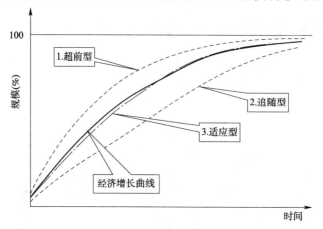

图 5-4　综合运输系统成长模型

总体上看,尽管局部地区可能出现交通建设先行的案例,但追随型是大多数地区综合运输发展得更常见的实践。对于发展中地区来说,由于经济实力有限,追随型更加常见。作为发展中国家,为避免交通建设过度滞后可能带来的影响,加强对综合运输规划研究具有重要的战略意义。

二、综合交通运输体系规划的基本流程

基于以上分析,综合运输规划的过程应当遵循以下思想:

首先,要从整体上分析预测全运输方式的需求。实际上,运输需求源于社会经济发展与居民生活需要,运输需求是一种客货位移需要,其诞生伊始并没有运输方式含义。从规划层面来看,运输需求的属性是研究如何满足这些需求的供给设计的关键。运输需求属性既包括需求产生的时间与空间特性要求,也包括其经济属性,决定着可接受的运输供给的成本范围;还包括其位移过程的安全与舒适性等方面的要求。

其次,规划过程需要对运输需求的方式选择有一个预评估。综合运输规划是一个多方式发展规划,其最终必须要落实到分方式发展规划与建设项目;而落实到不同方式的依据是方式选择或方式分担的预测结果。

从既有的规划方法上看,最常用的是四阶段规划方法。图 5-5 描述了一般四阶段规划方法的过程。从图中可以看出,第一、二阶段是对需求的总体把握,不涉及满足运输需求的具体方式与实现过程。这两个阶段的工作可以认为是确定整个综合运输系统发展规模的基本依据。第三、四阶段进入分方式需求分析,是决定各方式发展的依据,决定着综合运输系统的结构,最终实现供需的平衡。

从方法论上看,综合运输规划应坚持两个重要理念:

(1) 要坚持从总体到局部再回归总体的思路。从图 5-5 中可以看出，由第一、二阶段到第三、四阶段的过度强调初始的需求是总体的、不分方式的，它决定了整个运输系统的发展规模，可以为综合运输规划过程提供目标与原则等指导性依据。由第三、四阶段到第一、二阶段的反馈则强调分方式的集成要满足平衡要求，是综合运输规划过程中分方式协调发展的重要环节，可以避免重复建设与投资浪费。

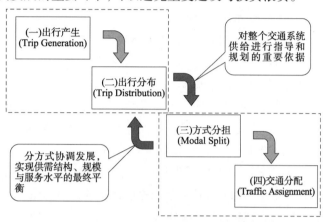

图 5-5　一般四阶段规划方法的过程图

(2) 要兼顾不同方式间竞争性与互补性共存的特点。尽管不同方式有不同的适用范围，但这些范围在特定的环境下具有不同程度的重叠，因而体现了这些方式之间竞争性（重叠）与互补性（非重叠）共存的基本特征。综合运输规划需要促进方式供给结构与交通需求互相匹配，实现有限资源的充分利用。

实际工作中，出现一些由单方式规划的机械叠加而形成的综合运输规划。这类规划虽然形式上包括了各种方式的发展方案，但由于各单方式规划过程中通常没有从整体上考虑其他方式的发展，也很少探讨方式结构优化问题，因此，很难体现综合运输的内涵，严格意义上不能视为综合运输规划。

三、综合交通运输体系规划的关键问题

综合运输规划的编制是一个复杂的系统工程问题，涉及交通运输工程、区域规划、区域经济学等多个学科，需要从战略上进行设计。顶层设计或称战略设计是从规划区域发展远景目标入手，通过把握规划区域发展对综合运输发展需求的方向，对运输系统进行宏观层面设计，以指导制定综合运输的中观与微观层面发展计划。实践证明，综合运输规划的编制需要关注以下几个重点问题。

1. 科学把握综合运输系统规模与结构的关系

综合运输系统的规模主要决定于运输需求，以及满足需求所需达到的服务水平。综合运输的规模应当是一个多维量，既涉及不同运输方式，涉及复杂的运输组织形式。在多数规划中，运输系统规模的指标主要用网络里程来表示。运输系统结构是指综合运输系统中不同方式或不同种类服务产品的结构特征，一般可以用不同方式完成的客

货运输量的比例结构来表示。运输系统结构不仅取决于运输的硬件设施,也与其服务水平(包括价格、频率、安全性、舒适性等)有关;后者有时可以通过广义费用来体现,广义费用也是方式分担模型的核心部分。

不难看出,规模与结构是综合运输中两个紧密相关的问题,其关联的主要形式则是各类运输产品的服务水平与广义费用。

2. 正确认识远景规划与近期规划的关系

远景规划是区域发展对交通需求的总体体现,其内容决定于区域发展得慢(长期)变量。近期规划体现区域发展的阶段性需求,反映区域发展对运输供给配置的紧迫性,其内容决定于区域发展得快(短期)变量。

远景规划对近期规划具有指导性。因此,研究综合运输规划应该首先研究其远景层面的规划;在此基础上,根据区域国民经济发展对运输供给需求的紧迫性提出近期规划方案,使运输系统能够满足区域发展要求。逻辑上,近期建设方案应该是远景方案的子集,这个子集的内容决定于区域发展的一些"快变量",即变化大的因素,主要包括规划区经济发展水平(GDP)与基础设施建设地区的人口总量。

3. 近期规划方案应注重论证其可实施性

我国是一个发展中国家,客观上存在资金与土地等资源短缺现象。区域快速、持续的增长对综合运输系统发展的需求旺盛,不少地区容易滋生过度发展方案。运输作为基础设施,具有收益率低甚至需要补贴的特性,尤其是公共交通。因此,从资金、土地利用、运行补贴等角度审视规划方案的可行性具有重要意义。

衡量方案可实施性的直接指标是资金与财务可行性,同时还应考虑资源保护等可持续发展目标。作为公共基础设施,政府财政收入水平往往是决定近期建设方案的核心因素(快变量),尽管部分地区还可以研究其他投融资方案作为筹集建设资金的辅助手段。

4. 将服务水平作为评价规划方案实施效果的首要指标

运输是服务于国民经济发展与人类社会活动的行业。原有系统规划时存在的问题、规划期内包括需求在内的各种因素的变化与预测是制定规划方案的依据,而规划方案是否能够解决存在的问题,并适应规划期各种因素的变化要求,则需要通过服务水平来评价。因此,运输系统所能提供的客货运输服务水平是评价运输规划与发展水平的最重要标准和根本指标。

综合运输服务水平既包括速度、时间、价格、服务频率等具体指标,也包括可达性、可靠性、安全性与舒适性等间接指标。服务水平本质上是一种质量指标,可以从运输系统对规划地区社会与经济运行的支撑角度来考量,一般可分为公平性水平(可达性与覆盖率)与客货运输效率(时间与频率)两方面。

不少规划将运输网络的规模作为规划目标,甚至是服务水平,实际上是不恰当的。网络规模是表示运输供给的一个数量指标,它与(方式)结构指标可以共同体现运输系统发展的投资等建设难度,但却不属于用户关心的服务水平范畴。

实际中，一些规划忽视规划方案实施效果的分析与评估，这些缺乏科学合理性论证的规划方案充斥着主观臆断，最终沦为"墙上挂挂"的摆设。

5. 牢牢抓住综合运输规划方案的关键问题

综合运输规划方案的关键问题包括以下内容：

(1)把握以通道为架构的网络发展方案。运输通道是多方式组成的需求相对集中的客货运输走廊，体现规划区域发展主轴，对规划区域内的运输服务水平影响大，是规划方案研究的重点和要点。

(2)做好体现综合运输效率的枢纽发展方案。枢纽是旅客乘降与网络换乘之地，直接决定着整个网络的运行效率与客货运输的服务水平。枢纽规划不仅要做好建设用地预留，还要做好枢纽出入线路的接转方案及空间论证，后者已成为多数枢纽规划实施时出现问题的症结。

传统上许多枢纽是基于单方式规划建设起来的，综合运输功能较差。综合枢纽设计要以用户为本，强调客货用户出入流程的便捷性与合理性。因此，研究不同方式、不同方向线路合理引入枢纽，将枢纽内的"用户(需求方)动"变为"车(供方)动"、将用户能感知的"动"化为用户无感知的"动"是枢纽设计与建设的重要理念。

(3)对外交通与内部交通一体化。在区域开放的大背景下，客货流动特征更加明显，综合运输规划需要做好区域(含外规划区)对外通道的规划方案，以强力支持区域的对外辐射发展。不少区域运输规划忽视对外交通研究，使得区域发展缺乏辐射力。

(4)区域城乡交通一体化。规划区域内资源分布往往具有不同的地域特征，城乡需要发挥各自优势，互为补充。随着我国城镇化的发展，城乡差异将逐步缩小，城乡交通一体化将受到更多的重视。

(5)做好交通运行组织规划。建设的目的是运营，运营又是提供运输服务的直接手段。在规划与建设阶段做好运营规划工作不仅可以避免不合理的设计与建设方案，而且还可为系统建成后提供更高效的服务。

第三节　综合交通运输体系发展规划的评价方法

综合交通运输系统包含铁路、公路、水路和民航等多种运输方式，各运输方式不仅在舒适性、安全性和便捷性等方面存在显著差别，而且在资源占用、建造成本、运营成本、能源消耗上特征各异，导致各运输方式在不同区域范围和不同运量水平下拥有各自的比较优势。

交通运输系统的发展过程即为各交通运输方式发挥比较优势而竞争合作的结果，根据国内外交通运输实践，各运输方式竞争合作发展中呈现阶段性特征，遵循从各方式独立发展→多方式竞争合作发展→各方式综合→一体化发展的一般规律。综合运输是交通运输体系发展的高级阶段，与基础阶段相比，综合运输规划的重点有所差异，主要体现在两个方面。

(1) 从规划视角来看，综合运输规划将多种运输方式视为整体，强调多种运输方式一体化规划，协调交通运输系统的运输效率、服务水平和资源消耗三者关系，实现综合交通运输体系整体服务水平最优和社会经济系统协调性更强的发展要求。

(2) 从实施途径来看，在综合交通运输体系发展阶段，交通运输体系一般具有一定的发展基础，综合运输规划核心在于优化运输结构，主要包括：①优化运输方式结构，即为通过优化运输方式组合，加强运输方式有机配合，形成多种运输方式功能分担合理的运输结构；②优化运输功能结构，即为优化综合运输网络、通道和枢纽资源配置，形成通过能力强、集散效率高和组织功能全面的综合交通运输体系；③优化运输布局结构，即为按照区域间、城乡间和城市内部不同空间层次，优化综合运输资源配置，促使不同层次的综合运输网络协调发展。

一、评价指标体系现状分析

1. 发达国家评级指标体系适应性

目前，美国和欧洲综合运输网络建设已经成效显著，综合运输网络评价指标体系也拥有一定的研究成果。然而，由于中国与欧美发达国家综合交通运输体系发展背景迥异，评价指标体系并不能全面引用。原因在于：中国与欧美发达国家综合交通运输体系发展起点不同。欧美国家是在各种运输方式充分发展的基础上开始构建综合交通运输体系，更加强调统筹多方式的运输组织和养护管理；国内综合交通运输体系发展与基础设施网络建设同步推进，铁路、公路、水路、航空仍然处于基础设施扩容的关键时期，基础设施发展水平仍将在较长时间内成为综合交通运输体系评价的重点。

中国与欧美发达国家综合交通运输体系推进途径存在差异。欧美国家综合交通运输体系发展主要依靠市场的有效竞争，引导各种运输方式向综合运输发展转变，改革税费结构等方面指标是其关注核心之一；国内各运输方式市场化程度不一，综合交通运输体系建设与管理主要以政府为主导，其效果评价须兼顾区域与城市的社会经济效益。

2. 国内评价指标适应性

改革开放以来，国家逐步实施公路、水运和港站"三主一支持"长远发展规划，加速推进了国内交通运输基础设施建设，后续《国家高速公路网规划》、《中长期铁路网发展规划》、《全国沿海港口布局规划》等专项规划的实施，进一步将我国交通运输带入综合运输发展阶段，但在规划实践中，综合运输规划评价指标方面的成果有待完善。原因在于：受体制分割的影响，指标体系评价对象主要着眼于各行业系统，如交通运输部门制定的评价指标体系主要面向公路和水运系统，铁路和民航等部门制定的评价指标体系也主要从各自分管领域着眼，而涵盖多种运输方式综合型评价指标体系研究相对缺位。

虽然综合交通运输体系概念已经提出，但规划的视角和途径仍然模糊，其发展仍停留于多种运输方式的组合，综合交通运输体系和交通运输体系并没有显著的区分度,由此导致部分综合型评价指标体系的研究成果为各运输方式评价指标体系的简单加和,与新时期综合交通运输体系发展诉求具有一定不适应性。既有评价指标体系中定性指标居多,尤其在社会经济方面的评价指标中涵盖大量的定性指标,该类指标赋值受主观判断影响较大,评判结果规范化、标准化不一,在规划应用中存在一定局限。

二、评价指标体系设计思路

1. 评价对象

明确评价对象是综合运输规划评价指标体系构建的前提。综合运输规划将交通运输各子系统视为整体,指标体系的评价对象应全面涵盖各项子系统。按行业划分,综合运输规划是公路、水路、铁路、航空四种运输方式规划的结合点;按内容划分,综合运输规划包含了基础设施、技术装备和运输服务三个系统。综合运输规划评价指标应对"四种运输方式"与"三个系统"全面响应。

2. 评价维度

《交通运输部关于推进综合交通运输体系建设的指导意见》明确了综合交通运输体系发展目标为"构建安全、便捷、经济、高效的综合交通运输体系"的目标要求。综合运输规划评价维度与综合交通运输体系发展目标应指向一致,由此,将安全、便捷、高效和经济四个维度作为指标体系构建的基础。

(1) 安全。是综合运输规划的首要因素,可通过客货运输事故预测情况来反映。

(2) 便捷。是综合运输规划的核心要求,体现客货运输主体使用综合交通运输体系的方便程度,可通过基础设施规模和分布的规划情况来反映。

(3) 高效。是综合运输规划的本质要求,体现客货在途运输和换乘(换装)效率,可通过运输方式技术等级和综合运输枢纽规划水平来综合衡量。

(4) 经济。是综合运输规划的内在要求,包含三层含义。一是综合交通运输体系对地区经济发展效益,可通过综合交通运输体系对所服务地区交通可达性改善反映;二是客货运输效率的经济性,可通过地区运输总量和运输方式结构来反映;三是综合运输基础设施建设土地、岸线资源消耗集约性,可通过单位里程综合运输网络完成的客货运量来反映。

3. 评价指标

综合运输规划评价指标体系选择时考虑以下因素。

(1) 与综合运输规划内容相对应。指标体系覆盖铁路、公路、水路和航空等各运输方式和基础设施、技术装备和运输服务等子系统。

(2) 与综合运输评价目标相对应。在安全、便捷、高效和经济的评价目标框架下,构建综合运输规划评价指标体系。

(3) 与综合运输规划视角和实施途径相对应。优选可代表综合交通运输体系整体性发展的指标,响应规划在优化运输方式结构、功能结构和布局结构方面的效果,以及体现规划对综合运输系统效率、运输服务和资源消耗的影响。

(4)尽量避免定性指标。优选可量化的评价指标,为评价结论的标准化提供支撑。

三、综合交通运输规划评价指标体系

综合交通运输评价指标体系见表5-1。

综合交通运输评价体系　　　　　　　　　　表5-1

目标	项目	评价指标	指标内涵
安全	货运	亿吨千米货物运输事故率下降幅度	货运的安全水平
	客运	亿人千米旅客运输死亡率下降幅度	客运的安全水平
便捷	网络规模	综合运输网络总里程	综合运输网络总体覆盖水平
		综合运输网络连通度	综合运输网络总体便捷换乘(换装)水平
	资源分布	综合运输通道覆盖率	运输通道的便捷利用水平
		综合运输枢纽覆盖率	运输枢纽的便捷利用水平
		通三级及以上公路通达乡镇比例	农村地区公路出行便捷水平
		等级客运站乡镇覆盖率	农村地区公路班线出行的便捷水平
高效	网络结构	高等级公路(二级及以上)里程比例	公路运输方式的运输效率
		三级及以上航道里程比例	水路运输方式的运输效率
		快速铁路里程比例	铁路运输方式的运输效率
		4D等级以上机场比例	民航运输方式的运输效率
	交通衔接	综合客运枢纽数量	客运换乘效率
		综合物流园区数量	货运换装效率
	技术装备	高等级营运车辆比例	公路运输方式的运输效率
		船舶标准化比例	水路运输方式的运输效率
经济	时间可达性	至周边重要经济圈的交通时间	规划区域与周边经济发达城市的交通可达性
		至市域周边地市的交通时间	规划区域与周边地市的交通可达性
		中心城至各县市的交通时间	规划范围内各县市的交通可达性
	运量规模	客运总量	客运经济交流水平
		货运总量	货运经济交流水平
	运量结构	公、铁、水、空客运量比例	旅客运输经济性
		公、铁、水、空货运量比例	货物运输经济性
	资源利用	单位里程高速公路和国省道客货运量	公路资源集约程度
		单位里程铁路客货运量	铁路资源集约程度
		单位里程水路货运量	水路资源集约程度

第三篇

综合交通运输体系的政策法规与标准

第六章 综合交通运输体系的政策

第一节 综合交通运输体系的政策概述

一、综合交通运输政策的概念与作用

1. 概念

学术界对政策定义的概括具有代表性的有以下三种表述:

(1)政策是国家、政党为实现一定历史时期的任务和目标而规定的行动依据和准则。

(2)政策是党和政府用以规范、引导有关机关团体和个人行动的准则或指南。

(3)政策是某一团体组织,为欲达到其自身的种种目的时,就若干可能采取的方法中择一而决定之方法。

因此,可以认为,政策是指国家或组织为实现一定历史时期的任务和目标而制定的约束人们行为的行动依据和行为准则,其通常以具有强制性的规章、制度、法令、条例、政府文件等形式出现,起着调整或修改单纯依靠市场调控条件下出现过高或过低的经济发展偏差的作用。

交通运输政策是指交通运输领域里的政策,是指国家针对交通运输发展所制定的一系列行为谋略。就本质而言,凡是反映政府发展交通运输的方针性和实践性举措,都属于广义的交通运输政策。从界域范畴来看,即包括交通运输自身层面的相关政策,也包括经济、社会、资源、环境等涉及交通运输的大领域范围的相关政策。从载体形式来看,既包括涉及交通运输发展的各类战略、规划乃至相关法律法规等。从政策制定主体来看,既包括中央政府和地方政府,也包络中央和地方政府中的综合部门和交通运输行业部门等。

2. 作用

交通运输政策作为一项制度安排,为交通运输活动明确了规则,可以节省相关的信息成本、降低各种风险,降低交易费用,激励潜在的效率得到最大限度的发挥。

(1)导向作用。交通运输政策对交通运输业发展方向有引导作用,具有超前性、规范性等特点。交通运输政策可以为交通运输业发展提出明确的目标,确立方向,为实现政策目标规定行为规范和行为准则。另外,还为许多具有运输决策权的行政管理机构、立法机构、国家领导人以及各级法院提供指导方针。

(2)激励作用。主要体现在对各种运输方式发展的影响上。例如当交通运输业发展到一定程度时,资源和环境等问题日益受到重视,内部化外部成本或收益的一些运输政策,就可以通过限制负外部性较强运输方式的发展,激励环境友好型运输方式的大力发展,最终达到改善交通运输结构的目标。

(3)再分配作用。交通运输政策的再分配功能是指对社会福利和经济利益在人们之间或地区之间进行重新分配的功能。如提高交通运输安全、降低污染方面的政策,可以提高公众出行的安全性并改善人们的生活环境,而运输业者则需要在提高安全和降低污染等方面加强投资,从而对社会福利和经济利益在运输业者与公众之间进行重新分配;而促进边远地区、贫困落后地区交通运输业发展的政策,则是对社会福利和经济利益在不同地区之间进行重新分配。

(4)提高运输效率、降低运输成本。由于各种交通运输方式技术经济特性的不同,各自最优的运输范围也不同,国家通过制定促进综合运输发展的运输政策可以加强各种运输方式的衔接,从而使一体化、无缝隙运输成为可能。在货运方面,可以降低货物在整个运输体系中的周转时间和运输成本,在客运方面则可以增强人们出行的便捷性。

二、综合交通运输结构体系

我国现行交通运输政策的基本形式主要有两类:一类是有关交通运输的各种法律、法规;另一类使有关交通运输的各种"意见""通知""规划"等行政类政策。关于法律、法规将在相关章节中具体表述,此处重点分析有关行政类交通运输政策。

近些年来,我国政府部门针对交通运输领域而颁布的行政类交通运输政策主要有:①《中共中央关于制定"十三五"规划的建议》指出支持绿色城市、智慧城市、森林城市建设和城际基础设施互联互通,推进重点地区一体化发展,加快完善水利、铁路、公路、水运、民航、通用航空、管道、邮政等基础设施网络;②《国民经济和社会发展第十三个五年规划纲要(草案)》指出要完善现代综合交通运输体系,坚持网络化布局、智能化管理、一体化服务、绿色化发展,建设国内国际通道联通、区域城乡覆盖广泛、枢纽节点功能完善、运输服务一体高效的综合交通运输体系,构建内通外联的运输通道网络,建设现代高效的城际城市交通,打造一体衔接的综合交通枢纽,推动运输服务低碳智能安全发展;③《中共中央关于制定"十二五"规划的建议》指出要按照适度超前原则,统筹各种运输方式发展,构建便捷、安全、高效的综合运输体系;④《国民经济和社会发展第十二个五年规划纲要》指出要从完善区域交通网络,建设城际快速网络,优先发展公共交通和提高运输服务水平四个方面统筹各种运输方式发展。此外,还有国务院印发的《关于促进通用航空业发展的指导意见》,发改委编制的《中长期综合交通网规划》《"十二五"综合交通运输体系规划》;交通运输部编制的《交通运输"十二五"发展规划》《交通运输部关于推进综合交通运输体系建设的指导意见》;铁道部下发的《关于加快转变铁路发展方式——确立国家铁路运输企业市场主体地位的改革推进方案》的通知;民航局发布的《国内投资民用航空的规定》《中国民用航空发展第十二个五年规划》《关于进一步深化民航改革工作的意见》。

其中,交通运输部于2011年发布的《关于推进综合运输体系建设的指导意见》是目前关于综合运输体系建设的政策的代表。该文件分别在推进综合运输体系建设的重要意义、推进建设的总体要求、优化规划布局、加强有效衔接、推进运输服务一体化、搭建信息资源共享平台和提高公共管理水平七个方面都有所表述。2014年交通运输部印发《关于全面深化交通运输改革的意见》,指出综合交通运输是交通运输行业未来的发展方向,要在国家层面推动出台加快综合交通运输发展的指导意见,在地方层面推动实现交通运输主管部门负责本区域内综合交通运输规划、建设、管理与服务,加快形成"大交通"管理体制和工作机制。

三、存在的问题

结合我国国情和运输政策的发展现状,可以看到政策对我国综合交通运输发展的指导作用越来越强。但从交通运输阶段转型时期所需的政策的制定和实施角度看,目前的政策体系还存在很多问题。

1. 政策不完整、不综合

由于历史的原因,长期以来交通运输缺乏更高层次的综合统筹。各运输方式政策的出台都是从本部门利益出发,难以得到充分的协调和衔接。《国民经济和社会发展十二五规划纲要》中指出:"要按照适度超前原则,统筹各种运输方式发展,初步形成安全高效的综合交通运输体系。"虽然为我国交通运输的发展指明了方向,但还算不上一个完整和具体的运输政策。交通运输部制定的一些政策,覆盖了公路、水路,但并不涉及铁路和管道,所以谈不上是综合运输政策。运输政策仍停留在分方式、分部门制定的基础之上,如铁路、公路、民航等运输方式都编有自己的"十二五"发展规划,国土、城建等部门也分别有自己的"十二五"规划,但每个规划都是行业规划,并不能起到统筹综合的效果。经过多年的改革,我国交通运输形成了统筹规划铁路、公路、水路、民航以及邮政行业发展的管理体制,但离真正意义上的综合交通运输管理还具有较大的差距。基于欧美等国运输政策变迁的经验与教训,结合我国目前运输业面临的特殊的发展阶段实际,即既需要加快发展、加紧进行结构调整,同时又面临着资源和环境的压力,这一阶段融合了非常多棘手的问题。未来必须出台相应的综合运输政策来引导我国运输业合理发展。

2. 政策与规划关系需进一步理顺

多年来,为了促进交通运输快速发展,作为支持性政策的规划在我国交通运输政策领域逐渐占据主要地位,"交通网"规划、"十二五"规划等层出不穷,涉及综合交通运输发展战略并起协调和引导的交通运输政策缺失。交通运输部于2011年发布的《关于推进综合运输体系建设的指导意见》只是部门内部文件,政策适用范围不清,缺少问题分析,没有明确的政策方案,没有明确的政策工具和实施资源,没有执行机构与责任主体,也没能将其进行法规化。我们应认识到目前所有应由政策解决的问题都由规划来解决的情况是很不正常的,规划固然重要,但是它只是实现政策目标的而一个手段,并不能实现政策的全部职能。政策是政府配置资源的指导方针,规划则是政府配置资源的一种手段,政策在功能上高于规划。一般认为在运输领域有公共设施建设、公共服务提供、课税、补贴、监管和民营化等多重政策工具,规划只是公共建设方面的诸多工具之一(其他工具还包括标准、投资、融资、建设、拥有及运营等),也并非所有的发展问题都以依靠规划解决,我国的交通运输已经到了由粗放型向集约型加快发展的阶段,简单提高运输能力的交通运输规划应逐步让位于可以指导交通运输集约发展的协调性政策。

3. 政策缺乏有力的执行机制和后评估机制

一个完整的政策过程,除了需要科学合理的政策条款,还需要有效的执行,并对政策实施以后的效果进行评判。在过去一段时间里,由于中央和地方分权不明确以及两者考虑问题的角度不同,中央希望地方加大投资,地方希望中央增加拨款,中央偏好编制详细规划来控制地方项目建设,地方则需要更大的自主空间,导致很多政策难以在地方落实。因此,要重视公共政策程序,使得交通运输政策的不仅制定能更好地体现公共利益,体现规范性和可操作性,还要改变过去政策制定不规范、政策不适当地附属于规划、政策缺少合法性、政策文件偏于笼统号召、不注重多种政策手段的配合使用、不重视政策的有效执行与科学评估等状况,以便于把政策层面的事情真正做好。

第二节 综合交通运输体系的政策内容

虽然当前我国综合运输政策仍将是以调整运输结构和实现运输可持续发展为主题,但未来必然会走向以项目资金分配和资源消耗额度控制等为核心的全局性综合运输政策。具体来说,在国家层面制定的对各级地方政府和各部委等运输政策制定和实施主体起引导和协调作用的综合运输政策包括以下几个方面内容。

一、交通设施建设政策

1. 交通网络建设政策

目前应坚持适度超前,坚持网络化布局、智能化管理、一体化服务、绿色化发展,建设国内国际通道联通、区域城乡覆盖广泛、枢纽节点功能完善、运输服务一体高效的综合交通运输体系,确保国家扩大内需的重点在建和续建项目顺利建成并发挥效益,完善国家综合交通运输基础设施网络。

2. 运输装备技术政策

坚持问题导向,用现代科技和信息技术改造、提升基础设施和运输装备,适应经济社会发展和人民群众对交通运输安全性、快捷性和多样化、个性化需求,解决行业发展存在的突出问题,促进行业技术更新换代,服务行业提质增效升级,增强科技创新对行业发展的支撑引领作用。

推广标准化、集装化运载单元和托盘,推进集装化单元装载机具以及大型转运吊装设备、非吊装式换装设备普及应用;支持企业研发应用铁路驮背运输平车、半挂车滚装专用船舶等多式联运专用载运装备和机具。完善具有自主知识产权的铁路动车组技术标准体系,推广应用大容量、低地板公交车辆以及空调车、无障碍化公交车辆,推进国产大飞机投入试运行。

3. 区域交通发展政策

推进重点地区一体发展,大力推动中西部地区、集中连片特困地区农村地区的交通基础设施建设,改善这些地区的交通出行条件,实现交通运输公共服务的均等化。

4. 运输结构政策

实现运输方式间均衡发展,公路、民航建设力度较大,交通状况得到明显改善,但铁路运能与运量的矛盾仍然存在。不同等级运输方式的发展也不均衡,高速铁路、高速公路建设应让位于普通铁路和公路。

5. 运输通道建设政策

为了很好地满足生产、流通和居民出行的需求,以及解决能源资源压力问题,必须将有限的资金投入到承担大宗运量的主要骨干线路建设上,促进综合运输通道的形成。

加强综合运输大通道内铁路、水运能力建设,优化道路运输网络的层级匹配;有序推进各种运输方式节点体系和重点枢纽场站建设,完善集疏运体系。

6. 城市交通建设政策

努力实现城市内部与外部交通基础设施衔接;加强城市交通规划与城市总体规划衔接;促进城市公共交通体系建设,确立优先发展城市公共交通特别是城市轨道交通的城市交通发展战略。

二、运输市场化政策

发挥市场在资源配置中的决定性作用和更好发挥政府作用,以法治化和市场化为导向,大力推进运输业市场化,实现政企分开;加快国有运输企业建立现代企业制度的步伐;保证市场化程度不同运输方式间运输企业的平等竞争。

1. 市场结构政策

完善市场规则,加快建立公平开放、统一透明的交通运输市场,注重发挥市场形成价格的作用,放开竞争性环节价格;完善交通运输市场信用体系,落实各领域守信激励和失信惩戒各项措施。

2. 市场监管政策

加强交通建设市场监管,完善招投标等建设市场管理机制;加快建立运输市场诚信体系,制定运输企业从业资格标准;加强运输市场公平竞争管理,严格禁止不正当竞争行为及垄断行为。发展铁路全程物流和总包物流,推进道路客运班线经营许可改革,鼓励港口、海运企业发展全程物流服务,实施民航空域资源分类管理,推进低空空域管理改革发展,加强信用考核评价监督管理,制定守信激励和失信惩戒制度。

3. 运输价格政策

建立运价与物价联动机制,以市场形成价格为主,促使运价适应市场变动;制定多层次运价体系,如实行季节性浮动运价政策,区域性差别运价政策以及城市交通高峰时段特殊票价政策等;统筹协调城乡客运在票价、税费、补贴、通行等方面的政策,促进城乡基本公共服务均等化;保证垄断和公共交通领域运输价格合理。

4. 税收政策

规范运输行业税收管理,促进运输企业公平税收负担。建立完整运输税收体系,通过税收实现交通运输外部成本和收益的内部化以及税收从公路向铁路与水运的税收财政转移支付,提高运输行业效率。

5. 投融资政策

积极推广使用政府与社会资本合作模式吸引和鼓励各方参与运输基础设施的建设,积极促进投资主体多元化。创新筹资模式提高筹资效率,充分利用股票、资产证券化等金融创新工具,实现交通专项资金和通行费收入等现金流变现。

三、运输一体化政策

1. 客运场站建设政策

积极推广立体换乘技术,集约利用土地,提高换乘效率。加快发展枢纽中各交通方式协同运营组织和安全、高效换乘组织。提高客运枢纽综合管控和信息服务水平,增强突发情况下的应急响应与疏散组织能力。加快综合客运枢纽功能、规模、换乘服务、信息服务、应急疏散等方面标准制定。

2. 货运场站建设政策

发展区域型综合货运枢纽(物流园区),提升规划与设计水平。提高货运枢纽(物流园区)内外部交通组织的科学化水平,提高运输方式之间无缝衔接水平。鼓励建设具备多式联运功能的货运枢纽型物流园区,提高对外服务的辐射能力。鼓励专业性冷链物流园区、危险品物流园区的发展,建设专业物流园区的多式联运体系。

3. 城市交通衔接政策

实现城际交通与城市交通的顺畅衔接和能力匹配,注重相关基础设施和服务功能的配套建设;加强城市交通与城际交通在管理、标准等方面的衔接和协调,推进运输服务一体化。

优化铁路客运、公路长途客运、航空客运结构,推动形成高速、特快、快速、普速合理匹配的多层次铁路客运产品体系;支持毗邻地区客运班线公交化改造,推进长途客运接驳运输发展。

4. 运输组织政策

依托综合运输通道,发展旅客联程运输、货物多式联运等集约高效的运输组织模式;支持发展"空铁通""空巴通"、铁路货物快运班列等服务模式;引导民航企业和邮政快递企业发展全货机、支线航空货运,稳步推广货物空空中转、航空快件中转集拼等业务。优化组织结构,鼓励客货运输企业向集约化、规模化方向发展。推进信息技术应用,促进货物运输市场的电子化、网络化,加快现代客运信息系统建设。鼓励开展空铁、公铁、空巴等联程运输服务,推广普及电子客票、联网售票、实名制购票,支持企业提供旅客联程、往返、异地出行票务服务,鼓励依托第三方平台发展"一票制"客运服务。

5. 运输标准政策

设定行业标准,统一技术规范,积极引进、吸收国外先进标准,加快标准规范的更新。积极促进各交通方式标准的统一,特别是各企业信息系统的相互衔接和配套,更好实现方式间的衔接工作。

四、运输可持续发展政策

1. 运输方式发展政策

调整运输结构,在合理满足运输需求的条件下,大力发展水运、管道、铁路等资源节约型和环境友好型运输方式。同一种运输方式内部,在符合经济社会效益的情况下,加快提升路网结构。

2. 运输能源政策

大力研发应用资源节约与循环利用技术,加强运输工具节能技术的研发和应用。推动天然气、电动汽车、油电混合动力汽车等清洁能源、节能与新能源车辆在道路运输中的应用。

3. 运输环境政策

制定严格的能耗和排放标准,淘汰落后的运输工具,推动运输工具向大型化、专业化、清洁化方向发展。确立交通需求管理策略,征收机动车使用费、交通拥挤费以及交通污染费等。

4. 运输土地政策

限制公路运输超比例用地、促进各种运输方式有序发展。充分利用城市立体空间,高效使用土地资源。明确节约使用土地原则,严格项目用地审查。大力推广节地技术,优化工程建设方案,高效利用线位资源,提高土地资源综合利用效率。

5. 交通线位资源利用政策

集约利用通道资源,协调促进干线建设,促进桥隧线位资源共享,加强公路与轨道交通的通道资源共享。集约利用港口岸线资源,保障港口岸线资源合理利用。鼓励通过提高等级、改进工艺等方式,提高老港区岸线资源利用效率,统筹公路设计、施工和路域植被恢复,鼓励应用综合措施节约用地、集约用地,加强生态敏感区、生态脆弱区及重要生态功能区的保护和修复,完善动植物保护技术。鼓励应用生态旅游公路景观设计技术及公路生态修复新材料、新技术。

6. TOD 发展政策

通过城市 TOD(Transit-Oriented Development,TOD)策略的实施,实现公共交通与土地开发相互配合,交通引导城市发展,实现节约城市土地资源、节约能源和保护环境的可持续城市发展战略。

7. 消费方式引导政策

建立资源节约、环境保护的激励机制,大力推动节能减排工作。加强社会引导,提倡资源节约、环境友好的出行方式,鼓励选择公交出行和使用节能环保型交通运输工具。

五、运输安全政策及其他政策

1. 运输安全监管政策

完善运输安全监管法规,建立健全运输安全监管体系。加强安全监管,实现独立安全检查,提高运输安全水平。严肃安全检查和强制性设备报废制度。严格危险货物运输从业人员资格管理,危险货物运输车辆管理等。加强危险品等特殊货类、交通高峰期等特殊时段、冰冻雨雪等恶劣气象条件下的运输安全监督管理,加强车辆动态监管和重点领域安全监管。

2. 运输基础设施安全政策

提高交通运输设施安全水平,完善公路建设项目安全评价机制,加强交通基础设施建设安全监督管理,安全设施必须与主体工程同时设计、同时施工和同时投产使用。推广高速公路、国省干线公路的预可行性研究阶段、工程可行性研究阶段和设计阶段的安全评价。推广工程建设的安全管理和公路施工企业的安全考评。

3. 运输安全事故应对政策

加强专业救助装备和队伍建设,完善交通突发事件应急体系,提高应对突发事件的能力。加强各层面、各部门应急预案的有效衔接。有针对性地开展预案演练,促进相关单位协调配合和落实责任。加强公路交通安全事故多发因素的辨识与处置,发展公路基础设施安全监测。鼓励开展公路安全设施的全寿命周期有效性评价。建立健全应急指挥系统,以及预警、预报和信息发布体系。完善运输服务应急预案体系,加强各级交通运输应急保障运力储备,加强安全应急演练,提升运输服务应急联动能力;健全大面积航班、高铁延误以及铁路重点物资运输迟滞等预警机制,提高综合运输服务整体应急处置能力。

4. 交通科技政策

统筹科技资源配置,加大交通科技的扶植和引导政策,着力推进科技创新。加强运输领域信息化建设,推动建立智能交通系统,努力搭建公共服务信息平台。大力推进行业重大关键技术研发,加强先进适用技术研发应用等。畅通成果转化转移与技术普及应用通道,依法保障成果转移转化权益,推进科技成果及时转化为标准,促进产学研深度融合,加快科技成果转移转化。

5. 运输人才建设政策

提高运输从业人员素质,深入实施"人才强交"战略,加强交通运输系统干部职工队伍、执法队伍和人才队伍建设。创造优秀人才脱颖而出的良好环境,把更多的优秀人才集聚到交通运输行业。强化涉及安全应急等重点岗位从业人员的教育培训和资格管理。

6. 政府管理政策

增加社会管理力度,提高政府行政管理水平,加大监督和综合执法力度,建立健全安全生产、节能减排、环境保护等的目标责任制等。

7. 交通财务政策

妥善处理交通债务,加强对各类交通融资平台公司的监管。地方人民政府要全面清理和偿还各类交通建设形成的历史债务。通过降低当前利息,展期还本等方式对铁路债务进行重组。

在妥善处理当前交通债务的基础之上对交通基础设施分类建设、分类经营,科学控制建设规模、建设时序和工程造价,合理划分中央与地方的财权事权,提高地方政府交通项目的资本金比例,明确各级交通建设投资的预算管理,充分发挥政策性资金的作用以及建立健全交通特许经营制度和工企业制度等。

第七章 综合交通运输体系的法律法规

目前交通运输行业的大交通管理格局已初步建立。自2013年以来,交通运输部大力推进大部门制改革各项工作,同时开展综合交通运输法规体系建设相关立法研究工作。根据交通运输部《关于建立综合交通运输法规体系框架的实施意见(草案)》,综合交通运输法规体系由跨运输方式、铁路、公路、水路、民航、邮政六个法规系统组成。本章重点介绍综合交通运输现有法律制度以及综合交通运输法律制度的发展趋势。

第一节 综合交通运输现有法律制度

综合交通运输现有法律制度包括铁路、公路、水路、民航、邮政五个系统的法律制度。本节从刑事、民事和行政法律制度的视角来重点介绍有关综合交通运输的现有的法律制度。

一、有关刑事法律制度

(一)有关刑事法律制度的现状

1. 危害公共安全罪

《中华人民共和国刑法》(以下简称《刑法》)第二章危害公共安全罪中,涉及八个罪名。

(1)破坏交通工具罪,分故意和过失两种情形。《刑法》第一百一十六条规定:破坏火车、汽车、电车、船只、航空器,足以使火车、汽车、电车、船只、航空器发生倾覆、毁坏危险,尚未造成严重后果的,处三年以上十年以下有期徒刑。第一百一十九条规定:破坏交通工具、交通设施、电力设备、燃气设备、易燃易爆设备,造成严重后果的,处十年以上有期徒刑、无期徒刑或者死刑。过失犯前款罪的,处三年以上七年以下有期徒刑;情节较轻的,处三年以下有期徒刑或者拘役。

(2)破坏交通设施罪,分故意和过失两种情形。《刑法》第一百一十七条规定:破坏轨道、桥梁、隧道、公路、机场、航道、灯塔、标志或者进行其他破坏活动,足以使火车、汽车、电车、船只、航空器发生倾覆、毁坏危险,尚未造成严重后果的,处三年以上十年以下有期徒刑。第一百一十九条规定:破坏交通工具、交通设施、电力设备、燃气设备、易燃易爆设备,造成严重后果的,处十年以上有期徒刑、无期徒刑或者死刑。过失犯前款罪的,处三年以上七年以下有期徒刑;情节较轻的,处三年以下有期徒刑或者拘役。

（3）劫持航空器罪。以暴力、胁迫或者其他方法劫持航空器的，处十年以上有期徒刑或者无期徒刑；致人重伤、死亡或者使航空器遭受严重破坏的，处死刑。

（4）劫持船只、汽车罪。以暴力、胁迫或者其他方法劫持船只、汽车的，处五年以上十年以下有期徒刑；造成严重后果的，处十年以上有期徒刑或者无期徒刑。

（5）暴力危及飞行安全罪。对飞行中的航空器上的人员使用暴力，危及飞行安全，尚未造成严重后果的，处五年以下有期徒刑或者拘役；造成严重后果的，处五年以上有期徒刑。

（6）重大飞行事故罪。航空人员违反规章制度，致使发生重大飞行事故，造成严重后果的，处三年以下有期徒刑或者拘役；造成飞机坠毁或者人员死亡的，处三年以上七年以下有期徒刑。

（7）铁路运营安全事故罪。铁路职工违反规章制度，致使发生铁路运营安全事故，造成严重后果的，处三年以下有期徒刑或者拘役；造成特别严重后果的，处三年以上七年以下有期徒刑。

（8）交通肇事罪。违反交通运输管理法规，因而发生重大事故，致人重伤、死亡或者使公私财产遭受重大损失的，处三年以下有期徒刑或者拘役；交通运输肇事后逃逸或者有其他特别恶劣情节的，处三年以上七年以下有期徒刑；因逃逸致人死亡的，处七年以上有期徒刑。

2. **妨害社会管理秩序罪**

《刑法》第六章妨害社会管理秩序罪中，涉及三个罪名。

（1）聚众扰乱交通秩序罪。聚众扰乱车站、码头、民用航空站、商场、公园、影剧院、展览会、运动场或者其他公共场所秩序，聚众堵塞交通或者破坏交通秩序，抗拒、阻碍国家治安管理工作人员依法执行职务，情节严重的，对首要分子，处五年以下有期徒刑、拘役或者管制。

（2）侵犯通信自由罪。隐匿、毁弃或者非法开拆他人信件，侵犯公民通信自由权利，情节严重的，处一年以下有期徒刑或者拘役。

（3）私自开拆、隐匿、毁弃邮件、电报罪。邮政工作人员私自开拆或者隐匿、毁弃邮件、电报的，处二年以下有期徒刑或者拘役。犯前款罪而窃取财物的，依照《刑法》第二百六十四条的规定定罪从重处罚。

（二）有关刑事法律制度的特点

从综合运输角度来看，有关交通运输的刑事法律制度有如下几个方面的特点：

1. **从罪名涵盖运输方式看**

（1）有涵盖各种运输方式的犯罪。包括三种犯罪，即破坏交通工具罪，分故意破坏交通工具罪和过失破坏交通工具罪；破坏交通设施罪，分故意破坏交通设施罪和过失破坏交通设施罪；聚众扰乱交通秩序罪。

（2）有涵盖两种运输方式的犯罪。包括两种犯罪，即劫持船只、汽车罪；交通肇事罪。

(3)有仅涵盖一种运输方式的犯罪。包括以下六种犯罪:劫持航空器罪;暴力危及飞行安全罪;重大飞行事故罪;铁路运营安全事故罪;侵犯通信自由罪;私自开拆、隐匿、毁弃邮件、电报罪。

2. 从罪名的分布数量看

(1)道路、水路、铁路领域涉及三个罪名的运输方式。

(2)航空领域涉及四个罪名的运输方式,主要是多出暴力危及飞行安全罪。

(3)邮政领域涉及两个罪名的运输方式。

3. 从同性质行为定罪和量刑看

(1)劫持火车目前没有犯罪。

(2)在量刑上,劫持航空器罪重于劫持船只、汽车罪。

4. 从犯罪构成要件看

(1)不同事故的定罪死亡人数、损失数等不同,因此定罪标准不同。

(2)对受害人的刑事保护,带来不公平。即有的生命健康受刑事法律保护,有的不受刑事法律保护,这成为刑法科学性差的一个"亮点"。

二、有关民事法律制度

(一)有关民事法律制度的现状

1. 普通民事法律制度中的交通运输

(1)1999年10月1日起施行的《中华人民共和国合同法》(以下简称《合同法》)。该法共四百二十八条,调整合同关系。合同是平等主体的自然人、法人、其他组织之间设立、变更、终止民事权利义务关系的协议。合同法不调整婚姻、收养、监护等有关身份关系的协议。

《合同法》的框架为:总则部分分为八章,即"一般规定""合同的订立""合同的效力""合同的履行""合同的变更和转让""合同的权利义务终止""违约责任"及"其他规定"。分则部分分为十六章,即"买卖合同""供用电、水、气、热力合同""赠予合同""借款合同""租赁合同""融资租赁合同""承揽合同""建设工程合同""运输合同""技术合同""保管合同""仓储合同""委托合同""行纪合同""居间合同"及"附则"。

《合同法》第十七章"运输合同"是调整运输合同的法律条文,其他分别适用交通的其他合同关系。

(2)2007年10月1日起施行的《中华人民共和国物权法》(以下简称《物权法》)。该法共二百四十七条,主要调整因物的归属和利用而产生的民事关系。称物,包括不动产和动产。物权是指权利人依法对特定的物享有直接支配和排他的权利,包括所有权、用益物权和担保物权。

《物权法》的框架为:第一编"总则"分为三章,即"基本原则"、"物权的设立、变更、转让和消灭"和"物权的保护",其中"物权的设立、变更、转让和消灭"一章又分"不动产登记""动产交付"和"其他规定"三节。第二编"所有权"分为六章,即"一般规定""国家所有权和集体所有权、私人所有权""业主的建筑物区分所有权""相邻关系""共有"和"所有权取得的特别规定"。第三编"用益物权"分为五章,即"一般规定""土地承包经营权""建设用地使用权""宅基地使用权"和"地役权"。第四编"担保物权"分为八章,即"一般规定""抵押权""一般抵押权""最高额抵押权""质权""动产质权""权利质权"和"留置权"。第五编只有"占有"一章。此外还有"附则"。

《物权法》的部分条文专门规定了公路、海域等物权。

2. 交通运输特别民事法律制度

1)法律

包括以下五部。

(1)1986年12月2日起施行的《中华人民共和国邮政法》(以下简称《邮政法》)。《邮政法》1986年12月2日由第六届全国人民代表大会常务委员会第十八次会议通过,2009年4月24日第十一届全国人民代表大会常务委员会第八次会议修订,自2009年10月1日起实施。该法主要规范邮件寄递活动以及设施的建设等。邮件是指邮政企业寄递的信件、包裹、汇款通知、报刊和其他印刷品等。信件是指信函、明信片。信函是指以套封形式按照名址递送给特定个人或者单位的缄封的信息载体,不包括书籍、报纸、期刊等。包裹是指按照封装上的名址递送给特定个人或者单位的独立封装的物品,其质量不超过50kg,任何一边的尺寸不超过150cm,长、宽、高合计不超过300cm。《邮政法》第三章、第五章规定了特别邮政民事法律制度。

《邮政法》的框架为:共分为九章,即"总则""邮政设施""邮政服务""邮政资费""损失赔偿""快递业务""监督检查""法律责任"和"附则"。

(2)1991年5月1日起施行《中华人民共和国铁路法》(以下简称《铁路法》)。该法共七十四条。第二章规定了铁路民事法律制度。

《铁路法》的框架为:包括六章,即"总则""铁路运输营业""铁路建设""铁路安全与保护""法律责任"和"附则"。

(3)1993年7月1日起施行的《中华人民共和国海商法》(以下简称《海商法》)。该法共二百七十八条。《海商法》的性质,总体上属于海上特别民事法(合同和物权)。《海商法》主要调整海上运输关系、船舶关系。海上运输是指海上货物运输和海上旅客运输,包括海江之间、江海之间的直达运输。船舶,是指海船和其他海上移动式装置,但是用于军事的、政府公务的船舶和二十总吨以下的小型船艇除外。

《海商法》的框架为:共分为十五章,即"总则""船舶优先权""船员""海上货物运输合同""海上旅客运输合同""船舶租用合同""海上拖航合同""船舶碰撞""海难救助""共同海损""海事赔偿责任限制""海上保险合同""时效""涉外关系的法律适用"和"附则"。其中"总则"一章又分"船舶""船舶所有权""船舶抵押权"三节。"船员"一章又分"一般规定"和"船长"两节。"海上货物运输合同"一章又分"一般规定""承运人的责任""托运人的责任""运输单证""货物交付""合同的解除""航次租船合同的特别规定"和"多式联运合同的特别规定"八节。"船舶租用合同"一章又分

"一般规定""定期租船合同"和"光船租赁合同"三节。"海上保险合同"一章又分"一般规定""合同的订立、解除和转让""被保险人的义务""保险人的责任""保险标的的损失和委付"和"保险赔偿的支付"六节。

(4)1996年3月1日起施行的《中华人民共和国民用航空法》(以下简称《民用航空法》)。该法共二百一十四条,其中第三章、第九章、第十二章、第十四章是航空特别民事法律。

《民用航空法》的框架为:共分为十六章,即"总则""民用航空器国籍""民用航空器权利""民用航空器适航管理""航空人员""民用机场""空中航行""公共航空运输企业""公共航空运输""通用航空""搜寻援救和事故调查""对地面第三人损害的赔偿责任""对外国民用航空器的特别规定""涉外关系的法律适用""法律责任"和"附则"。其中"民用航空器权利"一章分为"一般规定""民用航空器所有权和抵押权""民用航空器优先权"和"民用航空器租赁"四节。"航空人员"一章分为"一般规定"和"机组"两节。"空中航行"一章分为"空域管理""飞行管理""飞行保障"和"飞行必备文件"四节。"公共航空运输"一章分为"一般规定""运输凭证""承运人的责任"和"实际承运人履行航空运输的特别规定"四节。

(5)2004年5月1日起施行的《中华人民共和国道路交通安全法》。该法于2008年12月经过修改。该法有一部分条款规定了民事法律制度。该法第七十五条规定:医疗机构对交通事故中的受伤人员应当及时抢救,不得因抢救费用未及时支付而拖延救治。肇事车辆参加机动车第三者责任强制保险的,由保险公司在责任限额范围内支付抢救费用;抢救费用超过责任限额的,未参加机动车第三者责任强制保险或者肇事后逃逸的,由道路交通事故社会救助基金先行垫付部分或者全部抢救费用,道路交通事故社会救助基金管理机构有权向交通事故责任人追偿。

此外,该法第七十六条规定:机动车发生交通事故造成人身伤亡、财产损失的,由保险公司在机动车第三者责任强制保险责任限额范围内予以赔偿;不足的部分,按照下列规定承担赔偿责任。一是机动车之间发生交通事故的,由有过错的一方承担赔偿责任;双方都有过错的,按照各自过错的比例分担责任。二是机动车与非机动车驾驶人、行人之间发生交通事故,非机动车驾驶人、行人没有过错的,由机动车一方承担赔偿责任;有证据证明非机动车驾驶人、行人有过错的,根据过错程度适当减轻机动车一方的赔偿责任;机动车一方没有过错的,承担不超过百分之十的赔偿责任。交通事故的损失是由非机动车驾驶人、行人故意碰撞机动车造成的,机动车一方不承担赔偿责任。

2)行政法规

包括以下两部。

(1)2004年5月1日起施行的《中华人民共和国道路运输条例》。该条例第二十一条规定:客运经营者在运输过程中造成旅客人身伤亡、行李毁损、灭失,当事人对赔偿数额有约定的,依照其约定;没有约定的,参照国家有关港口间海上旅客运输和铁路旅客运输赔偿责任限额的规定办理。

(2)2007年9月1日起施行的《铁路交通事故应急救援和调查处理条例》。该条例涉及的主要民事内容如下：第三十二条规定：事故造成人身伤亡的，铁路运输企业应当承担赔偿责任；但是人身伤亡是不可抗力或者受害人自身原因造成的，铁路运输企业不承担赔偿责任。

违章通过平交道口或者人行过道，或者在铁路线路上行走、坐卧造成的人身伤亡，属于受害人自身的原因造成的人身伤亡。第三十三条规定：事故造成铁路旅客人身伤亡和自带行李损失的，铁路运输企业对每名铁路旅客人身伤亡的赔偿责任限额为人民币15万元，对每名铁路旅客自带行李损失的赔偿责任限额为人民币2000元。铁路运输企业与铁路旅客可以书面约定高于前款规定的赔偿责任限额。第三十四条规定：事故造成铁路运输企业承运的货物、包裹、行李损失的，铁路运输企业应当依照《铁路法》的规定承担赔偿责任。第三十五条规定：除本条例第三十三条、第三十四条的规定外，事故造成其他人身伤亡或者财产损失的，依照国家有关法律、行政法规的规定赔偿。第三十六条规定：事故当事人对事故损害赔偿有争议的，可以通过协商解决，或者请求组织事故调查组的机关或者铁路管理机构组织调解，也可以直接向人民法院提起民事诉讼。

3)部门规章

包括《中华人民共和国港口间海上旅客运输赔偿责任限额规定》《关于不满300总吨船舶及沿海作业船舶海事赔偿限额的规定》等。

(二)有关民事法律制度的特点

1. 立法形式和等级(见表7-1)

立法形式和等级　　　　　　　　　　　　　　表7-1

项目	邮政	铁路	民航	道路	水运
单行法	—	—	—	—	是(但不含内河)
民行合一	是	是	是	是	—
法律	有	有	有	无	有
行政法规	有	有	有	有	有

2. 多种运输方式的协作和多式联运(见表7-2)

协作和多式联运　　　　　　　　　　　　　　表7-2

海商法	邮政法	铁路	民航	道路	普通法
有	有	无	无	无	有
多式联运	协作	—	—	—	多式联运

3. 主要民事制度对比

一是交通工具的优先权差异化；二是客运赔偿责任限制制度差异化；三是货运赔偿责任限制制度差异化；四是对第三方损害赔偿差异化；五是客运合同的成立差异化。

三、有关行政法律法规制度

(一)有关行政法律法规制度的现状

1. 道路运输

(1)公路方面,包括一部法律即《中华人民共和国公路法》(以下简称《公路法》)、两部行政法规即《公路安全保护条例》和《收费公路管理条例》、若干部规章。《公路法》包括"总则""规划""建设""养护""路政管理""收费公路""监督检查""法律责任"和"附则"共九章。

(2)道路交通安全方面,包括一部法律即《道路交通安全法》、一部行政法规以及若干部规章。《道路交通安全法》的框架为:共分为八章,即"总则""车辆和驾驶人""道路通行条件""道路通行规定""交通事故处理""执法监督""法律责任"和"附则"。其中"车辆和驾驶人"一章分为"机动车非机动车""机动车驾驶人"两节。"道路通行规定"一章分为"一般规定""机动车通行规定""非机动车通行规定""行人和乘车人通行规定""高速公路的特别规定"五节。

(3)城市道路管理方面,包括一部行政法规即《城市道路管理条例》以及若干部规章。

(4)道路运输方面,包括一部行政法规即《道路运输条例》、若干部规章。城市公共交通、出租汽车和轨道交通尚无法律和行政法规。

2. 水路运输

(1)航道方面,海上执行《中华人民共和国领海及毗连区法》中有关航行的制度。内河执行一部法律即《中华人民共和国航道法》、一部行政法规即《航道管理条例》以及若干部规章。

(2)枢纽方面,包括一部法律即《中华人民共和国港口法》(以下简称《港口法》)、一部行政法规即《港口建设费征收办法》,若干部规章。《港口法》共六十一条,其框架为:共六章,即"总则""港口规划与建设""港口经营""港口安全与监督管理""法律责任"和"附则"。

(3)水上交通安全方面,包括一部法律即《中华人民共和国海上交通安全法》、十八部行政法规和若干部规章。《海上交通安全法》共五十八条,包括十二章,即"总则""船舶检验和登记""船舶、设施上的人员""航行、停泊和作业""安全保障""危险货物运输""海难救助""打捞清除""交通事故的调查处理""法律责任""特别规定"和"附则"。

行政法规主要包括:《打捞沉船管理办法》《非机动船舶海上安全航行暂行规则》《外国籍非军用船舶通过琼州海峡管理规则》《对外国籍船舶管理规则》《国境河流外国籍船舶管理办法》《外国籍船舶航行长江水域管理规定》《防止船舶污染海域管理条例》《防止拆船污染环境管理条例》《海洋倾废管理条例》《海上交通事故调查处理条例》《关于外商参与打捞中国沿海水域沉船沉物管理办法》《海上航行警告和

航行通告管理规定》《船舶和海上设施检验条例》《船舶登记条例》《国际航行船舶进出中华人民共和国口岸检查办法》《航标条例》《内河交通安全管理条例》和《船员条例》。

（4）水路运输方面，涉及水路运输的行政法规主要有三部，即《水路运输条例》《上海航运交易所管理规定》和《国际海运条例》。

3. 航空运输

包括一部法律即《民用航空法》，二十八部行政法规（包括2009年出台的一部）、一百九十一部规章。有效的包括《国务院、中央军委关于修改〈中华人民共和国飞行基本规则〉的决定》《中华人民共和国搜寻援救民用航空器规定》《中华人民共和国民用航空器适航管理条例》《中华人民共和国民用航空器权利登记条例》《中华人民共和国民用航空器国籍登记条例》《中华人民共和国民用航空器国籍登记条例》《中华人民共和国民用航空安全保卫条例》《中华人民共和国飞行基本规则》《外国民用航空器飞行管理规则》《通用航空飞行管制条例》《民用航空运输不定期飞行管理暂行规定》《国务院批转中国民用航空局关于加强民用航空安全管理意见的通知》《国务院批转中国民用航空局关于成立民用机场管理委员会的请示的通知》《国务院批转民航总局、公安部关于组建民航公安机构的请示报告》《国务院关于加强民用航空安全工作的通知》《国务院关于加强民航安全工作的紧急通知》《国务院关于加强交通运输安全工作的决定》《国务院关于保障民用航空安全的通告》《国务院办公厅、中央军委办公厅印发〈关于建设机场和合用机场审批程序的若干规定〉的通知》《国务院、中央军委批转空军、国家劳动总局、民航总局关于改革民航义务工役制的请示的通知》《国务院、中央军委关于重新颁发关于保护机场净空的规定的通知》《国务院、中央军委关于使用飞机执行各项专业任务的规定》《国务院、中央军委关于使用飞机进行人工降水问题的通知》《国务院、中央军委关于民航管理体制若干问题的决定》《国务院、中央军委关于加强机场地面安全措施的通知》《国务院、中央军委〈关于军民合用机场使用管理的若干暂行规定〉的通知》等。失效的有《民用航空运输销售代理业管理规定》《国务院关于开办民用航空运输企业审批权限的暂行规定》。不确定的有《国务院关于通用航空管理的暂行规定》。

4. 铁路运输

包括一部法律即《铁路法》以及若干部行政法规和规章。

5. 邮政法律

包括法律一部法律即《邮政法》、一部行政法规即《邮政法实施细则》以及六部规章。

（二）有关行政法律法规制度的特点

通过分析上述有关行政法律法律制度，不难看出其具有如下特点：

1. 表现形式、数量的差异和覆盖面对比

一是从覆盖面看，民航、邮政、铁路要优于道路、水路。二是从行业完整性看，民航、邮政、铁路要优于道路、水路。三是从法律的清晰性看,民航、邮政、铁路要优于道路、水路。四是从法律的数量看,道路、水路多于民航、邮政、铁路。

2. 涉及综合运输体系协调的法律规范

一是从内容体现上看,道路、水路、邮政已经有部分内容,但民航、铁路没有。二是从时间上看,邮政是2009年新增加,是体制改革后出现的。三是从内容质量上看,邮政要优于道路、水路。

3. 涉及运输安全的立法

一是从法律层面看,邮政、铁路没有法律。二是从管理体制看,道路由公安部门负责,水路、民航、铁路由交通部门负责。

第二节　综合交通运输法律制度发展趋势

根据交通运输部《关于建立综合交通运输法规体系框架的实施意见(草案)》,综合交通运输法规体系包括六个子法规系统,其中的"跨运输方式法规系统即包括促进多种运输方式协调发展的《综合运输促进法》"。因此综合交通运输法律制度发展趋势包括现有综合交通运输中铁路、公路、水路、民航、邮政五个系统法律制度的发展趋势,以及《综合运输促进法》应重点规范和调整的内容。

一、现有综合交通运输法律制度的发展趋势

(一)有关刑事法律制度的发展趋势

1. 刑法发展趋势

法治社会要求未来刑法具有以下发展趋势:

(1)罪名的高度概括性。

(2)构成要件的一致性。

(3)受保护的平等性。

(4)犯罪追究的公平性。

2. 有关综合交通运输刑事法律制度的发展趋势

在我国全面推进依法治国的背景下,未来的综合交通运输刑事法律制度:

(1)应该统一罪名。即使用统一的交通名词:破坏交通工具罪;破坏交通设施及其附属设施罪;交通枢纽;船舶(船只)。

(2)应当统一定罪。即统一定罪劫持交通工具罪,暴力危及交通运输安全罪,交通肇事罪。

(3)统一量刑。可以分步走,先可以分情节,但不再按交通方式划分。

(4)应当和刑法有效衔接。例如汽车质量责任,损坏公路的定罪。

(二)有关民事法律制度的发展趋势

(1)完善交通民事立法。

(2)统一交通民事基本法律制度的内容。

(3)不同运输方式各自保留不同的立法。

(三)有关行政法律制度的发展趋势

(1)按运输方式分别立法不会改变。

(2)制定综合协调各种运输方式的《综合运输促进法》。

(3)有关综合交通运输安全的立法将会加强。

二、《综合运输促进法》的重点规范内容

(一)制定《综合运输促进法》的必要性

目前相关大交通的管理机制尚处在磨合期,虽然已具有了铁路法、公路法、港口法、民航法、邮政法等相关行业的法律,但却缺少整体规范交通运输行业发展,能够为交通运输业的发展指明发展方向和价值取向,具有指导性、方向性和战略性的一部法律,而且这也是巩固大部制改革成果的有益载体,还存在有关法规、标准缺乏整体性且未能充分有效衔接等问题。破解这些问题,需要制定《综合运输促进法》,构建符合交通运输发展规律的法律制度机制。这既是国家发展战略与制度变革对交通运输提出的新要求,也是协调交通运输自身发展所面临各种矛盾的必然需要。

《综合交通运输促进法》的立法必要性包括如下几个方面:是深化大部门制改革和建设法治政府的必然要求;是完善交通运输法律体系与协调相关法律的需要;是贯彻落实国家交通运输发展战略的必要保障;是统筹协调交通运输与经济社会发展的必要手段。

(二)《综合运输促进法》的主要内容

《综合运输促进法》的立法框架可以分"总则""发展战略与规划""综合运输基础设施的建设""综合运输服务""综合运输标准""激励措施""法律责任"和"附则"各章。

1. 总则

在本法第一章总则中,将对事关整部法律全局的内容加以集中规定或表现。总则部分包括立法目的、适用范围、基本原则、职责划分等总体要求。

(1)立法目的为优化交通运输结构布局,推进各种交通运输方式相互衔接,发挥整体优势和组合效率,加快形成便捷、通畅、高效、安全的综合运输体系。

(2)适用范围首先要明确综合交通运输究竟是指广义概念,还是狭义概念,建议采用狭义的综合交通运输概念,仅指各运输方式的衔接,即指道路、铁路、水路、民用航空运输以及邮政、管道等与交通运输有关的各种运输方式的连接或衔接的体系。其次,是能够涵盖的运输方式有哪几种,毋庸置疑公路、铁路、航空、水路都应该包含在其中。在我国境内综合运输发展战略、规划、政策、标准的制定和实施,从事规划、建设、运营等活动,以及邮政、管道等与交通运输有关的服务活动,都应该纳入调整范围。

(3)基本原则应包括:

①综合运输管理应当遵循高效决策、协调配合。

②综合运输的发展应当与国民经济和社会发展相适应并适度超前。

③国家鼓励多式联运的发展。鼓励各地根据实际需要联合规划协调,促进跨地区、跨行业的综合运输协同发展。鼓励水运、铁路等资源节约型运输方式发展,鼓励公共交通发展。

(4)关于管理职责分配。

①纵向不同层级人民政府之间的事权划分。国务院负责统筹国家综合运输的发展,统筹协调解决国家综合运输发展的重大问题。地方各级人民政府负责统筹本行政区域内综合运输的发展,建立综合运输发展推进工作协调机制,统筹协调解决本行政区域内综合运输发展的重大问题。综合运输枢纽运营管理的协调由所在地城市人民政府负责。

②国务院交通运输主管部门、国家发展改革委员会以及国家铁路、民用航空、邮政等管理机构的综合运输管理职责划分。国务院交通运输主管部门负责综合运输发展的战略、规划、标准起草、重大建设、运营管理等工作。国家发展改革委员会负责综合运输发展战略、规划与国家经济社会发展战略、规划的衔接工作。国家铁路、民用航空、邮政等管理机构在其职责范围内负责综合运输的行政执行。

③同级人民政府不同部门之间的职责划分问题。地方各级人民政府交通运输主管部门在其职责范围内负责综合运输发展的战略、规划、地方标准起草、重大建设、运营管理等工作。地方各级人民政府发展改革委员会在其职责范围内负责综合运输发展战略、规划与国家经济社会发展战略、规划的衔接工作。地方铁路、民用航空、邮政等管理机构在其职责范围内负责综合运输的行政执行。

2. 综合运输规划

(1)战略与规划原则。综合运输发展战略为:国家根据基本国策、国家发展战略、经济和社会发展需要及国内外交通发展趋势等制定综合运输发展战略。规划原则为:规划应当按照从实际出发,统筹规划、合理布局、适度超前,促进多种运输方式协调发展。

(2)规划编制主体。

①国家综合运输规划由国务院交通运输主管部门会同国务院有关部门并商有关省、自治区、直辖市人民政府编制,报国务院批准。

②区域性的综合运输规划由各省、自治区、直辖市人民政府交通运输主管部门或区域内的联合规划机构负责编制,报各省、自治区、直辖市人民政府批准,并报国务院交通运输主管部门备案。

③城市的综合运输规划由本级人民政府交通运输主管部门负责编制,经本级人民政府批准后,应统一纳入城市发展总体规划。

(3)规划的程序。综合运输规划应当按照公众参与、专家论证、风险评估、合法性审查、集体讨论决定等法定程序,努力做到决策科学、程序正当、过程公开、责任明确。

(4)规划的调整。综合运输规划的调整,应当按照第八条规定的程序,由原编制机关提出修改方案,报原批准机关批准。未经原批准机关同意,任何单位和个人不得擅自调整批准的规划。

(5)规划的衔接。国家中长期发展规划应当充分考虑综合交通网规划。综合交通网规划应当与国家中长期发展规划、土地资源利用规划、环境保护规划、城市建设发展规划等有效衔接。各交通专项规划应当与综合交通网规划相衔接和配套。

(6)通道资源和管线资源的综合利用。编制综合运输规划时,应当充分考虑两种以上运输方式基础设施建设通道资源的综合利用。

编制综合运输规划时,应当充分考虑铁路、公路、航道资源与其他管线资源的综合利用。

(7)交通影响评价。重大行政决策、重大建设项目、重大社会活动对社会公众的交通出行需求将造成重要影响的,应当经过交通运输主管部门进行交通影响评价。

具体评价办法由国务院交通运输主管部门另行制定。

3. 综合运输基础设施的建设

(1)不同运输方式基础设施建设的衔接。两种以上运输方式同步规划的基础设施建设项目,应当同步设计、同步施工、同步交付使用。

(2)综合运输的专项建设。连接两种以上运输方式的基础设施专项建设项目,应当纳入综合运输的规划与建设体系中,应当同步设计、同步施工、同步交付使用。

(3)不同运输方式枢纽建设的衔接。在枢纽的建设过程中,应当保证各种运输方式之间、城市间与城市内交通线路间的紧密衔接,实现枢纽间和枢纽内各环节能力的协调。

(4)优先安排。综合运输的场(站)建设和运营中,对衔接两种以上运输方式的交通工具,应当优先安排其停靠(泊)位。

4. 综合运输服务

(1)不同运输方式综合运输服务衔接。两种以上不同运输方式的运输组织活动,应当做好服务衔接工作,保障乘客方便快捷换乘,为货运参与者提供便利。

(2)多式联运的申请受理。国务院交通运输主管部门负责受理全国范围内多式联运的申请。

地方各级人民政府交通主管部门负责受理本行政区域内多式联运的申请。

(3)多式联运的审查。国务院交通运输主管部门受理全国范围内多式联运的申请后,依据行政许可法的规定进行审查。审查中征求国家有关运输方式管理机构的意见。

地方各级人民政府交通主管部门受理本行政区域内多式联运的申请后,依据行政许可法的规定进行审查。审查中征求当地有关运输方式管理机构的意见。

(4)多式联运的许可。国务院交通运输主管部门审查全国范围内多式联运的申请后,依据行政许可法的规定决定许可或者不许可。

地方各级人民政府交通主管部门审查本行政区域内多式联运的申请后,依据行政许可法的规定决定许可或者不许可。

(5)多式联运的监管。各级人民政府交通主管部门依法对多式联运进行监管。

(6)跨行政区域多式联运。对跨行政区域的多式联运,由起运地人民政府交通主管部门统一受理申请,并协调多式联运各运输方式所在地人民政府交通主管部门对多式联运申请进行审批。必要时可以由共同上一级人民政府交通主管部门统一协调处理。

(7)服务设施公用。国家鼓励民航、铁路、公路等多种服务设施共用。

(8)客货票联程服务。国家鼓励客票和货运票据的一票到底。

各运输方式的客票发售预订系统及运行信息应向社会全面公开,并为社会提供客票一体化的联程服务。

(9)综合运输信息网络平台。国家鼓励推行综合运输信息的网络平台,为公民出行提供便利。

(10)统一术语。国务院交通运输主管部门应当建立统一综合运输术语的制度,以便与其他法相衔接,促进综合运输发展。

5. 综合运输标准

(1)不同运输方式标准的制定。不同运输方式的国家标准、行业标准、地方标准、企业标准,依据标准法律、行政法规规定执行。

(2)综合运输标准的协调。国务院交通运输主管部门应当对不同运输方式的标准体系进行协调,促进服务标准的统一。

(3)综合运输专门标准的起草。国务院交通运输主管部门可以组织对综合运输专门标准的起草、制定。

(4)综合运输标准的监督实施。国家铁路、民用航空、邮政管理机构以及地方道路、水路运输管理机构对综合运输专门标准的实施进行监督检查。

6. 激励措施

(1)制定产业目录。国务院交通运输主管部门和发展改革委员会负责根据综合运输体系的发展要求,制定综合运输产业指导目录,重点扶持、引导鼓励综合运输体系的建设和发展。

(2)财政支持。经交通运输主管部门认可的综合运输体系重要综合交通基础设施建设项目,中央和地方各级人民政府应当给予财政支持。对于能源节约型、环境友好型的交通运输工具和交通运输服务方式,应当纳入政府优先采购范围。

(3)税收优惠。对纳入综合运输产业指导目录项目的建设与运营企业依法给予税收优惠。

(4)专项资金。国务院和省级人民政府可以设立有关综合运输的专项资金。专项资金的来源可以包括:按照各种运输方式强制保险的保险费的一定比例提取的资金;对交通运输违法行为人的罚款;专项资金孳息;其他资金。专项资金的具体管理办法,由国务院或省级人民政府财政部门会同同级保监会、交通主管部门制定试行。综合运输专项资金应当专项使用。

(5)重点投资领域。地方各级人民政府应当把综合运输列入重点投资领域,以保证建设项目的优先安排。

(6)土地划拨。综合运输基础设施建设需要的土地应当由各级人民政府划拨。

(7)价格政策。国家实行有利于综合运输发展的价格政策。

(8)科技攻关。国务院和地方各级人民政府有关部门要将科技攻关作为重大科技项目。国家鼓励各类科研机构、企业从事综合运输衔接技术、装备、工艺等相关科技研发。中央及各地方政府有关部门在规划、用地、财政等方面提供政策支持,提供技术信息、技术咨询和技术转让服务的平台。对在综合运输体系建设中科学研究和应用中做出贡献的单位和个人给予奖励。

此外,综合运输促进法应根据具体条文内容设定法律责任、定义和术语等内容。

第八章 综合交通运输体系的标准

第一节 综合交通运输体系的标准

一、标准与标准化的定义

标准是对重复性事物和概念所做的统一规定,它以科学、技术和实践经验的综合为基础,经过有关方面协商一致,由主管机构批准,以特定的形式发布,作为共同遵守的准则和依据。

标准的制定和类型按使用范围划分有国际标准、区域标准、国家标准、专业标准、地方标准、企业标准;按内容划分有基础标准(一般包括名词术语、符号、代号、机械制图、公差与配合等)、产品标准、辅助产品标准(工具、模具、量具、夹具等)、原材料标准、方法标准(包括工艺要求、过程、要素、工艺说明等);按成熟程度划分有法定标准、推荐标准、试行标准、标准草案。标准的制定,国际标准由国际标准化组织(ISO)理事会审查,ISO理事会接纳国际标准并由中央秘书处颁布;国家标准在中国由国务院标准化行政主管部门制定,行业标准由国务院有关行政主管部门制定,企业生产的产品没有国家标准和行业标准的,应当制定企业标准,作为组织生产的依据,并报有关部门备案。法律对标准的制定另有规定,依照法律的规定执行。制定标准应当有利于合理利用国家资源,推广科学技术成果,提高经济效益,保障安全和人民身体健康,保护消费者的利益,保护环境,有利于产品的通用互换及标准的协调配套等。

标准化是为在一定的范围内获得最佳秩序,对实施的或潜在的问题制定共同的和重复使用的规则的活动,它包括制定、发布及实施标准的过程。

我国秦朝实行的"车同轨",开创了中国古代交通标准化的先河。到了近代,西方工业革命直接催生了具有现代意义的标准化,如汽车生产采用了标准零部件,引发了新一轮的汽车革命。从不同时期的定义可以看出,标准随着时代进步不断发展变革,内涵逐步拓展。标准化的基本作用在于改进产品、过程和服务的适用性,促进技术合作。标准化工作具有基础性、战略性和系统性,在行业结构调整、产业升级、转变发展方式的转型时期起着重要作用。加强标准化工作已经成为推动产业结构调整的重要手段、提高发展质量和效益的重要途径、提升管理和服务水平的重要方式。

二、交通运输标准化现状

1. 标准技术体系

近年来,交通运输行业加强国家标准和行业标准建设,充分发挥地方交通运输管理部门、行业协会和企业作用,积极推动地方标准和企业标准建设。截至2013年底,据不完全统计,交通运输行业现行有效标准达4000余项,形成了特色明显、内容全面、技术可靠的交通运输标准体系。勘测设计、施工、养护等工程技术标准,有力保障了铁路、公路、桥梁和隧道等工程建设质量,支撑了世界级工程建设。卫星定位系统、电子不停车收费标准、出租汽车运营服务规范等产品和服务标准,提升了交通运输安全和服务水平。

2. 管理制度体系

制定了《铁路行业技术标准管理办法》《交通标准化工作规则》《中国民用航空标准化管理规定》和《邮政业标准化管理办法》,以及铁路、公路、水运工程建设等标准化管理文件,明确了管理职责、制修订程序、实施监督和宣贯培训工作等内容,这些是交通运输标准化工作的重要管理手段和制度保障。同时,北京、上海、天津、江苏、四川等省市结合区域特点,制订了相应的标准化管理制度,积极推进了地方交通运输标准化建设。

3. 标准国际化

结合国内外交通运输生产实践,组织编译出版了部分外文版工程标准规范,覆盖了铁路、水路、公路、桥梁、隧道等的设计、施工、检测等领域。支持帮助中国企业树立中国标准,打出中国品牌,发布了部分工程标准规范。中交集团在埃塞俄比亚、乌干达等国家承接的工程项目,招商局重庆院在斯里兰卡承接的工程项目,都使用了中国标准外文版。集装箱标委会主持制定的《集装箱RFID货运标签系统》,经国际标准化组织(ISO)批准发布,是物流和物联网领域第一个由我国主导制定的国际标准。

三、综合交通运输体系标准的工作重点

标准化工作的科学性、系统性、技术性和政策性很强。《交通运输部关于加强和改进交通运输标准化工作的意见》提出,到2020年基本形成覆盖交通运输各领域的标准体系,交通运输标准管理机制更加完善,标准化发展能力显著提高,标准质量和实施效果明显提升,标准化对交通运输发展的技术支撑和基础保障作用进一步显现,适应交通运输转型发展的需要。加强和改进综合交通运输标准化工作,要重点做好以下几个方面的工作。

(1)深化体制改革。坚持体制机制创新,强化政府在标准化中的主导作用和发挥企业的主体作用,不断完善标准化工作体系。要站在综合交通运输发展的角度,加强对综合运输标准化工作的指导和协调,全面推进交通运输标准化工作。加快组织筹建综合交通运输标准化技术委员会,优化行业标准化技术委员会布局,统筹开展综合运输标准的制修订和实施工作,协调各种运输方式间需要统一的技术、管理和服务要求。

着眼综合运输体系发展,研究建立相互协调配合的标准化工作机制,建立行业标准化管理部门与业务管理部门、行业协会、企业等利益相关方的协调沟通机制,加强对交通运输地方标准工作的协调与指导,建立地方标准的信息报送制度。完善以需求为导向的立项机制,提高立项的科学性和公正性,完善标准审查和发布机制。制订推动标准化与科技创新紧密结合的政策措施,促进科技成果快速转化应用,提高标准的技术水平。

(2)加快重点标准制修订工作。从国家和行业转型发展的要求入手,紧紧围绕加强综合运输体系建设,针对行业标准化发展中存在的综合运输标准体系建设有待加强、重点领域标准制修订有待加快、标准化工作协调机制有待完善等突出问题,要着力加强综合运输技术标准制修订,重点加强综合客货运枢纽、运输装备、多式联运、信息交换等方面的标准制修订,促进不同运输方式之间的有效衔接与协同发展,提高综合运输一体化服务水平。以京津冀协同发展的国家战略为契机,着力推动综合运输标准的实施;地方交通运输管理部门要加强与有关部门沟通协调,加大对地方标准的政策支持和投入力度。交通运输企业要强化标准化工作意识,加强标准化建设,有条件的企业可将拥有自主知识产权、具有比较优势的企业标准上升为行业和国家标准。强化国家标准、行业标准、地方标准之间的协调性,从源头上避免有关标准之间的重复、交叉和矛盾问题。

(3)增强标准科研创新支撑作用。实施创新驱动已成为我国的一项重大发展战略。习近平总书记指出:"我国经济发展要突破瓶颈、解决深层次矛盾和问题,根本出路在于创新,关键是要靠科技力量"。交通运输标准化建设必须与科研工作有机结合,既要研究解决一些科研成果不能及时转化为标准规范的问题,也要解决一些标准规范的修订缺乏有效科研支撑的问题。要进一步完善科研成果转化和推广应用机制,把真正的创新成果反映到技术标准规范中来,为标准规范制修订提供技术支撑。要统筹协调标准体系建设的科研经费支持,交通运输标准化方面的科研项目,必须将科研成果是否达到标准制修订的要求,作为技术研发的重要考核内容。

第二节 综合交通运输标准体系内容

依据《中央编办关于交通运输部有关职责和机构编制调整的通知》(中央编办发〔2013〕133号)中关于综合交通运输标准的管理工作职责,以及国家发展和改革委员会制定的《"十二五"综合交通运输体系规划(国发〔2012〕18号)》、交通运输部印发《交通运输"十二五"发展规划》(交规划发〔2011〕191号)、《交通运输部关于推进综合运输体系建设的指导意见》(交规划发〔2011〕301号)提出的标准化工作各项任务要求,结合综合交通运输标准化发展方向,按照《标准体系表编制原则和要求》(GB/T 13016—2009)、《关于对标准体系表的编写及格式统一要求的通知》研究编制了《综合交通运输标准体系》。定位综合交通运输标准为两种及以上运输方式协调衔接和共同使用的标准,涵盖铁路、公路、水路、民航及邮政等交叉领域。各运输方式单独使用和单一服务所涉及的标准不纳入综合交通运输标准体系范畴。综合交通运输标准体系由基础标准100、运输服务标准200、工程设施标准300、安全应急标准400、信息化标准500、统计评价标准600、运输装备和产品标准700和相关标准900构成。

标准体系结构图如图8-1所示,体系结构中标准类别及内容说明见表8-1。

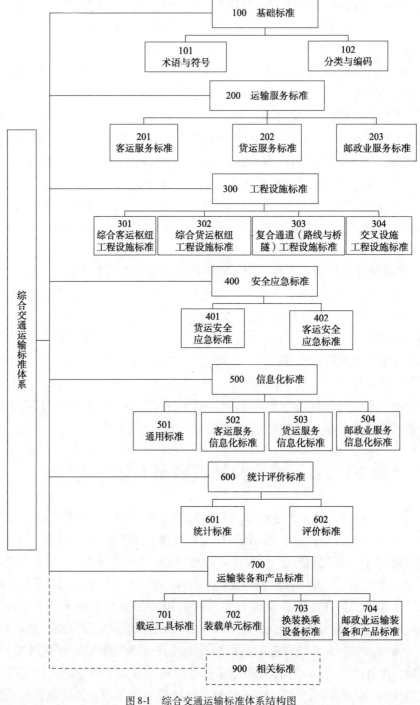

图8-1 综合交通运输标准体系结构图

标准类别及说明　　　　　　　　　　　　　　　　　　　表8-1

序号	标准类别		标准内容说明
1	100	基础标准	在本专业领域具有广泛适用范围或一个特定领域的通用条款的标准； 基础标准在一定范围内可以直接应用，也可以作为其他标准的依据和基础，具有普遍的指导意义。基础标准主要包括：术语、符号、代号、代码、制图规则等
2	200	运输服务标准	规定服务应满足的要求以确保其适用性的标准,服务和管理类有关标准都可以划入这一类别； 用于两种或两种以上运输方式组合运输（旅客联程联运和货物多式联运，包含邮政业）共同遵守的服务标准
3	300	工程设施标准	设施标准是对综合交通运输相关设施规定共同的和重复使用的规则、导则或特性的文件。包括勘察、设计、施工安装、验收、使用、维护及管理等多个环节的标准规范； 用于两种或两种以上运输方式组合衔接设施（综合客货运枢纽、交叉设施和复合通道等）的标准
4	400	安全应急标准	安全应急标准是针对综合客货枢纽运营管理、旅客联程联运、货物多式联运过程中安全应急相关标准
5	500	信息化标准	信息化标准是开展综合交通运输运营服务（包含邮政业运营服务）等相关的信息化标准
6	600	统计评价标准	综合交通运输体系建设相关统计、评价、监督考核等标准
7	700	运输装备和产品标准	规定产品应满足的要求,包括产品的技术要求和试验方法等,以确保其适用性的标准。对设施设备等提出的技术要求和试验方法等的标准应包含在本类别中； 用于两种或两种以上运输方式客货运输（含邮政业）中的载运工具、装载单元、换乘换装设备等产品标准
8	900	相关标准	相关标委会中已有的与综合交通运输相关的标准

一、基础标准100

基础标准在一定范围内可以直接应用,也可以作为其他标准的依据和基础,具有普遍的指导意义。基础标准主要包括：术语、符号、代号、代码、制图规则等。术语和符号标准主要用于定义和规范综合交通运输相关一系列术语和符号；分类与编码标准主要用于规范综合交通运输相关的类别和编码规则。

1. 术语与符号

具体包括：《集装箱运输术语》《集装箱术语》《综合客运枢纽术语》《综合货运枢纽术语》《旅客联程联运术语》《货物多式联运术语》《危险货物运输术语》。

2. 分类与编码

具体包括：《集装箱代码、识别和标记》《集装箱设备数据交换（CEDEX）一般通信代码》《运输货物分类和代码》《综合交通运输方式代码》《旅客联程联运行李、包裹事故代码》《多式联运货物代码》《综合运输枢纽分类及代码》。

二、运输服务标准200

规定服务应满足的要求以确保其适用性的标准,服务和管理类有关标准都可以划入这一类别。用于两种或两种以上运输方式组合运输(旅客联程联运和货物多式联运,包含邮政业)共同遵守的服务标准。

1. 客运服务

具体包括:《旅客联程联运站名代码共享规则》《旅客联程联运客票票样》《旅客联程联运行李票样》《旅客联程联运服务质量要求》《旅客联程联运服务流程规范》《旅客联程联运行李运输服务规范》《综合客运枢纽服务功能和服务规范》。

2. 货运服务

具体包括:《集装箱设备交接单》《水路、公路运输货物包装基本要求》《多式联运单》《多式联运提单》《多式联运经营人基础通用要求》《多式联运经营人运营服务规范》《多式联运服务质量评价准则》《综合货运枢纽服务功能和服务规范》。其中《集装箱设备交接单》采用 GB/T 16561—1996,《水路、公路运输货物包装基本要求》采用 JT/T 385—2008。

3. 邮政业服务

主要包括:《邮件民航运输交接操作要求》《快件民航运输交接操作要求》《邮件铁路运输交接操作要求》《快件铁路运输交接操作要求》。

三、工程设施标准300

工程设施标准是对综合交通运输相关设施规定共同的和重复使用的规则、导则或特性的文件。包括勘察、设计、施工安装、验收、使用、维护及管理等多个环节的标准规范。用于两种或两种以上运输方式组合衔接设施(综合客货运枢纽、交叉设施和复合通道等)。主要包括:综合客运枢纽、综合货运枢纽和复合通道及交叉设施的技术标准。

1. 综合客运枢纽工程设施

具体包括:《综合客运枢纽分类分级》《综合客运枢纽通用建设要求》《综合客运枢纽总图设计要求》《综合客运枢纽换乘区域设施设备配置要求》《综合客运枢纽导向标识和标线》。

2. 综合货运枢纽工程设施

具体包括:《综合货运枢纽分类与基本要求》《综合货运枢纽转运设施及换装设备配置技术要求》。

3. 复合通道(路线与桥隧)工程设施

具体包括:《公路铁路两用桥梁》《隧道混凝土结构和钢结构耐久性通用技术规范》《公路铁路并行路段设计技术规范》《公路铁路两用桥梁通用技术规范》《公路铁

路两用隧道通用技术规范》《公路铁路共线复合通道适用性技术要求》《公路铁路两用桥梁和两用隧道施工与验收技术规程》。

4. 交叉设施工程设施

具体包括:《公路铁路交叉路段设计技术要求》《公路铁路立交桥通用技术规范》《公路铁路交叉工程安全技术评价标准》。

四、安全应急标准400

安全应急标准是针对综合客货枢纽运营管理、旅客联程联运、货物多式联运过程中安全应急相关标准。主要包括:旅客联程联运和货物多式联运过程中的客运、货运安全应急相关标准。

1. 客运安全应急

主要是《综合客运枢纽安全应急通用要求》。

2. 货运安全应急

具体包括:《危险货物运输包装要求》《危险货物运输标识》《危险货物堆场安全条件》《滚装运输装卸作业安全生产的基本技术要求》《多式联运集装箱换装作业安全生产技术要求》。

五、信息化标准500

信息化标准是开展综合交通运输运营服务(包含邮政业运营服务)等相关的信息化标准。主要包括:客运服务(客运枢纽、旅客联程联运)、货运服务(货运枢纽、货物多式联运服务)以及邮政业服务相关信息化标准。

1. 通用

具体包括:《交通统计信息交换格式》《公路水路交通信息资源业务分类》《交通信息资源标识符编码规则》《交通信息基础数据元 第一部分:总则》《综合交通运输信息互联互通技术规范》《交通运输安全应急资源数据元》《交通运输信息系统数据字典编制规范》《交通运输关键信息系统数据库字段命名及属性定义》《交通运输信息化数据标准关系规范》《交通运输信息系统接口标准编写规范》《交通信息共享数据交换通用规则》《交通运输统计分析监测和投资计划管理 第2部分 数据交换与共享》《公路水路安全畅通与应急资源信息交换》《公路水路安全畅通与应急处置平台信息共享交换指标》。其中《交通统计信息交换格式》采用 JT/T 486—2002,《公路水路交通信息资源业务分类》采用 JT/T 748—2009,《交通信息资源标识符编码规则》采用 JT/T 749—2009,《交通信息基础数据元 第一部分:总则》采用 JT/T 697.1—2013。

2. 客运服务信息化

具体包括:《综合客运枢纽智能化系统技术要求》《综合客运枢纽信息共享技术要求》《旅客联程联运客票条码格式和技术要求》《旅客联程联运电子客票》。

3. 货运服务信息化

具体包括:《运输指示报文 XML 格式》《运输计划及实施信息报文 XML 格式》《道路、水路货物运输地理信息基础数据元》《道路、水路货物运输基础数据元》《集装箱多式联运电子数据交换 基于 XML 的装/卸报告报文》《集装箱多式联运电子数据交换 基于 XML 的舱单报文》《集装箱运输计划及实施信息报文》《多式联运信息数据格式》《多式联运信息数据交换规范》。其中,《运输指示报文 XML 格式》采用 GB/T 19947—2005,《运输计划及实施信息报文 XML 格式》采用 GB/T 19948—2005,《道路、水路货物运输地理信息基础数据元》采用 GB/T 26767—2011,《道路、水路货物运输基础数据元》采用 GB/T 26768—2011,《集装箱多式联运电子数据交换 基于 XML 的装/卸报告报文》采用 JT/T 725—2008,《集装箱多式联运电子数据交换 基于 XML 的舱单报文》采用 JT/T 726—2008,《集装箱运输计划及实施信息报文》采用 GB/T 22434—2008。

4. 邮政业服务信息化

具体包括:《邮件铁路运输信息交换规范》《邮件公路运输信息交换规范》《邮件民航运输信息交换规范》《快件铁路运输信息交换规范》《快件公路运输信息交换规范》《快件民航运输信息交换规范》。

六、统计评价标准 600

综合交通运输体系建设相关统计、评价、监督考核等标准。主要包括:综合交通运输统计、评价、监督考核相关技术标准。

1. 统计

具体包括:《货物多式联运运量计算方法》《旅客联程联运运量计算方法》相关标准交通运输部正组织编制中。

2. 评价

具体包括:《综合交通运输社会经济效益评价方法》《综合交通运输节能减排效益评价方法》《综合交通运输一体化指标》《综合客运枢纽运营效果评价指标》《综合货运枢纽运营效果评价指标》《交通运输服务监督电话投诉处理规范》。

七、运输装备和产品标准 700

规定产品应满足的要求,包括产品的技术要求和试验方法等,以确保其适用性的标准。对设施设备等提出的技术要求和试验方法等的标准应包含在本类别中。用于两种或两种以上运输方式客货运输(含邮政业)中的载运工具、装载单元、换乘换装设备等产品标准。主要包括:载运工具标准、装载单元标准、换装换乘设备标准和邮政业产品装备标准。

1. 载运工具

具体包括:《半挂车通用技术条件》《滚装船舶载运危险货物车辆积载与隔离技

要求》《铁路联运半挂车标识》《载货汽车滚装船跳板技术要求》《商品车滚装船跳板技术要求》。其中《半挂车通用技术条件》采用 GB/T 23336—2009、《滚装船舶载运危险货物车辆积载与隔离技术要求》采用 JT/T 786—2010、《铁路联运半挂车标识》采用国际国外标准号及采用关系 EN 13044—3:2011,MOD。

2. 装载单元

具体包括:《系列 1 集装箱的技术要求和试验方法——第 3 部分 液体、气体及加压干散货罐式集装箱》《系列 1 集装箱的技术要求和试验方法——第 5 部分 平台式、台架式集装箱》《系列 1 集装箱的技术要求和试验方法——第 2 部分 保温集装箱》《系列 1 集装箱的技术要求和试验方法——第 4 部分 无压干散货集装箱》《集装箱空陆水(联运)通用集装箱技术条件和试验方法》《系列 1 集装箱的技术要求和试验方法——第 1 部分通用集装箱》《第 1 系列集装箱分类、尺寸和额定质量》《多式联运可拆卸式货箱的尺寸、设计要求和试验规程》《多式联运配载单元标识》《多式联运可拆卸式货箱标识》。其中《系列 1 集装箱的技术要求和试验方法——第 3 部分液体、气体及加压干散货罐式集装箱》采用 GB/T 16563—1996《系列 1 集装箱的技术要求和试验方法——第 5 部分平台式、台架式集装箱》采用 GB/T 16564—1996,《系列 1 集装箱的技术要求和试验方法——第 2 部分保温集装箱》采用 GB/T 7392—1998,《系列 1 集装箱的技术要求和试验方法——第 4 部分 无压干散货集装箱》采用 GB/T 17274—1998,《集装箱空陆水(联运)通用集装箱技术条件和试验方法》采用 GB/T 17770—1999,《系列 1 集装箱的技术要求和试验方法——第 1 部分通用集装箱》采用 GB/T 5338—2002,《第 1 系列集装箱分类、尺寸和额定质量》采用 GB/T 1413—2008。

3. 换装、换乘设备

具体包括《驮背运输换装设备设施技术要求》:

(1)驮背运输车辆转向架;

(2)货场地面配套设施;

(3)换装作业要求。

4. 邮政业运输装备和产品

具体包括《快递集装箱》。

八、相关标准900

主要是相关标准化技术委员会已制定的与综合交通运输相关的标准。

具体包括:《乘客及货物类型、包装类型和包装材料类型代码》(GB/T 16472—2013);

《国际集装箱货运交接方式代码》(GB/T 15419—2008);

《危险货物分类和品名编号》(GB 6944—2012);

《危险货物品名表》(GB 12268—2012);

《危险货物包装标志》(GB 190—2009);

《危险货物运输包装通用技术条件》(GB 12463—2009);
《多式联运服务质量要求》(GB/T 24360—2009)
《国际货运代理危险货物运输服务质量要求》(GB/T 30347—2013);
《国际多式联运单据备案与查询规则》(GB/T 30058—2013);
《国际货运代理多式联运提单》(SB/T 10800—2012);
《国际货运代理海运提单》(SB/T 10799—2012);
《国际货运代理海铁联运作业规范》(GB/T 30343—2013);
《国际货运代理铁海联运作业规范》(GB/T 30344—2013);
《运输设备进场/出场报告报文 XML 格式》(GB/T 20526—2006);
《物流信息分类与代码》(GB/T 23831—2009);
《电子提单格式规范》(SB/T 10798—2012);
《国际货运代理业务统计导则》(GB/T 22152—2008);
《滚装船与岸联接的基本规定》(GB/T 14655—1993);
《托盘单元货载》(GB/T 16470—2008);
《联运通用平托盘主要尺寸及公差》(GB/T 2934—2007);
《联运通用平托盘性能要求》(GB/T 4995—1996);
《联运通用平托盘试验方法》(GB/T 4996—1996);
《油气输送管道穿越工程设计规范》(GB 50423—2013);
《油气输送管道穿越工程施工规范》(GB 50424 2007);
《输油管道工程设计规范》(GB 50253—2003);
《输气管道工程设计规范》(GB 50251—2003);
《钢质管道穿越铁路和公路推荐做法》(SY/T 0325—2001);
《石油天然气建设工程施工质量验收规范.输油输气管道线路工程》(SY4208—2008)。

第四篇

综合交通运输体系建设的重点任务

第九章　综合交通运输体系的通道建设

第一节　综合交通运输体系的通道特征

运输通道理论是 20 世纪 60 年代在工业发达国家兴起的,以交通运输系统思想和理论为指导,综合了系统科学、交通运输经济学和交通运输地理学而形成的新理论。该理论最初以城市交通走廊的规划及其对土地开发和经济影响为主要研究内容,后随着城镇化、区域经济一体化和经济全球化的发展,逐步扩展为区域、国家、甚至国际范围的运输通道,研究内容主要为客货流产生的空间地理基础、通道运输网络及枢纽的合理配置等。

一、运输通道与综合运输通道概念的演变

关于运输通道和综合运输通道的定义和内涵,国内外学者根据各自的研究角度给出了不同的定义。其中,较完整的定义是"国际公共运输联盟"和"西德公共运输企业联盟"主编的《公共运输词典》解释为:"在某一区域内,连接主要交通流发源地,有共同流向,有几种运输方式线路可供选择的宽阔地带";中国科学院地理科学与资源研究所的张文尝研究员从运输联系与运输经济区划分相结合的角度对运输通道的定义为:"运输通道是联结不同区域的重要和便捷的一种或多种运输干线的组合";我国交通系统工程专家张国伍教授的解释:"某两地之间具有已经达到一定规模的双向或单向交通流,为了承担此强大交通流而建设的交通运输线路的集合,称之为交通运输通道";《"十二五"综合交通运输体系规划》正式提出,所谓综合运输大通道,是指由两种或两种以上运输方式线路组成,承担我国主要客货运输任务的运输走廊,构成综合交通网的主骨架,是国家的运输大动脉。归纳以上几种观点,运输通道与综合运输通道在基本出发点上是一致的,而综合运输通道更加强调系统协调性,不仅仅简单的"线路的集合";也不是纯粹的地理概念,而是经济与交通的结合体。因此,综合交通运输通道的内涵应具备以下三个基本要素:一是客货流集中的经济走廊;二是两种或者两种以上运输方式的有机组成;三是具有流畅、高效、安全和可靠性。

二、综合交通运输通道的内涵与特征

自 20 世纪 90 年代末期起,中国陆续出台了西部大开发、促进中部崛起和东北等老工业基地振兴等区域发展战略。但中国地域范围广大、地理差别明显,为了使这些

战略能够更好地落到实处,产生更大的成效,近两三年来,中国政府先后批复涉及珠江三角洲、长江三角洲、天津滨海新区、福建省海峡西岸经济区、包括陕西、甘肃两省部分地区的关中—天水经济区、中国图们江区域、黄河三角洲等、横琴新区、安徽皖江城市带、鄱阳湖生态经济区等10多部区域规划和文件。

2009年12月5日至7日,中央经济工作会议指出,2010年经济工作的主要任务之一,是要"推进基本公共服务均等化和引导产业有序转移,促进区域协调发展。要继续实施西部大开发、东北地区等老工业基地振兴、中部地区崛起、东部地区率先发展的区域发展总体战略,积极扶持革命老区、民族地区、边疆地区、贫困地区加快发展,加大扶贫开发力度,提高自主发展能力,改善群众生产生活条件,让各族人民共享改革发展成果。"

2010年6月12日,国务院常务会议审议并原则通过《全国主体功能区规划》。2010年12月,国务院将这份规划印发全国各省份和国务院有关部门,并要求尽快组织完成省级主体功能区规划编制工作,调整完善财政、投资、产业、土地、农业、人口、环境等相关规划和政策法规,建立健全绩效考核评价体系,全面做好《全国主体功能区规划》实施的各项工作。

2011年6月8日,中国政府网全文刊载我国首个全国性国土空间开发规划《全国主体功能区规划》。《全国主体功能区规划》按开发方式将国土空间划分为优化开发区域、重点开发区域、限制开发区域和禁止开发区域。《全国主体功能区规划》推进实现主体功能区主要目标的时间是2020年,规划范围为全国陆地国土空间以及内水和领海(不包括港、澳、台地区)。

2011年6月9日,为了贯彻落实《长江三角洲地区区域规划》《江苏沿海地区发展规划》,进一步加强区域合作、促进区域协调发展,国务院日前批准在江苏省连云港市设立国家东中西区域合作示范区,并正式批复《国家东中西区域合作示范区建设总体方案》。

2012年1月9日,国务院西部地区开发领导小组会议和国务院振兴东北地区等老工业基地领导小组会议讨论通过《西部大开发"十二五"规划》和《东北振兴"十二五"规划》。

截至2012年7月,国务院先后批准建立了88个国家高新区。国家高新区以创新为动力,以改革促发展,探索出了一条具有中国特色的发展高新技术产业的道路,已经成为我国高新技术产业化成果丰硕、高新技术企业集中、民营科技企业活跃、创新创业氛围浓厚、金融资源关注并进入的区域,在我国社会主义现代化建设中起到了良好的示范、引领和带动作用。2011年,国家高新区实现营业总收入133425.1亿元;实现工业增加值27151.9亿元,占全国12.3%;上缴税费6816.7亿元。2011年高新区企业获得授权发明专利2.94万件,占全国企业发明专利的50.7%。

2015年3月24日,中共中央政治局召开会议,审议通过《关于加快推进生态文明建设的意见》,审议通过广东、天津、福建自由贸易试验区总体方案、进一步深化上海自由贸易试验区改革开放方案。

2015年4月5日,经李克强总理签批,国务院日前批复同意《长江中游城市群发展规划》。这是贯彻落实长江经济带重大国家战略的重要举措,也是《国家新型城镇化规划(2014—2020年)》出台后国家批复的第一个跨区域城市群规划,对于加快中部地区全面崛起、探索新型城镇化道路、促进区域一体化发展具有重大意义。

2015年4月30日,中共中央政治局召开会议,审议通过《京津冀协同发展规划纲要》。

2015年5月1日,随着东北地区、丝绸之路经济带海关区域通关一体化正式启动,包含京津冀、长江经济带、泛珠区域、东北地区、丝绸之路经济带5大区域的通关一体化已覆盖全国。

未来我国经济发展空间格局之所以新,在于我国区域经济发展思路已经从过去相对分割、以点为主的分散发展,逐步向通道化连接各个经济区域,推进区域之间整体协同发展转变,形成向外多向辐射、开放发展的新格局。

新经济发展空间战略提出了不同层次、不同辐射范围的交通运输通道建设要求,而且需要实现高效互联互通,以适应新的经济发展和产业布局对匹配的运输能力需要,应重点强化国内、国际和城际三个层次和辐射范围的运输通道设施建设。

1. 国内通道

为发挥丝绸之路经济带和长江经济带的区域经济联系功能,需要在既有全国性和区域性运输通道布局建设的基础上,强化由各种运输方式构成的综合运输通道体系的支撑,需要调整相关规划,以便在规划指导下,推进沿长江、进出疆、出入藏,以及与这些通道联通度高的中、西部地区综合运输大通道建设,需要加强与沿海重要港口物流枢纽联系的综合运输大通道建设。

2. 国际通道

进行与"一带一路"和长江经济带规划建设的国内通道联系紧密,符合国家战略要求的陆上和海上国际运输通道的建设,包括推进中巴、中哈、中蒙、中俄、中塔阿伊、中吉乌等铁路建设,以及泛亚运输走廊、中老泰、中越和中尼印等铁路建设和相关公路通道的建设,构建以中国为枢纽衔接欧亚、打通欧亚联系的高速陆上运输走廊;推进交通运输走出去,积极打造国际海上港口物流枢纽,形成国际海上运输通道系统。

3. 城际通道

强化与跨区域国际、国内运输通道紧密联系的城镇化地区高效率城际运输通道建设,形成支撑通道运行的运输服务枢纽,并以枢纽为网络化运输组织中心,串接跨区域国内、国际通道,有效发挥通道集聚功能和提升通道辐射能力。京津冀区域协同发展的推进,具有启动示范性,要通过京津冀地区的启动示范,为"一带一路""长江经济带"的相关城际通道和运输枢纽建设积累经验和探索发展机制。

综合运输通道的定义是:运输通道是综合交通运输系统的重要载体,是交通运输网的骨干。连接着国际、国家或区域中重要的枢纽节点,客货流密集,而且多条线路、多种运输方式互相补充,不仅是国际、国家或区域运输的大动脉,而且在政治、文化、国防方面担当重要角色的狭长形地带。

综合交通运输通道的特征主要有以下七个方面。

(1)运输通道是交通运输网的骨干,具有全局意义。因为它承担着区际运输联系的大部分或全部任务,运输通道是否畅通对于运输网整体的效益起决定性作用。

(2)运输量大而集中。运量包括了区际(省、市际)运量、过境运量、地方运量。运输客货流的流向相似或相同,起讫点集中于通道附近或联结地区。在这三种运量中,运输通道主要以区际交流运量为主。

(3)技术先进。采用相对先进的技术、设备和管理方式。

(4)有一定层次性。高层次的运输通道由多种运输方式组成,通过能力大,能适应各种运输需求。低层次的则由单一方式组成或以某一方式为主。并非所有低层次运输通道都可以发展为高层次的,因为影响通道发展的因素很多。

(5)联系区域具有扩展性。除直接联系和经过的区域外,运输通道对运量的吸引还影响到非相邻区域。

(6)运输通道可引导生产力布局。其空间布局的展开是生产力布局展开的先导,通道沿线往往形成经济发展的增长点。

(7)运输通道不仅包括各种交通运输线,而且包括机场、港站枢纽及相应的配套。

三、综合交通运输通道的功能

通道是综合交通网络中的重要组成部分,其功能是通过综合交通网络而具体体现出来的。

(一)综合交通网络系统的功能

综合交通网络系统是指由运输线路、港站、枢纽等固定设施组成的整体,是运输工具得以运行的物质基础。它与客货流系统、载运工具系统、信息系统、运输管理系统和生产组织系统共同构成了综合交通运输系统。

综合交通网络系统分布在广大地域之上,通过与综合交通运输系统中的各相关子系统的协调配合,服务于地域系统,促进社会经济系统的发展。社会经济系统作为综合交通网络的外部环境,其发展变化又产生新的交通需求,进而促进综合交通网络及相关子系统的发展。

综合交通网络系统的功能就是综合交通网络系统在综合交通运输系统、社会经济系统和地域系统中所起作用的具体体现。综合交通网络作为一种载体,其直接功能是为各类交通运载工具提供服务,本质功能则是实现"客流、物流、资金流、信息流"等各生产要素在地域系统的集聚、辐射、交流和融合,促进社会经济的发展,见图9-1。也就是说,综合交通网络的功能就是针对其直接服务对象—各类交通流以及最终服务对象—地域系统的交通需求,以优化的方式提供服务,满足各种需求,并产生优化的反馈作用,实现合理平衡。

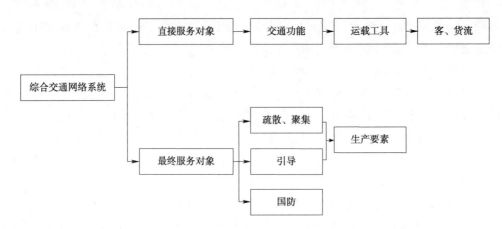

图 9-1　综合交通网络系统功能

（1）交通功能。承担各类运载工具，保证客、货流从出发地至目的地的畅通运行。

（2）疏解、集聚功能。对客、货流等生产要素集中的地区进行疏解，使之集聚于各相关需求特业或区域。如晋煤外运通道，其主要功能为疏解功能"经济走廊"的产生就是交通网络集聚功能作用的结果。

（3）引导功能。引导生产要素在区域的合理流动。一般来说，引导功能将产生新的节点。进行新城区规划和建设时，必须充分发挥交通网络的引导功能，以引导各类生产要素向此类地区集聚。

（4）国防功能。完成日常军需及战时交通运输任务，保证国家及区域的和平、安全，促进经济和社会的发展。

（二）运输通道的功能及外延

运输通道在本质上是一种功用性装备，是系统与环境间物质、能量和信息交换的主要路径，其功能对象就是处于系统之外的具有运输需求的运输对象。运输通道系统根据各类运输对象的需求这个外部环境的变化，通过调整自身的结构或特征进行相应的改变，即：通过自适应或自组织行为来适应外部环境的变化，尽量满足功能对象的行为。当然，运输通道的自适应或自组织行为更多是通过人的能动性来实现。

运输通道在实现客货运输任务的过程中，其自身并不能完全体现系统的行为，某一运输通道在综合交通网络体系中并非独立的服务于交通出行，而是在综合交通网络中具体体现通道为交通出行提供"安全、便捷、经济、舒适"的功能，以承担区域对外交通为主，最终服务于地域系统的发展需求。

运输通道的功能体现为在综合交通网络中为交通出行提供服务，支持经济和社会发展目标的实现以及人们生活质量的提高。在实现交通功能的过程中，因交通线所具有的吸引特性及人类活动有意或无意地遵从"最小努力原则"（最小努力原则作为普遍适用的统一机理表达为：花费最小的成本、花费最小的能量、花费最少的时间去获得权益的最大化），使得运输通道功能具有了新的内涵。

1. 基础设施发展走廊

为了满足各类运输工具的畅通运行，通道内布设有多种运输方式的呈线性分布的大量的交通基础设施。同是,为满足沿线经济需求及通道本身所需,通道内还布设有大量的电力、通信等基础设施。通道内的各类基础设施是带状经济发展的激发器和助推器,其线路走向决定了"带状经济"的空间分布范围和形态,其支撑能力和联系能力决定了"带状经济"内部及对外联系的能力、强度及本身实力,其空间组合状况决定了"带状经济"的空间结构和组织结构,其中交通基础设施预先决定了一定技术水平下发展的优先结构和优先区位。近几年来,我国大力发展各类运输通道,极大地改变了区域经济发展的条件,促进了"带状"经济的形成和发展。

2. 产业—经济走廊

由交通线的吸引特性,干线与支线相交时,支线上距离干线越近的点具有越高的工业区位。在图9-2中,支线 AB 上的 A' 点相较 A 点具有更高的工业区位,其中 B 点的工业区位最高。因 B 点具有较高的区位优势,因此人口、资金、技术、资源等各类生产要素向干线 OX 上的此类点聚集;形成新的经济增长点。由于受土地成本、原料供应等相关因素的影响,OX 沿线其他待开发地区将逐渐成为新的增长点,在空间上表现为以 B 点等此类高经济密集点位为中心,向周围地区梯度扩展,由点及片。当发展到一定程度,OX 周围地区内部差异逐渐缩小,经济状态趋于稳定,经济规模和发展水平明显高于周边地区。相对于区域,此类地区称为产业—经济走廊。

产业—经济走廊是空间集聚和空间扩散的两种倾向作用的结果。对于不同的地区,可形成不同的模式,现有的产业—经济带主要有资源产业带、制造产业带、商贸物流产业带、综合性产业带等多种模式。

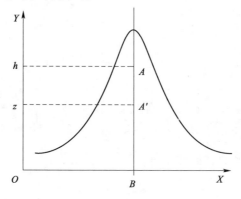

图9-2 交通线的吸引特性

3. 城镇化发展轴线

区域内的生产要素最初总是在若干优势点集聚,通过在两点之间建立交通线,产生的便利交通条件吸引着资金、技术、信息、人才、产业等生产要素在此集聚,并逐渐形成具有一定规模的经济中心。经济中心形成后,便具有一定的自我发展能力,不断为自身的发展创造条件,吸引交通沿线生产要素向其集聚。随着节点规模的扩大,节点间的联系逐渐加强,原有的单一交通线发展为多方式、多路径构成的综合运输通道。由于通道周围具有较强的区位优势,生产要素也逐渐集聚到通道周围。

当两节点间规模扩大到一定程度后,由于外来原材料、工资、级差及地租的上涨,生产成本不断提高,原有的集聚效应转换为扩散效应,此时,交通干线充当了生产要素 A 扩散的物质载体。由交通线长约 1/2 之处的吸引特性在两节点 1/2 交通处形成新的集聚中心,然后再在约 1/4,1/8……处形成新的节点。形成的城市布局为:两端点是较大城市,1/2 处为中等城市,1/4 处为小城市。

随着走廊及其附近城市实力的不断增强,运输通道辐射及吸引范围不断扩展,运输通道会逐渐扩展自己的支线,支线又扩展次级支线,将上级经济中心与次级优势点连接起来,经过发展原有支线也成为通道,其他线路逐次发展,形成区域城镇群。可以看出,城镇群内部城市之间存在持久的社会、经济、文化等方面的联系,且至少存在一个以上的特大型城市作为发展极。

运输通道城镇化功能过程如图9-3 所示。

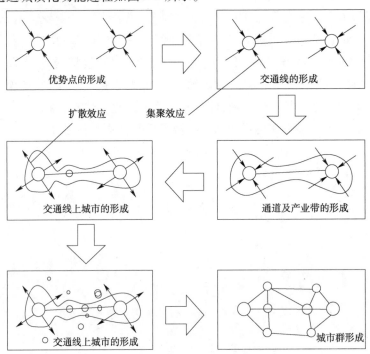

图9-3 运输通道城镇化功能过程

4. 旅游产业带

旅游资源与旅游客源市场空间的分离,使得旅游产业的发展受到一定的限制。各类运输通道的建设,特别是区域对外运输通道的建设,改变了旅游地区位条件和作用范围,使得区外客源能够以较低的成本进入旅游地,提高了可进入性,扩大了旅游市场规模,对旅游地旅游空间的演化有着持续和重大的影响;旅游中心地(如旅游城市)至核心景区的通道,将区域内旅游景区(或景点)联结成一个整体,可有效实现区域内旅游资源的全方位、多层次的合作,达到相互补充,相互促进,共同发展,赋予了旅游地及其所在区域以更为灵活的变化,如图9-4 所示。

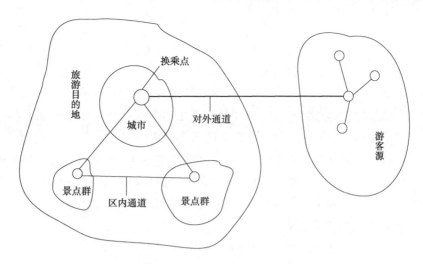

图 9-4 运输通道在旅游系统中的作用

5. 技术创新促进轴

运输通道作为运输骨架,技术标准要求较高。由于我国地形复杂,各种新情况层出不穷。必须研究新的筑路技术应对各种新情况。同时,随着经济的发展,人们的出行需求也不断变化,要求新的运输方式和运输技术满足各类新的交通需求。因此,从这个意义上说,通道内各类基础设施的建设为现代技术的发展提供了众多机会。未来几年,我国高速铁路将进入大发展时期,必将极大的促进我国交通运输新技术的产生和发展。

上述五种功能,是通道基本功能的拓展和外延,是一种派生性的功能,其本质仍然是促进和满足地域系统的发展。

四、综合交通运输通道的分类

(一)按照不同空间层划分

根据运输通道的空间层次和交流性质可以分为五种:
(1)国际性运输通道(国家间运输通道);
(2)大经济区间的区际运输通道;
(3)省际运输通道;
(4)省内运输通道;
(5)市内运输通道。

国际通道是承担国际交流的基础,是国家对外联系的桥梁。一个畅通便利的国际通道是保证一个国家参与国际分工的先决条件。国际货运联系主要是通过海上通道完成的,铁路或公路等通道在一些内陆国家间也起重要作用。我国现已有的滨洲线、集二线、陆桥运输通道,都属于国际通道。

区际通道连接一个国家的各大经济区。区域之间资源分布不均衡及专业化分工,产生了区域间的运输联系。区际通道的畅通是全国各大经济区经济协调发展的重要前提。

区内通道连接经济区内的不同地区,组织起更为紧密的分工与协作,承担区内运输联系。区内联系主要是各省间的客货交流。一个经济区的发展,区内通道是否通畅同样是其基础条件之一。在我国,北方和西部的区内运输通道、区际运输通道多以铁路为主,局部地区仍以公路为主,如青藏公路就是西北区与西南区之间联系的一条重要通道。而南方的通航河流往往也是重要的区内通道。

省内运输通道是联系各省辖市、地区之间的运输骨干,也是一省内实现平衡发展的基础条件。省内通道以铁路、公路为主。高速公路的开通将在省内通道中起到越来越大的作用。如辽宁的沈大高速公路,使沈大通道综合能力大为提高。

(二)按构成运输方式划分

按构成运输方式划分可以分为两种:
(1)综合型运输通道,包括两种以上运输方式干线或者串联,或者并联;
(2)单一运输方式的运输通道。

这样划分反映了运输通道的结构类型。说明运输通道可由单一运输方式干线组成,也可由多种运输方式干线组成。

综合型运输通道,是多种运输方式联合而形成的运输通道。联合的方式有多种。有几种运输方式的并联,即连接同一起讫区域之间的不同运输方式线路组成,也有几种运输方式的串联,即铁—水联运,铁—水—公联运等;还有混联,即既有并联,又有串联。运输通道因不同运输方式组成,可最经济的分配各种方式的交通量;有效的分配对各种方式的建设投资,从而达到交通运输系统的最小消耗和最大效益,并为社会提供可供选择的多种运输服务。分清运输通道的结构类型,可以合理地确定运输道的结构,在不同地区因地制宜地发展相应的交通设施。

单一方式运输通道多见于通道发展初期。当各种运输方式均有发展,单一通道逐渐发展为综合运输通道。然而,在某些特定条件下,单一型的运输通道仍然存在,如青藏公路通道。主要的运输通道大多是综合型运输通道。

(三)按运输对象划分

按照运输服务对象可以分为以下几种。
(1)客运通道或者以客运为主的运输通道。包括客运专线、通勤、旅游线路等。
(2)货运通道或者以货运为主的运输通道。
(3)客、货兼有的运输通道。

但是,运输通道的现有分类除按运输对象分类体现了通道的本质属性外,其他的分类并没有明显的体现通道的本质属性或其他显著属性特征,也没有很好地体现出通道的交通服务功能特性,各级通道之间功能不清,层次之间缺乏协调,难以适应区域经济、城镇体系以及产业发展所需的交通联系,特别是难以适应区域经济和区域一体化发展的需求,而且对区域间的通道,特别是对由国家铁路和地方铁路之外的区域城际铁路、国省道之外的区域公路所组成的通道及为旅游等服务的特殊通道缺乏明确定位。考虑到通道的根本功能是为社会经济发展服务,直接功能是为各种交通出行提供服务,且通道的功能分析直接影响系统的结构配置,是通道规划和布局的基础,因此按功能进行通道分类更为合理。

按功能对通道进行分类是指以通道的本质属性或其他显著属性特征作为根据,把各种等级层次或类别的通道按功能集合成类的过程。考虑到作为综合交通网络的重要组成部分,其规划、投资、建设、运营、管理、养护等工作涉及中央、地方及有关行业部门的各级组织,通道的分类要尽量与我国的行政管理体制紧密结合,并充分考虑区域经济和区域一体化发展趋势。参照我国通道发展现状和各运输方式的分类情况。

第二节 综合交通运输体系通道的建设内容

一、综合运输通道的形成

运输通道大多是在长期发展中自然形成的,如中国的"丝绸之路",有了交通运输的需求,即人员和货物的移动所形成的交通流,才会有交通运输的产生和发展,才会有道路的出现。随着人类社会文明的进步和发展,出于政治、经济、文化及军事的需要,人类开始有目的地大规模修筑各种交通通路。生产力的进一步发展使得交通运输需求越来越高,各种形态的交通流日益增大,同时,在交通运输进入机械动力时代以后,经历多次交通运输技术革命,并不断发展新的交通运输方式。这样由简单基础设施、单一交通方式的自然通路逐步发展演变为由先进基础设施及多种交通方式组成,能承担强大交通流的现代交通运输通道。运输通道的形成发展经历了四个阶段。

1. "点"阶段

这一阶段的经济发展主要处于自给自足,对外联系极少的封闭经济时期。相对发达地区发展形成了港站。这些港站只是一些有少量空间运输需求的孤立的"点"。港站运输仅仅为港站各自小范围的腹地服务。

2. "线"阶段

这一阶段的经济发展速度加快,港站对外联系大大加强。为了适应经济发展的需要,港站运输不断向外扩展,必须建设一些延伸线路与港站连接起来,使原来港站的腹地范围扩大。把有空间运输需求的最近的点连接起来,成为部分的"线"。而这些运输线路的周围,就形成了一些具有运输集散作用的城镇中心。

3. "网"阶段

这一阶段的经济发展达到相当高度,形成区域经济。随着运输线路的扩展和辐射作用,越来越多的联系各"点"之间的线连接起来就形成了运输网。这种运输网把互不连接的腹地互相连接起来,其中位于运输网的战略枢纽点发展成中心城市,并由此向外扩展联系范围,又形成新的产业带和城镇带。

4."通道"阶段

这一阶段是在运输网络内某些长条地域。出行了密集的交通流,需要优先发展这里的连接运输线,使重要港站城市之间的联系继续加强。重要中心城市不断扩大其腹地,成为大交通流的发生地,导致它们之间联系集中程度愈加明显,随着各路段交通流量和紧密程度不断增大,运输通道就因此而产生。

运输通道是随着经济社会发展水平,资源赋存特色、生产力布局等诸多因素的不断变化而逐步形成发展起来的。区域经济在少数有利地点快速发展,产业向中心城市集中,进而形成中心城市带、城市连绵区和经济集聚区,同时基础设施和公用设施也不断集聚,运输通信等基础设施集中共同使用。随着经济的发展,运输联系不断增强,为了很好地满足货物流通和居民出行的需求,必须将有限的资金投入到承担大宗运量的主要骨干线路建设上,从而促进运输通道的形成。要想更好地发挥各种运输方式技术经济优势,为经济社会发展提供最佳的运输支持与保障,就需要伴随着资源开发与经济结构和产业结构调整而进行运输通道的规划、建设以及对现有运输通道结构配置的优化。

二、综合运输通道的发展趋势

1.结构复杂化,运输能力大型化,运载工具行驶高速化

随着高速公路、高速铁路等新技术的应用,通道内的路径和枢纽引入的线路也逐渐增多,通道结构将变得更加复杂。重载列车的开行、客货分线的实施和多车道高速公路的修建,将使通道的运输能力大大提高。高速铁路客运专线、磁浮列车技术、真空管道技术的发展和应用,将使通道内运输工具的行驶速度大大提高。特别是未来真空管道技术的发展和应用,行驶速度将达到1000km/h,会极大地缩短人类时空距离。

2.公路与铁路的竞争将是小汽车与高速铁路的竞争

多式联运作为最适应客货运输的有效方法,将各种运输方式有机地组合起来,实现优势互补,这是各运输方式分工协作的体现,也是未来的发展趋势。同时,通道内各路径的分工协作关系也将加强,并且分别承担不同的运输需求任务,目前,主要体现在客货分线和快慢运输方面。

对公路与铁路而言,高速铁路的运价一般比高速公路普通客运高15%~20%左右,但其速度却是高速公路普通客运的2倍以上。而小汽车在一定范围内,其人均运费与高速铁路相差无几,但却可以实现多点运输,较之高速铁路及高速公路普通客运的两点运输,具有更大的便捷性,因此,随着社会经济的发展,小汽车进入更多的家庭,在一定范围内,通道内公路与铁路的竞争主体会发生质的变化,将由高速公路普通客运与高速铁路之间的竞争转变为小汽车与高速铁路的竞争。

3.通道内的路径趋于直线化

在普遍适应的统一机理中,人类活动有意或无意地都在遵从"最小努力原则",并作为普遍适用的统一机理表达为花费最小的成本、花费最小的能量、花费最少的时间

去获得权益的最大化。该原则对交通运输而言,就是实现两点间运输路线的直线化。只有直线才能达到花费最小的运输成本、最少的运输时间和花费最小的能量。人类为实现这个原则,总是在不断地开发新的筑路技术,以克服各种自然障碍,将城市尽可能地用直线连接起来或使其与经济联系相平行。

4. 运输通道与环境的关系趋于和谐化

"人与自然的协同进化与和谐共存"已成为人类追求的理想目标。要么维护自己生存的环境,要么毁坏自己存在的基础。这既取决于人类认识自然、利用自然、改造自然的理性程度,又取决于人类对于自身存在价值、自身能动作用的感悟程度。在进行通道规划与建设时,人类已逐渐开始关注,并将继续关注交通运输以及社会经济的可持续发展,鼓励采用先进的科学技术和新工艺、新材料,尽量减少通道建设和使用对自然资源的占用和对地域的分割、污染等负面作用,努力实现社会、经济以及交通运输业的可持续发展,实现人与自然的和谐、通道与自然的和谐。

5. 运输通道体系趋于网络化、立体化,其骨干作用日益明显

随着经济的发展,区域对外联络加强,市场的扩大和发展要求与更多的地区加强联系,原单一区域的联系已不能满足经济的发展和市场的扩大。交通需求的网络化要求供应的网络化,从而迫使通道体系向网络化、层次化方向发展,并且智能交通技术的应用,将与通道有关的所有交通活动纳入一体,形成立体化通道体系,在区域中的骨干作用也将得到充分发挥和体现。

三、国内外综合交通运输主要通道的典型案例

(一)我国综合运输通道布局方案

综合运输大通道是由两种或两种以上运输方式线路组成,承担我国主要客货运输任务的运输走廊,构成综合交通网的主骨架,是国家的运输大动脉,如图9-5所示。

1. 综合运输大通道布局规划的基本要求

(1)连通我国所有的直辖市、省会城市和计划单列城市及其他50万人口以上的城市,连接我国主要的陆路、海上和航空口岸。

(2)连接区域经济中心、重要工业和能源生产基地。

(3)为西部、中部、东部地区之间和省际间的沟通提供多条走廊,满足国土开发和国防功能需要。

(4)构成通道的铁路干线、公路干线、内河高等级航道、航空主航线以及油气主管道有机衔接和相互协调,并与国际运输网络充分衔接,体现我国运输多样性和集约性,促进形成以优势互补为基础的一体化运输体系。

2. 综合交通网骨架

综合交通网骨架由"五纵五横"综合运输大通道和国际区域运输通道组成。具体方案为:

1)"五纵"综合运输大通道

(1)南北沿海运输大通道。北起黑河,经哈尔滨、长春、沈阳、大连、烟台、青岛、连云港、上海、宁波、温州、福州、厦门、汕头、广州、深圳、湛江、海口,南至三亚。此外,还包括北京至沈阳进出关通道。该通道由贯穿全线的铁路、公路、民航航路,部分陆上油气管线和沿海主要港口间航线组成,形成沟通我国南北沿海的综合运输走廊。该通道通过黑河口岸与俄罗斯铁路和公路网连接,通过大连、青岛、上海、宁波、厦门、广州、深圳、湛江等沿海港口与国际海上运输网络连接,并以上海、广州枢纽机场为节点,与国际航线网络相衔接。

(2)京沪运输大通道。北起北京,经天津、济南、徐州、蚌埠、南京,南至上海,由贯穿全线的铁路、公路、民航航路、部分水运和油气管线组成,形成沟通华北与华东,北京与上海两大国际都市直接相连的综合运输走廊。该通道以北京、上海航空枢纽为节点衔接国际航线网络,上海国际航运中心承担国际海上运输中转功能。

(3)满洲里至港澳台运输大通道。北起满洲里,经齐齐哈尔、白城、通辽、北京、石家庄、郑州到武汉,从武汉分支,一支经长沙、广州,南至香港(澳门),另一支经南昌、福州至台北。此外,还包括齐齐哈尔至哈尔滨连接线。该通道由贯穿全线的铁路、公路、民航航路和部分油气管线组成,形成贯通东北、中部和华南,并与香港、台湾和澳门运输网络衔接的综合运输走廊,北端通过满洲里口岸与俄罗斯交通网连接,南端以香港国际航运中心和国际机场为国际海上、航空运输网络的枢纽。

(4)包头至广州运输大通道。北起包头,经西安、重庆、贵阳到柳州,从柳州分支,一支至广州,另一支至湛江,由贯穿全线的铁路、公路、民航航路、部分水运和油气管线组成,形成西部内陆出海运输走廊,通过广州港、湛江港,以及广州枢纽机场,与国际海上运输和航空运输网络连接。

(5)临河至防城港运输大通道。北起临河,经银川、兰州、成都、昆明、南宁,南至防城港,由贯穿全线的铁路、公路、民航航路和部分油气管线组成,形成西部内陆第二条南北综合运输走廊。该通道以昆明机场为面向东南亚的国际航空运输门户,以防城港为主要口岸连接国际海上运输网络。

2)"五横"综合运输大通道

(1)西北北部出海运输大通道。东起天津和唐山,经北京、大同、呼和浩特、包头、临河、哈密、吐鲁番、喀什,西至新疆吐尔尕特口岸,由贯穿全线的铁路、公路、民航航路和部分油气管线组成,形成西北连通东部的出海运输走廊。该通道以天津港和唐山港为枢纽连接国际海上运输网络,以吐尔尕特口岸与中亚交通网络衔接。

(2)青岛至拉萨运输大通道。东起青岛,经济南、德州、石家庄、太原、银川、兰州、西宁、格尔木,西至拉萨,由贯穿全线的铁路、公路、民航航路和部分油气管线组成。该通道以青岛港为枢纽沟通国际海上运输网络。

(3)陆桥运输大通道。东起连云港,经徐州、郑州、西安、兰州、乌鲁木齐,西至阿拉山口。该通道是亚欧大陆桥的组成部分,由贯穿全线的铁路、公路、民航航路和部分油气管线构成运输走廊。

(4) 沿江运输大通道。东起上海,沿长江经南京、芜湖、九江、岳阳、武汉、重庆,西至成都。该通道由长江航道和铁路、公路、民航航路和油气管线组成,形成以长江航运干线为主、沟通东中西地区的运输走廊。该通道以上海港和南京港为枢纽,与国际海上运输网络连接。

(5) 上海至瑞丽运输大通道。东起上海和宁波,经杭州、南昌、长沙、贵阳、昆明,西至瑞丽口岸。由贯穿全线的铁路、公路、民航航路和部分油气管线组成运输走廊,以上海港和宁波港为枢纽与国际海上运输网络衔接,以瑞丽口岸与东南亚路网连接。

3) 国际区域运输通道

(1) 东北亚国际运输通道(含中蒙通道)。以南北沿海运输大通道、满洲里至港澳台运输大通道和西北北部运输通道为主轴,布局沈阳至丹东、哈尔滨至同江、哈尔滨至绥芬河、长春至珲春、集宁至二连浩特、额济纳旗至策克、临河至甘其毛道等国际支线。

(2) 中亚国际运输通道。以西北北部出海运输通道、陆桥运输通道为主轴,布局乌鲁木齐至霍尔果斯国际支线。

(3) 南亚国际运输通道。以青岛至拉萨、沪瑞运输大通道为主轴,布局拉萨至亚东、拉萨至樟木和喀什至红其拉甫国际支线。

(4) 东南亚国际运输通道。以上海至瑞丽综合运输大通道、临河至防城港综合运输大通道为主轴,布局南宁至友谊关、昆明至磨憨、昆明至河口国际支线。

五纵五横综合运输大通道如图9-5所示。

(二)欧洲莱茵河运输通道

莱茵河流域经济活动活跃,是欧洲发展最成熟的地区,也是欧洲人口最稠密的地区,拥有着各种工业门类。莱茵河是形成莱茵河运输大通道的关键自然条件。莱茵河流经地区全年降水丰富,土地肥沃,极大地促进了该区域农业生产的发展,加快了人口聚集和产业密集化过程;同时,莱茵河流域便利的水运条件大大降低了大宗货物的运输成本,有利于沿线资源的开发,同时也促进了沿岸的商品物资贸易交流。

1. 水运系统

莱茵河流域所涉各国水运发展情况不一,从各国水运货物周转量占总货物周转量的比例看,荷兰、比利时和德国的水运周转量占比较高,特别是荷兰的水运货物周转量占其总周转量的1/3以上。莱茵河流域区域经济产业结构在保持煤炭、钢铁、冶金等老工业传统优势的同时,沿岸国家注重培植石油化工、电子、高技术产业,这些新兴产业逐步成为区域发展新的增长点,进而带动整个莱茵河流域的产业结构升级。

2. 陆运系统

莱茵河货运通道涵盖内河航道、铁路、公路、输油输气管道,如图9-6所示。铁路运输是煤炭、钢铁等大宗货物运输的主要运输方式。铁路运输网络的布局较水路而言更具主动性,目前欧洲大陆的主要铁路干线已形成网络。一方面,铁路运输系统能够

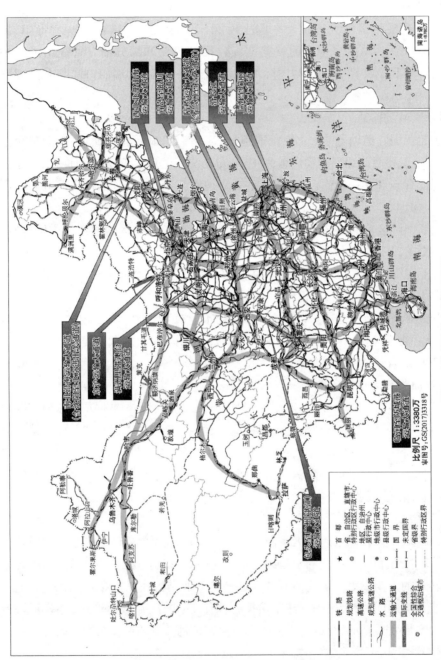

图 9-5 综合运输大通道示意图

为莱茵河水运提供东西向的货物集疏运服务;另一方面,铁路线路能够延长莱茵河运输通道,贯通欧洲大陆南北方向,连通从海洋到海洋的货物运输。其中,近年来实施的莱茵河—阿尔卑斯山铁路通道(Corridor Rhine-Alpine)项目是欧盟委员会推广计划(Promotion Plan)的一部分,目的是通过鼓励货物运输活动从公路转移到铁路,提高铁路货物运输的运用范围和市场空间。莱茵河—阿尔卑斯山铁路通道从鹿特丹沿莱茵河到达热那亚,途经荷兰、比利时、德国、瑞士和意大利等国家,穿过欧洲的工业中心地区,并经由科隆连接到泽布吕赫港和安特卫普港。莱茵河—阿尔卑斯山铁路通道是欧洲最主要的铁路货运干线之一,沿途有鹿特丹、阿姆斯特丹、安特卫普、泽布吕赫、根特、杜伊斯堡、科隆、曼海姆、巴塞尔、苏黎世、米兰和热那亚等若干重要的大城市。该通道线路总长2500km,预计2020年将达到589亿t·m。整条线路共连接6个海港、10个内河港口及100余个场站,与莱茵河水运之间能够很好地衔接与交互。由于其贯通了欧洲大陆南北两端、连接了北海与地中海,实现了莱茵河运输通道在南北方向上的延伸。随着欧洲铁路运输通道的建设,莱茵河—阿尔卑斯山铁路通道还将陆续与其他三条铁路运输通道交汇。

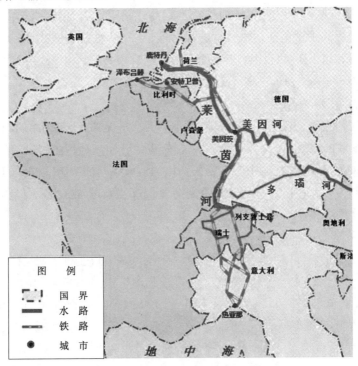

图9-6 莱茵河运输通道示意图

值得注意的是,莱茵河—阿尔卑斯山铁路通道北端连接了大型集装箱港——鹿特丹港、比利时最大的港口和重要工业城市——安特卫普,以及比利时大型滚装运输港——泽布吕赫港,这种布局一方面迎合欧洲大陆与不列颠群岛之间的运输交流、延长通道辐射范围,另一方面对促进莱茵河综合运输大通道的多式联运活动发挥着极为重要的作用。泽布吕赫港位于比利时西北海岸,是欧洲重要的滚装运输港口,近90%的滚装货物运输是在甩挂运输模式下完成的。泽布吕赫港是综合滚装运输、甩挂运输和驮背运输等多种运输组织形式于一体的典型多式联运港口。2012年泽布吕赫港的滚装运输货物量达1255万t,新车运输量达175万辆。泽布吕赫港滚装货物运输主要在英国、斯坎迪纳维亚和西班牙之间,并提供了唯一连接苏格兰和欧洲大陆的滚装业务。泽布吕赫港港区紧临E403、N34a等多条干线公路,自从2012年泽布吕赫港的铁路连接线建成后,列车往返于东西港区之间时不再需要从南部的布鲁日进行折返。泽布吕赫港的合作伙伴——Infrabel公司还将投资2200万欧元用于泽布吕赫港周边各类铁路基础设施、桥梁及连接线的建设,最终目标是建立多式联运体系和可持续的铁路运输体系。

随着莱茵河—阿尔卑斯山铁路通道等国际铁路运输通道的逐步开通,以及所提供的行车路径管理(C-OSS)等服务逐步到位,各国之间的协调问题被逐渐克服,这可有效保障货物在这类国际铁路通道上的运输,高速公路在莱茵河运输通道中主要扮演的角色也逐渐转变为中短途陆路集疏运。完善的高速公路网为莱茵河综合运输通道提供良好的末端运输,能够从区域层面支持水路和铁路干线大容量运输方式。此外,高速公路极大地提高了莱茵河运输通道的通达性,弥补了水路和铁路运输在机动、灵活性上的不足。20世纪后期至今,快速发展的高速公路把联系中心城市的铁路和水路等线状运输方式进一步拓展开来,使莱茵河运输通道向网状形态发展。

3. 美国密西西比河运输通道

密西西比河上游河段流域是美国重要的轻工业中心之一,中游河段航道深阔,年货流量大;密西西比河在巴吞鲁日城以下开始进入三角洲地区,此地区的新奥尔良港是美国重要的河海、海陆联运中心。密西西比河流域各州的GDP占美国GDP的50%以上,特别是汽车制造业、采矿业、机械制造业及煤与石油加工业等十余项产业GDP均分别占全美总量的70%以上。

1)水运系统

密西西比河是美国南北航运的大动脉。干流可从河口航行至明尼阿波利斯,航道长3400km。除干流外,约有50多条支流可以通航。其中水深在2.7m以上的航道9700km,主要航道水深3.65m,可通行1350~2720载重吨驳船队;中游可航行由15~25艘驳船组成的顶推船队,载重量为2万~3万t;下游可航行由30~40艘驳船组成的顶推船队,载重量为4万~6万t。干支流通航总里程为2.59万km,并有多条运河与五大湖及其他水系相连。密西西比河货物周转量占美国全国内河货物周转量的60%,主要运输石油、面粉、棉花、煤、金属及机械产品。美国大约92%的出口谷物产地分布在密西西比河流域,有75%的出口黄豆是通过密西西比河和伊利诺伊河运输的。

2)陆运系统

与密西西比运输通道水路运输体系配套的是一系列陆路运输线路,沿密西西比河流域分布着 M-49、M-40、M-55、M-70、M-90 等近十条州际高速公路通道,能够很好地满足密西西比河通道陆路集疏运的要求。密西西比河水运及其公路集疏运网络形成了美国南北方向的主要通道,东西方向的运输通道主要由铁路运输系统构成,其中 Transcon 通道、日落通道、子午线高速公路通道与墨西哥通道是东西走向的主要铁路通道,它们均与密西西比河存在横向交叉,能够与密西西比河运输通道进行充分的货物中转交流,这有利于美国东部的货物通过铁路运输到达密西西比河通道。由于公铁、海铁联运需求大幅增加,美国铁路系统在 21 世纪初迎来大量投资,这促进了铁路长途运输能力和效率的提升。各种技术改进措施,如提高列车等级、平行追踪、新式或改进的联运枢纽、更好的信息管理系统,都使铁路运输的能力和服务水平得到了极大改善。

第十章　综合交通运输的枢纽建设

第一节　综合交通运输体系的枢纽特征

一、综合交通运输枢纽的概念

枢纽,《辞海》的解释为"比喻冲要的地点,事物的关键之处"。以此类推,交通枢纽自然是交通的"冲要地点"和"关键之处"。一般认为,交通枢纽地处两条或几条干线运输方式的交叉点上,是交通运输网的重要组成部分。交通枢纽从宏观上,指交通节点所处的区域或城市,即交通枢纽城市;微观上,指交通节点上办理客货中转、发送、到达的多种运输设施(包含线路、站场、交通工具、信息等)的综合体。

交通枢纽的形成受区位、政治、经济、人口、社会等因素发展的影响;反过来,交通枢纽对于地区之间的联系、地区和城市的发展又起到促进作用。因此,大城市、大工业中心、大型海港或河港、空港往往都会形成交通枢纽。交通枢纽城市按汇集的主要运输方式可分为:铁路公路河海枢纽,如上海、天津、汉堡、纽约;铁路公路内河枢纽,如南京、武汉、莫斯科、法兰克福;铁路公路航空枢纽,如北京、东京、巴黎;内河公路枢纽,多为中小城市。

综合交通运输枢纽是由两种以上运输方式的干线所组成的交通枢纽。随着城市规模大型化、人员流动高度化、城市土地资源短缺、城市交通流量密集,最大限度地提高交通效率成为城市尤其是大型城市解决交通问题的重点。综合交通运输枢纽作为各种运输方式之间、城市交通与城间交通之间的衔接关键节点,其规划发展受到越来越广泛的重视。同时,综合交通运输枢纽在发展过程中逐渐突破单一的交通功能,向多元化的城市功能拓展。首先,综合交通运输枢纽具有交通功能,是城市交通空间的一部分,即所谓的交通节点。其次,因其交通的便利性以及高度的可达性,吸引更多的城市功能(如工作、休闲娱乐、居住等)向其周边集聚,所以它又是城市其他功能空间的一部分,即城市的空间场所。综合交通运输枢纽促进城市功能的进步与发展,围绕综合交通运输枢纽的产业、社会等功能的开发正成为现代城市发展的新增长极。

二、综合交通运输枢纽的功能

(一)总体功能

综合交通运输枢纽作为交通运输的生产组织基地和交通运输网络中客货集散、转运及过境的场所,具有运输组织与管理、中转换乘及换装、物流功能、多式联运、信息流通和辅助服务六大功能,如图10-1所示。

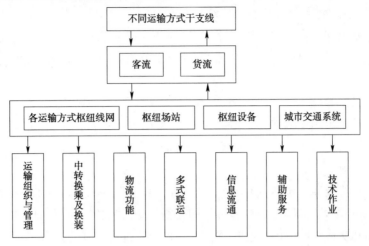

图10-1 综合交通运输枢纽总体功能

1. 运输组织与管理功能

1) 运输生产组织

对于客运系统,包括为组织旅客上下车而提供的各种管理服务工作、为参营车辆安排运营班次、制定发车时刻。对于货运系统,包括货物运输的发送、中转、到达等作业;组织联合运输;组织货物的装卸、分发、换装作业;制定货物运输计划,进行货物运输全过程的质量监督与管理等工作。

2) 客货流组织

客运系统:收集客流信息和客流变化规律资料,根据客流特征合理安排营运线路,以良好的服务和公关活动吸引新客源。

货运系统:货源信息和货流变化规律资料,掌握货源特征实现货物的合理运输。

3) 运力组织

运输枢纽场站通过向公众提供客货源、客货流信息,组织营运车辆进行客货物运输,开辟新班线、班次和运力,运用市场机制协调客货源与运力之间的匹配关系,使运力与运量保持相对平衡,为社会运力提供配载服务等。

4) 运行组织

包括办理参营车辆到发手续,组织客车按班次时刻准点正班发车。根据货流特点确定货运车辆行驶的最佳线路和运行方式,制定运行作业计划,使货运车辆有序运转。掌握营运线路通阻情况,向司乘人员提供线路通阻信息,会同有关部门处理行车事故,组织救援等等。

2. 中转换乘及换装功能

综合交通运输枢纽场站为旅客的中转换乘提供方便,为货物中转和因储运需要而进行的换装提供方便,配备相应的场站服务设施,在时间、要求、物耗等方面为中转旅客、货主提供服务,确保旅客安全、迅速、方便地完成换乘作业,保证中转货物安全可靠地完成换装作业,及时地到达目的地。

3. 物流功能(货运站场具备的功能)

枢纽场站面向社会开放提供物流服务,为货主提供仓储、保管、包装服务,代理货主销售、运输所仓储的货物,在此基础上进行功能延伸开展流通加工、物流咨询、设计等综合物流业务。

4. 多式联运功能

枢纽场站可承担运输代理,为旅客、货主和车主提供双向服务,选择最佳运输线路,合理组织多式联运,实行"一次承运,全程服务"。

5. 信息流通功能

通过计算机及通讯设备,使全国综合交通运输枢纽形成网络,使公路运输枢纽与水运枢纽、铁路场站和航空港有机联系,相互衔接,并使各种营运信息得以迅速、及时、准确地传递和交换;面向社会提供货源、运力信息和配载及通讯服务。

6. 辅助服务功能

为旅客、报关、报检、货主、司助人员提供食、宿、娱乐、购物一条龙服务,代货主办理保险等业务,提供商情等信息服务。为营运车辆提供停放、加油、检测和维修服务。

(二)系统整体显现功能

综合交通运输枢纽除具备运输组织与管理、中转换乘及换装、物流、多式联运、信息流通和辅助服务功能外还从系统整体上显现以下功能。

1. 系统优化功能

在综合交通运输枢纽内部,场站不再是单独运作的个体,它作为一个要素同其他运输方式的场站及同种运输方式的场站共同构成综合交通运输枢纽场站系统即综合交通运输枢纽的重要组成部分。根据系统科学原理,系统实现的功能必然大于各要素功能之和。综合交通运输枢纽在全局角度规划协调不同位置、规模、功能的场站,通过宏观管理来协调场站间的整体运作,有利于实现资本规模收益,将场站间竞争关系变为协作关系,有效实现社会效益和企业效益的双重最大化。

2. "网"上运输衔接功能

衔接功能是指综合交通运输枢纽从整体上作为一个衔接点,根据综合运输的需求,把不同线路、不同运输方式的运输活动连接成整体。具体说:第一是枢纽和所服务区域内的大量需求点连接,实现客货从需求点到枢纽中心的汇集和从枢纽中心到目标点的分散;第二是综合交通运输枢纽之间的连接,组织跨区域的城间长途客货运输、实现网络的输送功能,这也是建设综合交通运输枢纽的初衷和主要作用;第三是城市内外交通的衔接,有效改善内外交通由于运输组织方式差异造成的"瓶颈"现象。

3. "面"上客货集散功能

综合交通运输枢纽可以利用各枢纽场站系统及其连线,将业务覆盖所有服务的区域,实现由"点"到"面"的扩张。综合交通运输枢纽的集散主要是针对运输对象而一言,综合交通运输枢纽利用枢纽内部场站、线路的吸引性,以扩大吸引面为指向,为综合交通干线运输提供客货源和疏散客货流,实现向干线运输的汇集和向支梢运输的渗透。

4. 疏导城市交通功能

综合交通运输枢纽通过有效组织城市内外交通,区分城市过境交通和市内交通,充分发挥枢纽的"截流"作用;通过枢纽内场站的合理布局,使进出货物"化整为零"和"集零为整",并通过公共客运和共同配送货物减少市区的车流,从而达到缓解城市交通压力、减少城市污染的目的。由于枢纽客货站场的客、货流集散特性,这些地方往往是造成交通拥挤的根本所在,综合交通运输枢纽通过系统组织客、货流在枢纽内的合理流动,来减少场站周围的交通压力,也改善了城市的交通状况。

第二节 综合交通运输枢纽的建设内容

一、形成与发展

交通枢纽经历了从无到有、从简单到复杂、由低级到高级的形成发展过程。这种形成发展有两个特征,一是随着交通运输技术的发展所出现的枢纽技术构成的演变,二是伴随着城市空间形态的演变所发生的布局和构成的变化。

(一)交通运输技术发展对枢纽技术构成的影响

交通运输技术发展对枢纽技术构成的影响主要是:

(1)通运输方式枢纽线路和场站规模及数量的增加;

(2)物换装和旅客换乘设施的更新;

(3)枢纽信息化发展的水平;

(4)枢纽运输组织管理的手段;

(5)枢纽服务水平;

(6)物流及枢纽专业化程度;

(7)城市交通方式及发展。

从综合交通运输枢纽布局形态演变来说,其形成与发展可分为四个阶段(如图10-2所示):

A阶段:由多方向的连接线路形成枢纽雏形,设备集中配置,技术作业线路,呈链状;

B阶段:链状作业线路向外分支,出现新的运输连接线;

C阶段:链状技术作业线交织形成具有封闭型的图形;

D阶段:形成网状结构,多种运输方式的设施分散配置。

综合交通运输枢纽形成发展与城市空间发展有直接的联系,在城市空间发展的不同时期,综合交通运输枢纽的形态亦有其相应结构形态。

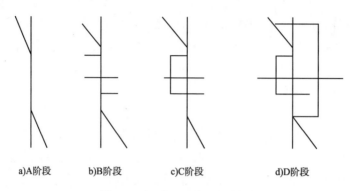

a) A阶段　　b) B阶段　　c) C阶段　　d) D阶段

图 10-2　交通枢纽形成形态示意图

从步行时代到现代的汽车时代,城市空间结构也相应地发生着变化。按照交通工具的影响,城市的发展大致可以分为步行和马车时代、有轨电车时代、汽车时代等不同发展时期。

不同的交通方式所引导的城市布局形态变迁过程如图 10-3 所示。

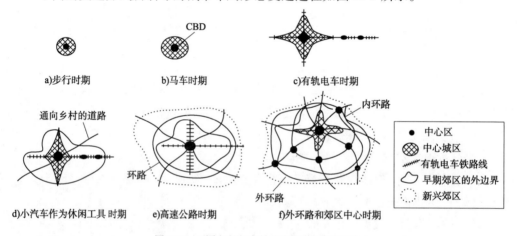

图 10-3　不同交通方式所引导的城市布局形态

(二)综合交通枢纽的形成发展过程的基本规律

综合交通运输枢纽形成发展过程的基本规律为:

(1) 规模由小到大;

(2) 运输方式由单一到多种;

(3) 运输组织由混合到专业;

(4) 服务功能由一般到现代化。

与城市布局形态相对应,交通枢纽从布局形态及技术结构上由低级到高级、由简单到复杂、由单一到综合分阶段逐步形成发展,最高阶段为综合交通运输枢纽。

(三)综合交通枢纽的发展趋势

与单一交通运输方式相比,在社会经济需求下,交通运输生产力发展到一定程度而产生的综合交通体系,能合理、优化地使用交通资源,有效降低运输成本,提高运输效益。多种交通运输方式的有机衔接和协作,能有效提高运输生产力,并有利于交通运输结构的调整,能形成强大的拉动和辐射效应。在全球经济一体化及网络经济不断发展的背景下,综合交通运输枢纽的发展呈以下趋势:

1. 综合交通运输枢纽功能的复合性(多元化)

综合交通运输枢纽的功能不是单一实现旅客或货物的集散,而是为客货运输提供全程服务的中心和物流的后勤基地,综合交通运输枢纽应是物流、资金流和信息流的集散基地。

2. 综合交通运输枢纽内涵的演进性

综合交通运输枢纽的内涵随着全球经济及世界运输体系的变化而呈动态的、与时俱进的变化态势。

3. 综合交通运输枢纽的建设呈立体化和综合化

为满足社会经济发展对综合交通运输系统的要求,使综合交通运输枢纽在较长时期内能够适应多方向、多方式、大规模客货交通流的需要,综合交通运输枢纽的建设已呈立体化和综合化的发展趋势。

二、我国综合交通运输枢纽布局方案

1. 综合交通运输枢纽层次划分

综合交通运输枢纽是在综合交通网络节点上形成的客货流转换中心,按照其所处的区位、功能和作用,衔接的交通运输线路的数量,吸引和辐射的服务范围大小,以及承担的客货运量和增长潜力,可分为全国性综合交通运输枢纽、区域性综合交通运输枢纽和地区性综合交通运输枢纽三个层次。根据三个层次的综合交通运输枢纽在综合交通网络体系中的功能定位,重点规划具有全局意义的全国性综合交通运输枢纽。

2. 全国性综合交通运输枢纽布局方案

全国性综合交通运输枢纽位于综合运输大通道的重要交汇点,依托省、自治区、直辖市的中心城市和口岸城市,在跨区域人员和国家战略物资运输中集散、中转功能突出,有广大的吸引和辐射范围,对综合交通网络的合理布局、顺畅衔接和高效运行具有全局性的作用和影响。

根据全国性综合交通运输枢纽的基本定位,规划全国性综合交通运输枢纽(节点城市)42个,具体是:北京、天津、哈尔滨、长春、沈阳、大连、石家庄、秦皇岛、唐山、青岛、济南、上海、南京、连云港、徐州、合肥、杭州、宁波、福州、厦门、广州、深圳、湛江、海口、太原、大同、郑州、武汉、长沙、南昌、重庆、成都、昆明、贵阳、南宁、西安、兰州、乌鲁木齐、呼和浩特、银川、西宁、拉萨。

全国性综合交通运输枢纽涵盖了现有和规划发展的所有重要枢纽港口、枢纽机场,铁路及公路主枢纽,与"五纵五横"综合运输大通道共同构成我国综合交通网络骨架。

3. 综合交通运输枢纽的衔接

综合交通网节点上的枢纽布局应综合考虑各条线路的顺畅连通,遵循客运"零距离换乘"和货物换装"无缝衔接"的原则,统筹线路、场站以及信息传输等设施的有效衔接,充分体现客货流汇集、换乘/换装和疏散的承载性、顺畅性和兼容性。

(1)铁路、公路、水运和民航客货枢纽,应纳入城市发展规划,与城市空间布局相协调,并与城市交通体系有机衔接。

(2)铁路、公路和机场客运枢纽,应建立与其吞吐能力相适应的旅客集散和中转系统,与城市轨道交通、常规公交、出租车、私人交通等各种交通方式合理接驳和换乘,实现交通一体化,对于特大型城市的客运枢纽,与城市之间的联系应以快速公共交通或轨道交通为主。

(3)大型铁路货运站应与公路、水运的货运设施有机衔接并建立运营管理上的协调机制,减少换装和倒运环节。

(4)主要港口枢纽,其后方集疏运手段应以铁路、高速公路和管道为主,并要与铁路干线和高速公路网络相联系。具备条件的,应积极发展内河集疏运体系。

三、国内外综合交通运输枢纽的典型案例

(一)昆明区域性国际交通运输枢纽

昆明是我国面向东南亚、南亚开放与国际区域合作的区域中心城市、交通网络中心,构建昆明区域性国际交通运输枢纽是提升昆明核心地位和对外开放层次、增强云南经济发展能力的需要,必须全面加强对外对内通道、城市交通、枢纽站场和口岸的建设发展,促进经济和经贸大发展,形成国内、国际客货流较大规模生成和汇集的重要枢纽。

1.昆明区域性国际交通运输枢纽的定位

(1)区域性国际交通运输枢纽主要是由地缘区位条件和国际区域合作所决定的,对于拥有较大国土面积的国家来说的其区域性国际交通运输枢纽,通常是指依托与周边国际区域紧密联系和通道网络支持的边境省区中心城市,所形成的具有较大规模国际客货流量的区域性网络中心,是国家在该区域的重要门户、通往紧邻国际区域的要道、进出境客货流的抵离中心。其主要特征可以归纳为以下五点。

①开放性、国际性。所依托的城市是国际化或朝国际化发展的城市,拥有较多的国际区域通道和运输航线,具备一定的洲际干线区域中转功能。

②多种运输方式组合性。在国际运输网络,除航空运输外,至少还应有铁路、公路、水运中的一种或多种经济便捷的运输方式,承担区域内国际经贸的较大规模的货物运输和旅客运输。

③国内国际运输链接性。链接国际、国内运输,包括到发和中转。

④规模效应和集聚性。国内、国际区域的客货运输流量规模较大、集中度较高,在区域上具有主导地位和影响力。

⑤枢纽内部交通发达性。拥有比较发达的城市整体交通支撑,集疏运系统快捷、高效,信息化服务程度高。

(2)根据桥头堡的建设发展要求和昆明市在云南省社会经济发展、交通运输网络、区域合作中的重要地位与作用,对昆明区域性国际交通运输枢纽的功能定位如下。

①国家干线网络的区域重要结点,云南省交通网络中心,滇中城市群城际网络核心。

②桥头堡至东南亚、南亚、印度洋国际通道的主要起点和中枢枢纽。

③国家区域性门户枢纽机场,国际航空口岸。

④云南省省内客货运输中心,进出省客货运输集散、中转、转换中心,陆海联运内陆港。

⑤云南省(及经云南)国际贸易货物运输、国际旅客运输的主要陆路运输枢纽和口岸。

⑥云南省国内、国际物流中心,控制中心,组织中心。

2. 总体战略思路和发展目标

(1)总体战略思路:以昆明为核心,滇中城市群为整体,国内、国际通道网络为支撑,客货运枢纽站场和物流园区为基础,口岸为重要条件,以大力发展和完善"四网"(国内、国际陆路客货运输网,国内、国际航空运输网,滇中城市群城际交通网,昆明城市和市郊快速交通网)为主线,建设形成积极适应国家云南桥头堡对外开放和昆明区域性国际城市建设、提升昆明网络结点区位和功能、满足国内国际不断快速增长的客货运输需求的网络完善、功能完备的现代化区域性国际交通运输枢纽。

(2)建设发展目标:到2015年,枢纽建设发展水平和运输能力基本适应云南省和昆明市经济社会发展、对外开放、国际区域合作的要求。

到2020年,枢纽功能和运输能力以及服务水平总体适应桥头堡对外开放和云南省、昆明市经济社会发展的要求,并发挥积极的引导性促进作用。基本全面建成昆明枢纽连接国内、国际的主要通道;枢纽站场和口岸配套基本完善,总体建成昆明与东盟各国主要城市和港口之间的大通关、大物流、大旅游的国际直达客货运输系统。

3. 枢纽功能体的主要建设任务

1)对外通道网络

以国家和云南省通道布局规划为基础,构筑强化提升昆明枢纽作用的连接国内、国际的大能力快捷通道网络。主要由五条国内大通道、五条国际大通道组成的十条放射状综合运输大通道。

五条国内大通道分别是:昆明—南宁—珠江三角洲;昆明—贵阳—长江三角洲;环渤海地区;昆明—重庆—西安—包头;昆明—成都—西北地区;昆明—大理—西藏。

五条国际大通道分别是:昆明—瑞丽—缅甸—印度洋皎漂港;昆明—河口—越南;昆明—磨憨—老挝—泰国;昆明—祥云(大理)—清水河—缅甸;昆明—猴桥—缅甸—印度。

2)航空运输网络

形成较大规模流量和较强吸引力的区域性国际航空运输中心。

(1)将昆明枢纽机场真正打造成为我国面向东南亚、南亚的门户枢纽机场、航空运输基地。

(2)大力打造昆明机场,成为我国至南亚、东南亚最主要的中转集散大型枢纽机场。

(3)将昆明机场发展成为,我国西南省区至欧洲的主要门户机场和东南亚地区进行国际中转的主要机场之一。

(4)进一步开通完善至港澳台、日韩等亚洲地区的国家航线,与其他国际枢纽机场的便捷衔接的国际航空支线网络,形成干支有效衔接的国际航空网络体系。

3)城市和市域交通运输网络

(1)城市交通网络。优先发展公共交通,大力加强轨道交通网布局建设;加强与各大枢纽站场的大容量交通衔接。

形成"四环十七射"的公路主骨架路网;构建以轨道交通和BRT为骨干,常规公共汽车为主体的公交系统。力争2020年中心城区的公共交通出行分担率达到50%以上,其中轨道交通分担率达到25%以上。

①及时开展昆明城市轨道交通线网规划的修编工作。在现有规划6条轨道线、174km的基础上,进一步提高城市轨道线网规模和网络化覆盖密度;研究主城区与呈贡之间多走廊连接、主城区各条轨道线在中外围的有效衔接和换乘、穿越滇池的湖底隧道轨道线等。

②构建环湖铁路城市客运系统。利用昆明铁路枢纽扩能改造后形成的环滇池铁路环线和线路能力,开行环滇池的昆明—昆明西—读书铺—中谊村—昆明南—王家营西—昆明的城市铁路旅客列车,为"一湖四片"的旅客出行服务。

③加强新机场与主要铁路客运站的轨道交通衔接。未来利用渝昆高速铁路开行昆明南至昆明新机场的城市列车,形成铁路车站与机场的便捷连接。

(2)市域交通运输网络。工业化是城镇化的经济内容,城镇化是工业化的空间落实。要通过土地利用规划强约束、绿化隔离带等防止城市摊大饼蔓延,要通过交通支撑和引导,促进集约化,发展卫星城和郊区城市化,形成以城镇为主体的社会、经济结构。

规划建设市郊铁路通勤系统,形成与城市交通便捷连接的市域公共交通骨架网络。加强与铁路部门协商合作,改造现米轨昆明北站为市郊铁路枢纽站,以枢纽站为核心新建(包括利用既有通道改造)5条连接市域的市郊铁路线(它们分别为:昆明—嵩明—寻甸—东川市、昆明—禄劝—武定、昆明—呈贡—宜良—石林、昆明—安宁、昆明—澄江),形成覆盖市域各主要市镇的市郊铁路运输系统。部分市郊通道可结合未来滇中城际铁路统筹布局和共用。

4)滇中城际交通网络

构筑支撑滇中城市群快速建设发展的需要,由多种交通方式组合的交通运输体系;坚持快速化、便捷性公共运输引导型发展思想,同时满足私人交通需求。对滇中城市群的城际铁路应采取"先行研究和规划、适度超前建设、分步推进逐步成网"的推进策略。

(1)近期应充分利用干线铁路通道建成后的能力加强城际交通服务。

(2)积极开展滇中城市群城际建设的前期研究准备工作,分期推进主要通道的城际铁路建设。

5)枢纽站场和口岸

(1)枢纽站场。着力构建有力支撑昆明区域性国际网络重要节点、客货流运输集散与中转重要中心确立的枢纽功能体,形成11个大型客运站、15个大型货运站场(物流园区),滇中其他城市配置相应客货运输站场(物流园区)的总体格局形态。

①铁路:由2个大客运站和1个市郊铁路客运枢纽站、4大货运站场(包括铁路集装箱中心站)及若干小型货运站场组成。

②公路:由7个大客运站场、10个大货运站与物流园区及若干配送中心组成。

③航空:客运航站楼和货运站组成。

(2)口岸。口岸建设是构建昆明区域性国际枢纽的核心基础条件之一,要进一步扩大和完善昆明国际机场口岸,建设昆明陆路口岸,将昆明建设发展成为我国向西南开放的综合口岸型城市。根据研究,昆明陆路口岸的主体功能区和海关联检综合办公大楼应规划布局在王家营区域,作为昆明国际物流园区暨昆明国际陆港(无水港)的主要依托,并在相应的陆路客运站设进出境旅客通道,在相应的铁路、公路货运站设置海关监管的货场(仓库)。

加强"大通关、大物流、大旅游"体系构建,提高通关、国际运输便利化。进一步加强昆明与沿海港口区域大通关的建立,推行"属地报关、口岸验放"的通关模式;积极建立形成昆明与边境陆路口岸便利化的通关关系,大力推进与周边国家开展直通、直达运输。研究设立"滇池海关"(或称"呈贡海关"),作为昆明陆路口岸运行的主要载体,在昆明形成大通关、大物流、大旅游的组织格局,促进外贸产业和国际贸易战略性集中,提高服务链的控制力和影响力。

(二)旧金山的港湾枢纽

美国旧金山的港湾枢纽(Transbay)是21世纪现代化的集轨道交通(高速铁路、普通铁路、通勤铁路)以及长途汽车客运、城市道路交通于一体的综合交通运输枢纽,于2003年开工建设,于2007年建成。该枢纽建筑面积76645m^2。其中55742m^2用作各种交通之间的换乘空间,20903m^2用作综合开发空间,含各类住宅、宾馆、办公、零售用房约3000间。工程投资约8.88亿美元,预计的综合开发收入为3.25亿美元。轨道交通与道路公交之间的换乘能力达到30万人次/日。预计该枢纽2007年开通时有8万人次/日。

1.平面布局

港湾枢纽是纽约城市的门户,与旧金山货运枢纽以及海运枢纽相毗邻,位于米娜大街和纳托马大街之间,从比尔大街延伸到第一大街和第二大街的中央位置,如

图10-4所示。

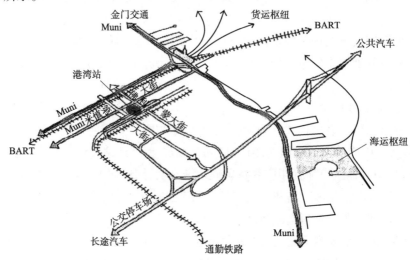

图10-4 旧金山港湾枢纽平面布局

比尔大街和佛利蒙(Fremont)大街中间预留街车、无轨电车等的停车位;出租车、街车、无轨电车,以及金门交通巴士在米慎(Mission)、纳托马、比尔以及佛利蒙大街运行。在米慎和米娜大街,以及第一大街和佛利蒙大街之间建立一座大型购物中心,内有楼梯可直通地上两层换乘大厅,以及购物中心地下一、二层小汽车停车场。

一条狭长的公交坡道可以将枢纽连接到港湾大桥。公共汽车以及长途汽车可以通过海湾大桥的专用斜坡通道进入港湾站,分别停靠在公交层和长途汽车层。乘客走到中央换乘大厅,可以看见所有设施并能很方便地找到出口。

同时,地下轨道层,通勤铁路、常规铁路和高速列车三条线路平行布置,这些车站站台的宽出口可以加速旅客上下进出站台和客流集散地的速度;乘客在不同站台之间的流动通过轨道层之间的换乘厅来实现;设置地下人行通道连接到BART海湾区快速有轨交通轨道线路。

乘客可以乘坐出租车或步行走到目的地,也可沿着商场大街乘坐其他交通工具。其他交通使用者可以到福利蒙和比尔大街之间的地面线乘坐街车、无轨电车和金门交通巴士到达城市和郊区站点。

2. 立面布局

该枢纽分为6层,如图10-5所示。其中,地下有2层,地面及其以上有4层。

(1)地下二层:轨道交通站台层,有3个岛式站台及6条直通式的铁路股道,分别用作通勤铁路、常规铁路和高速列车。

(2)地下一层:地下换乘大厅。通过此换乘厅,可以实现各个不同轨道交通列车之间的便捷换乘,也可实现与其他交通方式之间的便捷换乘。

(3)地面层:有轨电车(Street car)、城区内有轨交通(MUNI,类似有轨电车)、出租车层。有轨电车、城区有轨交通、出租车以及金门运输专车在此层运行,通过设置的通道和楼梯可以便捷地搭乘各种交通方式。地面层设置了售票厅、候车区、货物寄存处,以及休息室两处。

(4)地上一层:地上换乘大厅。通过此换乘大厅,可以实现地面以上各个不同方式之间的连接;由不同地点的楼梯、电梯、自动扶梯,可以进入地上二层和三层的公交层。

(5)地上二层:公交(AC transit)层,能够同时容纳 26 辆铰接式公共汽车,以及 4 辆标准公交车;通过自动扶梯以及升降机来进行上下层之间的联系,能够同时容纳高峰小时 2.5 万的乘客。公交层包括乘客候车区以及与地面三层之间的联系流动区域。

(6)地上三层:长途公交层,有 24 辆长途汽车的车位。该层与地上二层的公交层一起共用海湾大桥出口坡道。

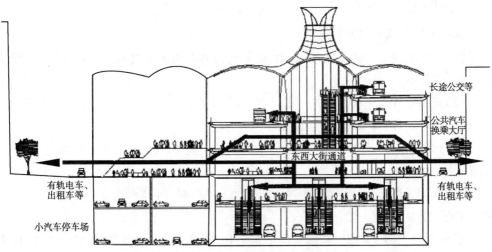

图 10-5　旧金山港湾枢纽立面布局

第十一章 综合交通运输体系的装备发展

第一节 综合交通运输体系的装备要求

一、水路运输装备

水路运输有以下四种形式：

（1）沿海运输。是使用船舶通过大陆附近沿海航道运送客货的一种方式，一般使用中、小型船舶。

（2）近海运输。是使用船舶通过大陆邻近国家海上航道运送客货的一种运输形式，视航程可使用中型船舶，也可使用小型船舶。

（3）远洋运输。是使用船舶跨大洋的长途运输形式，主要依靠运量大的大型船舶。

（4）内河运输。是使用船舶在陆地内的江、河、湖、川等水道进行运输的一种方式，主要使用中、小型船舶。

截至2015年底，全国拥有水上运输船舶16.59万艘，比上年末减少3.5%；净载质量27244.29万t，增长5.7%；平均净载质量1642.16t/艘，增长9.5%；载客量101.73万客位，减少1.5%；集装箱箱位260.40万TEU，增长12.3%；船舶功率7259.68万kW，增长2.8%。我国拥有海运船队运力规模达1.6亿载重吨，位居世界第三（见图11-1和表11-1）。

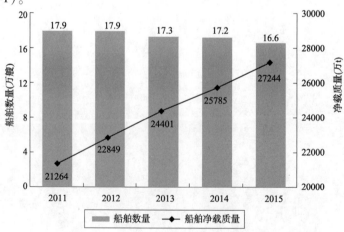

图11-1 2011～2015年全国水上运输船舶拥有量

2015 年水上运输船舶构成（按航行区域分） 表 11-1

指　　标	计量单位	实　　绩	比上年增长（%）
内河运输船舶：			
运输船舶数量	万艘	15.25	-3.7
净载质量	万 t	12494.01	10.8
平均净载质量	t/艘	819	15.1
载客量	万客位	78.27	-3.1
集装箱箱位	万 TEU	27.05	4.9
船舶功率	万 kW	3278.81	4.1
沿海运输船舶：			
运输船舶数量	艘	10721	-3.0
净载质量	万 t	6857.99	-0.9
平均净载质量	t/艘	6397	2.1
载客量	万客位	20.91	5.2
集装箱箱位	万 TEU	53.33	12.9
船舶功率	万 kW	1857.66	-1.9
远洋运输船舶：			
运输船舶数量	艘	2689	3.3
净载质量	万 t	7892.29	4.0
平均净载质量	t/艘	29350	0.7
载客量	万客位	2.55	-0.9
集装箱箱位	万 TEU	180.01	13.3
船舶功率	万 kW	2123.21	5.3

1. 内河运输船舶

2015 年，全国拥有内河运输船舶 15.25 万艘，比上年末减少 3.7%；净载质量 12494.01 万 t，比上年末增加 10.8%；运输船舶平均吨位由 2005 年的 228t、2009 年的 363t 上升到 2015 年的 819t；载客量 78.27 万客位；集装箱箱位 27.05 万 TEU，比上年末增加 4.9%。

2. 沿海运输船舶

沿海运输船舶增长比较快，运力机构进一步优化，集装箱运输船舶快速发展。2015 年，全国拥有内河运输船舶 10721 艘，比上年末增加 3.0%；净载质量 6857.99 万 t，比上年末减少 0.9%；运输船舶平均吨位由 2005 年的 2179t、2009 年的 3853t 上升到 6397t；载客量 20.91 万客位，比上年末增加 5.2%；集装箱箱位 53.33 万 TEU，比上年末增加 12.9%。

3. 远洋船舶运输

2015 年底，全国拥有远洋运输船舶 2689 艘，比上年末增加 3.3%；净载质量 7892.29 万 t，比上年末增加 4.0%；运输船舶平均吨位由 2005 年的 17528t、2009 年的

22897t 上升到 2015 年的 29350t；载客量 2.55 万客位，比上年末减少 0.9%；集装箱箱位 180.01 万 TEU，比上年末增加 13.3%。

二、公路运输装备

公路运输主要指汽车运输。汽车是指不用轨道、架线，使用自动力装置驱动的，利用公路设施运送客货的运输装备。

按用途分类可以分为：载客汽车、载货汽车和专用汽车。其中载客汽车主要是指轿车、微型轿车、轻型客车、中型客车、大型客车和特大型客车；载货汽车有微型货车、轻型货车、中型货车、重型货车；专用汽车一般指货物运输型专用汽车和作业型专用汽车。

1. 公路客运车辆

2015 年年末全国拥有公路营运汽车 1473.12 万辆，比上年末减少 4.2%。拥有载客汽车 83.93 万辆、2148.58 万客位，比上年末分别减少 0.8% 和 1.9%，其中大型客车 30.49 万辆、1324.31 万客位，分别减少 0.6% 和 0.1%。拥有载货汽车 1389.19 万辆、10366.50 万 t，比上年末分别减少 4.4% 和增长 0.7%，其中普通货车 1011.87 万辆、4982.50 万 t，分别减少 7.3% 和 4.9%；专用货车 48.40 万辆、503.09 万 t，分别增长 6.2% 和 2.5%。

2. 城市客运车辆

2015 年年末全国城市及县城拥有公共汽电车 56.18 万辆、63.29 万标台，比上年末分别增长 6.2% 和 5.9%，其中 BRT 车辆 6163 辆，增长 15.4%。按车辆燃料类型分，其中柴油车、天然气车、汽油车分别占 45.1%、32.5% 和 1.7%。全国有 25 个城市开通了轨道交通，2015 年新开通 3 个。拥有轨道交通车站 2092 个，增加 263 个，其中换乘站 180 个，增加 29 个；运营车辆 19941 辆、48165 标台，分别增长 15.3% 和 15.3%，其中，地铁车辆 18098 辆，轻轨车辆 1434 辆，分别增长 15.3% 和 4.5%。出租汽车运营车辆 139.25 万辆，增长 1.6%。城市客运轮渡 310 艘，减少 5.8%。

三、铁路运输装备

铁路运输装备包括铁路机车车辆及动车组。

铁路车辆是运送旅客和货物的工具，一般没有动力装置。而铁路机车是铁路运输的牵引动力，根据用途或者牵引动力不同分为客运机车、货运机车、调机机车与蒸汽机车、内燃机车、电力机车两大类。一般地，铁路列车由机车与车辆共同构成编组完成运输工作。

动车组是把带动力的动力车与非动力车按照预定的参数组合在一起，构成固定编组的列车。概括地讲，动车组是自带动力的、两端分别设有司机室进行驾驶操作，配备现代化服务设施的旅客列车的单元。带动力的车辆叫动车，不带动力的车辆叫拖车，动车组技术源于地铁。动车组分为动力集中式动车组和动力分散式动车组。

中国动车组有三大级别:高速动车组(标号 G)主要用于高速铁路;一般动车组(标号 D)主要用于快速铁路;低速动车组(时速 140km)适合城市轨道交通。

2015 年年末,全国铁路机车拥有量为 2.1 万台,比上年减少 69 台,其中内燃机车占 43.2%,比上年下降 1.8 个百分点,电力机车占 56.8%,比上年提高 1.8 个百分点。全国铁路客车拥有量为 6.5 万辆,比上年增加 0.4 万辆;动车组 1883 组、17648 辆,比上年增加 479 组、3952 辆。全国铁路货车拥有量为 72.3 万辆。

第二节 综合交通运输体系装备发展趋势

一、综合交通运输装备发展要求和趋势

随着全球城市化、工业化程度的不断深入,汽车、轨道交通、航空和船艇等交通运输产业取得了长足的发展。与此同时,能源短缺和环境污染的问题也日趋严重,人们的节能环保意识日益加强,世界各国致力于推动低能耗低排放交通工具的发展。今日的中国已成为世界最大汽车产销国,高速列车和城轨地铁车辆需求不断增加,用于低空飞行的通用飞机也呈现爆炸式的增长。轻量化将是交通运输装备三大领域发展的必然趋势,具有巨大的市场发展潜力,同时也给新型轻质材料、先进设计理念、加工制造技术与装备等众多层面带来机遇和挑战。

二、公路运输装备基本要求和发展趋势

1. 公路客运装备基本要求

公路客运装备指运送旅客的公共汽车和长途客运汽车,一般都是中型或大型的载人车辆,部分长途公路客运车辆还设置卧铺供旅客休息。

公交车的需求方面,商务部 2013 年 1 月发布的《机动车强制报废标准规定》显示,公交客运汽车使用年限为 13 年,而实际情况下,公交车的使用年限为 8 年左右。发展公共汽车客运需要有城市道路建设、政策法规的支持,更多的是从居民的出行需求出发,满足居民出行方便、快捷和舒适的需求。

2. 公路货运装备基本要求

综合运输体系的构建中,道路运输是短板。道路运输的市场化步伐很快,成效很明显,但同时积累的问题也是最多的,如市场不规范、超载超限、车辆改装、运价严重扭曲、恶性竞争、小散乱等等问题。那么,如何改变道路运输效率效益不高?如何使道路运输在综合运输里更好地发挥效益?如何提升综合运输服务水平?解决货运装备(货运车辆)标准化是一个非常重要的问题。

道路运输的治理超载超限工作已经开展了十一二年的时间,整体上发挥了很大一部分作用,但是当前这种运动式的治理超载超限手段不可能从根本上解决问题,根源在于货运装备的管理。据工信部统计数据显示,我国货运车辆的车型达到两万多种,

而欧洲、美国、日本等国家的车型数量基本都是两位数字范围内,国外货运装备相对而言更标准,因此这些国家的货运市场既规整又清晰,不存在恶性竞争现象。因此,我国货运装备一定要实现标准化。

交通运输从业人员已经达到了4500万,从事道路运输及其他辅助性职业的人员约有3000万,所以交通运输行业也是一个十分重要的民生行业,在国家经济社会的发展、和谐社会的构建起到重要作用,因此我们必须要将交通运输行业管理好。促进交通运输行业转型升级,除了提高效率保障安全以外,最重要的是促进社会的发展、经济的发展以及最根本的人的发展,这也要求货运车辆车型实行标准化。

此外,公路货运的发展方向也在于进一步提高专业化水平,向物流全过程服务拓展,实现公路货物运输市场主体向以大型企业为主导的多元化格局的转变。公路货运装备的发展要符合公路货运发展的要求,要大力推进运输装备的专用化、高效化、标准化和信息化,要进一步提高运输装备的安全性和适应性,要满足先进运输组织技术的要求。

公路货运体系中最突出的问题主要是运输装备水平和运输组织方式比较落后,而运输管理体制又是制约这方面改进和发展的重要因素。因此,现阶段,公路货运现代化建设应当以改善和提高货运装备的水平、优化货运车辆结构为重点,以规范市场竞争秩序和建立良好的运输市场环境为条件,以深化运输管理体制改革和调整运输管理政策为推动力,带动运输组织形式和运输组织结构的优化。

从发达国家经验来看,公路货运汽车发展的方向是大吨位车和小型车双向发展,大吨位车主要用于区际货物运输,小吨位车则在市区内运输集散。中长途公路货运装备发展的方向是大吨位、专用化、低能耗和高可靠性,发展重点是半挂汽车列车,而重中之重是厢式半挂车。

3. 公路货运装备发展方向

公路货运装备的发展要符合公路货运发展的要求。总体上看,我国公路货运的发展方向应当着重于进一步提高专业化水平,要向物流企业全过程服务拓展,公路货运市场主题要向以大型企业为主导的多元化方向发展。为此,要大力推进运输装备的专用话、高效化和信息化;要进一步提高运输装备的安全性和适应性;运输装备必须满足先进运输组织技术的要求,以提高运输效率。因此,货运装备水平的改善和提高应当具备四个基本提条件。即:高速高效、安全便捷、节约能源、环境友好。

发达国家的经验表明,道路货运汽车发展的方向是大吨位车和小型车双向发展,大吨位车主要用于区际公路货物运输,而小型车则是在市区内运输集散。

中长途公路货运装备发展的方向是大吨位、专用化、低能耗和高可靠性,其中发展重点是半挂汽车列车。目前,半挂汽车列车在发达国家和中长途公路运输中占有70%的市场份额,而且半挂汽车列车中专用半挂汽车列车占90%以上;与此同时,厢式半挂车承担了半挂汽车列车运输中的非集装箱运输的绝大部分份额;因此,发展厢式半挂车既符合当今的国际潮流,也具备高速高效、安全便捷、节约能源和环境友好的要求,我国公路货运装备水平的改善和提高应当致力于鼓励和推进厢式半挂车的发展,特别是要着重鼓励和推进高速高效厢式半挂车的发展。

在我国综合运输体系中,目前运距在800km以上的中长距离货物运输和800km以内的大宗货物运输主要由铁路和水运承担(不同运输方式之间合理运距的界限是受多种因素影响的,目前,许多干线公路的运距已经超过1000km)。800km以内的大区域内的整车和零担运输主要由公路运输承担。其中50%左右的发送量属于外贸运输,主要由集装箱承担。

(1)城市内部的货物运输适合小型货车特别是小型厢式货车承担。

(2)大区域内部和城际间其余的非大宗货物运输,特别是工业半成品和制成品以及日用消费品的整车和零担运输目前主要由各种公路货运装备承担。公路货运中存在的运输装备和运输组织方式等突出问题也主要集中在这部分运输市场中。按照公路货运及装备现代化的要求和厢式半挂车的特点,厢式半挂车的市场定位将主要集中在这一领域。因此,大力发展以高效高速厢式半挂车为主体的干线公路和大区域及城际间的工业制成品和日用消费品的整车和零担运输,是当前我国推动公路货运和装备现代化的重点。

按照我国经济发展和货运需求的要求,结合影响公路货运发展的多种影响因素,综合考虑各地区公路建设网路欧和货运市场的状况,推进我国公路货运现代化进程要采取地区差异化策略。

目前我国的珠江三角洲、长江三角洲、京津冀、山东和福建等地区,其路网密度已经接近美国的平均水平,二级以上公路里程所占比例较大,路面技术等级高;同时,这些地区经济发展水平较高;潜力巨大;区域合作和区域一体化日益加快,区内的物流配送需求强劲,货运量和货物周转量需求旺盛,占全国的比重较大;普遍具有较好的现代运输意识,发展现代运输业的基础好。因此,这些地区具有较好的发展厢式半挂车运输的基础和潜力。

三、铁路运输装备发展要求和趋势

铁路发展与经济社会发展要求还存在一定差距,面临新的挑战,铁路系统要进一步完善技术创新体系和持续提升自主创新能力,实现铁路技术装备现代化。具体发展要求和趋势是:

1. 提升机车车辆装备现代化水平

随着快速铁路、区际干线、煤运通道的建设,铁路部门需要重点配备动车组、大功率机车、重载货车等先进装备,以适应客货运输需要。并继续提高空调客车和专用货车比例,优化机车车辆结构。同时,为保障运输安全与畅通,将进一步配备大吨位救援列车、推进动车组谱系化,发展不同系列机车、客车及货车,进一步提高技术装备现代化水平。

2. 提高通信信号现代化水平

通信信号作为保障铁路列车运行安全的重要环节一直备受重视,其信息化程度、现代化水平也相对超前。近几年的通信信号装备的发展要求全路骨干、局内干线传输网不断完善,全路数据通信网加快建设;同时实现高速铁路、城际铁路和重要干线实现GSM-R无线网络覆盖。建立健全通信网安全监控、预测预警、应急处置机制,构建全路应急救援通信网络;推进综合视频监控系统建设,实现高速铁路、城际铁路、重要干线关键部位实时监控。装备适应不同等级线路运行的列车控制系统,推广计算机联锁系统,推进编组站综合自动化系统建设,全面提高信号技术装备现代化水平。

3. 强化基础设施设备现代化水平

为保障铁路线路不受损坏、运营安全不受危及,要进一步加强对既有线桥隧等基础设施和设备的加固与改造,以提高抵御灾害、保障运输安全的能力。在原有有砟轨道无法满足高速快速列车运行要求的背景下,积极全面推广跨区间无缝线路。同时为应对高寒地区、北方地区恶劣气候条件给列车运行带来的安全隐患,轨道和接触网除冰雪减灾装备也在积极研制和应用。此外,还有建立完善高铁设备养护维修设施,实现大型养路机械作业和检测能力全覆盖。加快推广供电综合监控、数据采集及节能降耗技术,实现牵引供电系统监控自动化、远程化和运行管理智能化,提升供电装备现代化水平。

四、水路运输装备发展要求和趋势

水路运输具有经济性和环保性等诸多优势,其中特别是内河航运的优势和潜能更为值得重视。内河航运的发展对于一个国家的交通运输体系的可持续发展有着巨大的推动作用。而内河航运在发展过程中,内河运输船舶船型标准化问题是一个不容忽视的重要因素。国外内河航运发达国家的经验证明:内河运输船舶船型标准化可以极大地促进内河航运的发展。20世纪70年代中期以来,我国积极推行内河船型标准化工作,在取得成果的同时,依然存在着一些不足的地方,如船型标准的开发制定同市场需求之间缺乏充分论证的过程,与标准船型推广配套的技术性法规、管理法规不配套等等。实施内河运输船舶船型标准化,不仅是内河运输发展的内在要求,而且具有重大意义。通过实施内河运输船舶船型标准化,可以降低必要运费率水平,充分发挥内河运输的规模经济效益;同时使微观船舶技术得到提高,宏观通航环境得到改善,内河运输船舶交通安全水平将会大大提高,减少内河交通安全事故的发生。此外,新建和改造后的船舶操纵性和平均吨位都会有所提高,航道船闸等基础设施将会得到更加充分的利用。

五、航空运输装备发展要求和趋势

航空装备包括飞机、航空发动机及航空设备与系统。飞机是为国民经济、社会发展和人民交通出行服务的空中运载工具,主要包括干线飞机、支线飞机、通用飞机、直升机、无人机以及特种飞行器等。飞机被称为"工业之花"和"技术发展的火车头",产业链长,覆盖面广,在保持国家经济活力、提高公众生活质量和国家安全水平、带动相关行业发展等方面起着至关重要的作用。

(一)航空运输装备的发展要求

航空运输和通用航空服务需求的不断增长为航空装备制造业的发展创造了广阔的市场空间。预计未来10年,全球将需要干线飞机1.2万架、支线飞机0.27万架、通用飞机1.83万架、直升机1.2万架,总价值约2万亿美元;我国将需要干线飞机和支线飞机1940架,价值1.8万亿元;同时,随着我国空域管理改革和低空空域开放的推进,国内通用飞机、直升机和无人机市场巨大。未来10年,全球涡喷/涡扇发动机需求量将超7.36万台,产值超4160亿美元;涡轴发动机需求量超3.4万台,总产值超190亿美元;涡桨发动机需求量超1.6万台,总市值超过150亿美元;活塞发动机需求量将超3.3万台,总市值约30亿美元。我国在国民经济快速发展和综合实力不断提高的经济形势下,对航空运输和通用航空服务的需求也在快速增长,航空工业发展的市场空间十分广阔。

近年来,随着政府的高度重视和国内强大的市场需求,航空工业面临着前所未有的发展机遇和良好环境。2005年以来,我国相继发布了《国家中长期科学和技术发展规划纲要(2006—2020年)》《国家"十二五"科学和技术发展规划》《"十二五"国家战略性新兴产业发展规划》《民用航空工业中长期发展规划(2013—2020年)》等规划,为我国航空产业发展指明方向,将推动我国航空工业实现快速发展。抓紧实施大型飞机重大专项是国家加快我国航空装备发展的重大举措。举全国之力、聚全国之智发展大型飞机,对我国航空工业的整体发展起到了极大地带动作用。为解决航空装备发展的动力瓶颈问题,国家将大力提升航空发动机自主创新能力,促进我国航空装备取得重大进步。

(二)航空运输装备的发展趋势

我国航空运输装备未来的发展重点基本集中在以下几方面:

1. 飞机产业

(1)干线飞机。重点发展150座级、单通道干线飞机。适时发展座级范围250~350座,航程9000~15000km宽体飞机,该机采用先进气动力设计、高涵道比大推力涡扇发动机、多电技术、高度综合集成航电系统。

(2)支线客机。进行ARJ21、M60/M600改进升级,提高可靠性、安全性。同时加快研制座级50~60座,最大燃油航程2450km。最大起飞质量21.8t,经济巡航速度430km/h,并可在高温、高原状态下起飞,适应不同航路、跑道的特性,可进行多用途改装的先进涡桨支线飞机。

(3)通用飞机。重点发展大中型喷气公务机和大型救援/灭火水陆两栖飞机。大中型喷气公务机最大起飞质量25.4t。大型救援/灭火水陆两栖飞机是为了满足我国森林灭火、水上应急救援任务的需要研制的大型水陆两栖飞机,采用单船身、悬臂上单翼布局形式;选装 4 台 WJ6 发动机,采用前三点可收放式起落架。该机最大起飞质量 49t,最大载水量 12t,最大平飞速度 560km/h,起降抗浪高度 2m。

(4)直升机。重点发展重型直升机和先进轻型双发直升机。重型直升机内载质量 10~15t;先进轻型双发直升机最大起飞质量约 3t,最大内载 1100kg,最大外吊挂 1360kg,载客 8 名;采用单旋翼带尾桨的常规布局,滑橇式起落。同时对现有 4~13t 民用直升机根据市场要求进行改进改型。

2. 航空发动机产业

(1)大涵道比涡扇发动机。重点发展 14000kgf 推力级 CJ1000A 涡扇发动机,满足国产 150 座干线客机 C919 对动力的需要。巡航耗油率不大于 0.52kg/kgf·h,发动机排放应比国际民航组织 CAEP 6 规定的排放水平低 50% 以上,安全性、可靠性和维修性不低于国外同级别飞机的最先进动力装置的水平。

(2)中等涵道比中小型涡扇发动机。重点发展 1000kgf 推力级小型中等涵道比涡扇发动机,满足国内外 7~8 座轻型公务机对动力的需求。地面起飞耗油率不高于 0.5kg/(kgf·h),巡航推力 300kgf,巡航耗油率不高于 0.73 kg/(kgf·h)。

(3)中等功率涡轴发动机及传动系统。全力推进中等功率级涡轴发动机国际合作,加快取得适航证。积极发展 1000kW 新一代涡轴发动机,起飞耗油率不高于 0.285kg/kW.h。

(4)大功率涡桨发动机。重点发展 5000kW 级涡桨发动机,主要用于未来 70~90 座级民用支线客机及 20~80 吨级中小型运输机。起飞功率约为 5000kW,起飞耗油率不高于 0.246kg/kW·h。

(5)航空活塞发动机。重点发展 200kW 级航空活塞发动机,用于小鹰 500、塞斯纳 182、钻石 40 等 4 座轻型通用飞机以及无人机。

3. 航空机载设备与系统产业

(1)航电系统。发展综合模块化航空电子系统,具有多路双向和多路离散量/模拟量接口功能。综合导航系统含大气数据惯性参考单元、卫星导航、无线电导航功能。座舱显控系统具备飞行、导航、发动机参数和飞机状态信息的显示以及人机交互功能,并提供机组告警功能。机载维护系统具备状态监测、故障检测与隔离以及趋势分析等功能。通信系统具备甚高频通信、高频通信、选择呼叫、卫星通信、数据链通信、维护内话、音频综合、无线电调谐、应急定位发射等功能。

(2)飞控系统。主飞行控制系统具备主动控制功能,掌握主动侧杆技术。研制分布式独立驱动、自适应高升力系统,自动飞行控制系统,具有飞行指引、自动驾驶、自动推力等功能。

(3)机电系统。液压系统实现基于 35MPa 的高压系统设计;实现分布式电液作动器(EHA)与机电作动器(EMA)在国产民用飞机的应用。电力系统实现 115V、宽变频交流电源系统,分布式自动配电,单通道功率等级大于 120kVA;远期实现单通道功率等级大于 250kVA。环控系统实现三轮升压式高压除水制冷系统装备国产运输机,掌握四轮升压式环控系统技术;2025年前,研制出电动环控系统。辅助动力系统具备起动/发电一体化功能,2025年实现多电型组合动力装置装机应用。客舱设备掌握水/废水系统压力供水、真空冲洗技术;2025年实现水/废水系统在民用飞机上装机应用。

(4) 航空材料和元器件。突破高强高韧铝合金、高性能钛合金、超高强度钢和高性能树脂基复合材料关键技术。显示组件适用于机载条件下的高可靠性、大容量显示以及OLED;开展数字像源等新技术、新原理机载显示组件的研发与应用工作。研制出高精度谐振式光子晶体光纤陀螺,实现20kW大功率无刷电机和20kW开关磁阻电机工程化应用。提高航空专用传感器油液、气体、温度、压力等航空传感器的监测精度和长期可靠性;研发基于新型敏感材料、新型封装材料、新型导电材料等新材料的传感器。

六、物流技术装备发展趋势和趋势

(一)物流技术装备的发展趋势

随着世界经济的持续发展和科学技术的突飞猛进,现代物流作为现代化经济的重要组成部分和工业化进程中最为经济合理的综合服务模式,正在全球范围内得以迅速发展,现代物流也成为我国经济发展的重要产业和新的经济增长点。而作为现代物流系统的技术支撑要素之一的现代物流技术装备正朝着自动化、集成化和智能化的方向发展,并且在现代化生产和物流中的应用越来越广泛,作用越来越大。充分合理利用物流技术装备,实现物流的空间效益、时间效益、附加性效益具有十分重要的意义。现代物流技术装备发展趋势主要体现在以下五个方面。

1. 市场仍会继续保持快速增长趋势

当前,我国发展仍处于可以大有作为的重要战略机遇期、结构调整的关键期和经济增长速度的转换期。宏观经济的稳定增长也将给物流装备业稳定增长打下基础,特别是电子商务物流的高速发展,不仅将带动物流信息化与标准化发展,促进物流机械化与自动化发展,同时也将积极促进传统产业物流转型升级,这都为物流技术装备市场带来新的机遇。

2. 物流技术装备的标准化趋势

当前物流行业发展越来越表现出企业横向广泛以整合物流资源,降低物流成本的趋势,对运输和仓储领域装备标准化提出要求。当前困扰仓储资源整合的关键是包装的循环共享,而托盘作为基础单元标准首当其冲,我国托盘标准前前后后颁布的国家标准就超过6个,并且均在执行,还不包括地方和企业标准。如此混乱的市场环境,直接导致我国托盘在使用中基本是企业内部周转,对以托盘为基础的社会包装循环和流通带来了严重制约。困扰运输领域资源共享的标准是甩挂运输,甩挂运输需要半挂车、牵引车具有相同标准的鞍座、半挂车,这在以往的车辆标准中均未做要求,最近国家标准《货运车辆外扩尺寸与载荷》(GB1589)正在修订中,车辆宽度已经考虑了托盘尺寸,为实现甩挂运输也规定了鞍座标准。

3.物流技术装备的绿色化趋势

由于环境和资源双重压力,物流发展的绿色化已迫在眉睫,这同时也对物流技术装备绿色化提出更高要求。货运车辆除在发动机燃油技术实现国四标准外,车辆轻量化以及推广使用 LNG 都是未来方向;叉车推广使用蓄电池和天然气叉车;制定货架国家标准,避免货架在钢材方面的过度消耗;减少一次性包装的使用,推动保准化包装机器循环使用是未来的趋势。

4.物流技术装备的专业化趋势

不同专业领域需要不同的物流技术装备相支撑。从今后一个时期看电商、冷链、烟草、汽车、家电、服装、危化品等专业物流继续稳定增长,并且对物流技术装备表现出个性化需求。电商因包裹配送的多品种、小批量、高频次特征,要求物流用机械化和自动化的快速分拣技术取代大量的人工分拣,以提高分拣的准确率,降低劳动成本;商品汽车的车辆运输车要求专业化的运输装备;冷链的运输和仓储需要温控,并且保证温控条件下的装备性能必须满足物流要求;危化品对物流技术装备的安全、环保防腐蚀都有特殊要求。传统的物流装备企业必须将市场细分到每个行业才能将共性和个性更好地结合,量身定制,为客户提供满意服务。

5.行业组织发挥越来越重要的作用

物流技术装备行业组织将在物流技术装备行业发展中发挥越来越重要的作用。中国物流与采购联合会十分重视物流技术装备工作,专门成立了物流装备专业委员会并且与中国物流技术协会一体化运作。装备委发挥立足中国物流与采购联合会拥有物流装备广大客户资源的优势开展工作,通过组织物流企业和装备企业供需衔接,有效地开发了物流领域运输和仓储两类装备的客户资源;全国物流标准化委员会也设在联合会,技术装备为标准化也是其中重要组成,我们一方面制定国家和行业标准,同时也积极致力于标准的贯彻和落实。希望广大物流技术装备企业发挥好行业平台作用,为企业发展引入第三方推动力量。

(二)物流技术装备发展方向

2014年6月11日,国务院总理李克强主持召开国务院常务会议,讨论通过了《物流业中长期规划》。物流新技术开发应用工程作为十二大工程之一,纳入国务院《物流业中长期规划》。《物流业中长期规划》中提出:支持货物跟踪定位、无线射频识别、可视化技术、移动信息服务、智能交通和位置服务等关键技术攻关,研发推广高性能货物搬运设备、快速分拣技术和自动化仓储物流技术,加强沿海和内河船型、货运车辆等重要运输技术的研发应用。完善物品编码体系,推动条码和智能标签等标识技术、自动识别技术以及电子数据交换技术的广泛应用。推广物流信息编码、物流信息采集、物流载体跟踪、自动化控制、管理决策支持、信息交换与共享等领域的物流信息技术。鼓励新一代移动通信、道路交通信息通信系统、自动导引车辆、不停车自动交费系统以及托盘和包装等集装单元化循环使用等技术的普及。推动北斗导航、物联网、云计算、大数据、移动互联等技术在产品可追溯、在线调度管理、全自动物流配送、智能配货等领域的应用。

　　《物流业中长期规划》还提出,加强物流核心技术和装备研发,推动关键技术装备产业化,鼓励物流企业采用先进适用技术和装备。加快食品冷链、医药、烟草、机械、汽车、干散货、危化产品等专业物流装备的研发,提升物流装备的专业化水平。积极发展标准化、厢式化、专业化的公路货运车辆,逐步淘汰栏板式货车。推广铁路重载运输技术装备,积极发展铁路特种、专用货车以及高铁快件等运输技术装备,加强物流安全检测技术特别是安全预防装备的研发和推广应用。吸收引进国际先进物流技术,提高物流技术自主创新能力。

第十二章 综合交通运输体系的技术支撑

第一节 综合交通运输体系的技术支撑

一、综合运输技术发展历程

(一)铁路运输技术发展历程

铁路是国家的重要基础设施,国民经济的大动脉,铁路运输是由铁路、车站枢纽设备、机车车辆等要素协调配合,共同实现客货位移的现代化运输方式,具有牵引力大、输送能力强、长途运输成本低等技术经济特征。与公路等运输方式相比,铁路运输技术要求相对较高、复杂程度较高。

1814,史蒂芬孙成功地制造了第一台蒸汽作动力的火车机车。1820年代,英格兰的史托顿与达灵顿铁路成为第一条成功的蒸汽火车铁路。很快铁路便在世界各地通行起来,且成为世界交通的领导者近一个世纪,直至飞机和汽车发明才减低了铁路的重要性。第二次世界大战后,以柴油和电力驱动的列车逐渐取代蒸汽推动的列车。20世纪60年代起,多个国家均建设高速铁路。铁路运输技术主要包括高铁技术、重载铁路技术及铁路信息技术三个方面。

1. 高铁技术

高速铁路具有运输能力大、占地少、环境污染低、安全、经济效益好等优势。1964年日本的新干线系统开通,是史上第一个实现"营运速率"高于时速200km的高速铁路系统。其后逐渐出现了法国的TGV、德国的ICE等高铁技术。超导技术的研究和开发,给高速铁路技术带来了磁悬浮列车,磁悬浮列车具有速度快、噪声小、能耗低等优势,中国研发真空管道磁悬浮列车已走在世界的前列。日本有关方面提出了开发"下一代智能列车"的构想,智能列车主要有智能;车体轻量化、大功率化;转弯时速度高等特征。我国铁路从1997年以来进行了六次大提速,逐渐进入了高铁时代。

2. 重载铁路技术

重载运输是指在先进的铁路技术装备条件下,扩大列车编组,提高列车载质量的运输方式。重载技术在不断发展,重载机车采用IGBT、IPM大功率变流器的交流传动技术;径向转向架技术;重载列车网络控制技术;重载内燃机车柴油机节油技术等。重载车辆采用新型转向架及悬挂系统;铝合金或不锈钢车体降低空重比;双层集装箱车辆等技术。同时,出现了重载列车制动新技术——电控空气制动系统(ECP),新型重载轨道结构等新技术。

3. 铁路信息技术

信息技术 20 世纪 50 年代开始应用于铁路运输系统,70 年代先进的牵引动力和通信信号设备采用,计算机网络技术发展,美、加、日将信息技术和铁路运输结合,形成铁路运输信息管理系统。我国信息技术在铁路运输管理系统中的应用,以全路运输管理信息系统(TMIS)建设为标志。我国在 80 年代深化信息技术应用,90 年代开展全面应用,目前已形成全国铁路运输信息系统。铁路将发展智能运输信息系统(ITIS)。

(二)公路运输技术发展历程

公路运输是交通运输业的重要组成部分,公路运输具有直达性好、机动灵活等优点,同时也存在载运量小,环境污染严重等缺点,因此公路运输在短途客货运输中备受青睐。公路运输在国民经济中的地位越来越重要。

公路运输的相关技术主要包括规划技术、养护技术、修筑技术、运营管理技术、环保技术、运载工具技术等多类技术。

1. 道路技术

公元前 20 世纪,阿拉伯埃及共和国人为建筑金字塔与人面狮身像,把大量巨石从采石场运到工地上,由此建造了道路。另外,在一些主要城镇的市场和道路上,采用平光的石板砌成,其中有些道路是用砖铺起,涂以灰浆,再铺上石头路面。18 世纪,拿破仑时代的法国工程师特雷萨盖发明了碎石铺装路面的方法,并主张建立道路养护系统。

20 世纪初,汽车获得了飞跃的发展,人们又开始大量修建沥青和混凝土铺装的公路。1931 年,德国开始建设了世界上第一条高速公路,高速公路适应工业化、城市化的发展及汽车技术的快速发展,我国也于 1988 年建成第一条高速公路——沪嘉高速公路,经历了缓建初建和飞速发展(1998 年至今)两个阶段。与高速公路相关的路面承载能力技术、路基稳定技术、修筑及质量检测技术、养护技术不断发展。

2. 运载工具技术

人类社会早期,交通工具十分落后,古老的农业社会开始出现了马车,牛车等交通工具,18～19 世纪人类经入了"科学的世纪",詹姆斯·瓦特发明的蒸汽机的成型,标志着人类开始进入了新的交通发展阶段,经过一系列技术创新,产生了汽车这一交通工具。运载工具逐渐由以自然力——畜力的马车,向为以蒸汽、内燃机、电力等为动力的小汽车、大巴客车等方向转变;将来混合动力、环保节能燃料逐渐代替汽油、柴油等高污染燃料,向新型动力如氢燃料、太阳能和生物燃料方向发展。车身更轻且牢固,电子技术,高科技嵌入到汽车里,发展"智能汽车"使之更安全可靠。

3. 运营管理技术

公路运输运输管理技术逐渐由人管理向机器管理,最终向信息化管理方向发展。我国从 20 世纪 80 年代末开始公路管理信息化工作,90 年代中期,我国自行研发的路面管理系统、桥梁管理系统逐步推广应用。我国在"七五""八五"基础上进一步开发航测、卫星、遥感技术(全球卫星定位系统),推广计算机辅助设计,建立省级设计部门计算机 CAD 系统。深入研究数据采集方法,完善数字地面模型,提高交通监控功能,并扩大其功能的覆盖面,达到干线公路和桥梁的设计、绘图和概预算编制等作业基本实现自动化。21 世纪将是公路交通智能化的世纪,人们将要采用的智能交通系统,是一种先进的一体化交通综合管理系统。在该系统中,车辆靠自己的智能在道路上自由行驶;公路靠自身的智能将交通流量调整至最佳状态;借助于这个系统,管理人员对道路、车辆的行踪将掌握得一清二楚。智能交通系统(Intelligent Transportation System,简称 ITS)是未来交通系统的发展方向,它是将先进的信息技术、数据通信传输技术、电子传感技术、控制技术及计算机技术等有效地集成运用于整个地面交通管理系统而建立的一种在大范围内、全方位发挥作用的,实时、准确、高效的综合交通运输管理系统。ITS 可以有效地利用现有交通设施、减少交通负荷和环境污染、保证交通安全、提高运输效率,因而,日益受到各国的重视。

(三)航空、水路、管道运输技术发展历程

1. 航空运输

航空运输基本建设周期短,投资少,现代航空运输是社会生活和经济生活的一个重要组成部分。20 世纪初,美国的莱特兄弟在世界的飞机发展史上做出了重大的贡献。他们在 1903 年制造出了第一架依靠自身动力进行载人飞行的飞机——"飞行者"1 号,并且获得试飞成功。

航空具有速度快、径路短、基建成本低等优点,同时存在运输成本高、易受气候影响等缺点,新航空技术开发主要目的是增大航空运输能力和提高航速,主要集中在空中公共汽车、高超速客机、巨型喷气飞机、具有耐高温发动机的飞机等技术。

2. 水路运输

水路运输与公路、铁路相比,水路运输具有初始基本建设投资少、水上航道的通过能力大等特点,将水运分为"内河航运"和"海运"两类。新的船舶技术创新的主要目的在于节能与提高水运的速度,主要集中在超导船舶推进系统、高科技超级班轮等技术。

3. 管道运输

现代管道运输始于 19 世纪中叶,1865 年美国宾夕法尼亚州建成第一条原油输送管道。20 世纪 60 年代开始,输油管道的发展趋于采用大管径、长距离,并逐渐建成成品油输送的管网系统。同时,开始了用管道输送煤浆的尝试。全球的管道运输承担着很大比例的能源物资运输,包括原油、成品油、天然气、油田伴生气、煤浆等。

二、综合交通运输技术发展趋势

交通运输业的发展具有跨越性特点,经济的发展为交通运输业提供了需求,交通运输业发展也保证经济发展健康发展。交通运输业提供了旅客或货物位移这一产品,交通运输业的发展是基于交通需求的基础之上的。由于经济的发展,需求不断增加,同时伴随需求的类型多样化,交通运输业中技术发展具体呈现出趋向于适应社会发展、满足需求、更短旅行时间、更智能化、更舒适安全化、更经济、更环保、相互协调等发展趋势。

1. 适应社会发展方向

交通运输业技术发展是在一定社会背景的基础上,技术的发展要适应社会发展的要求。例如,修建青藏铁路产生的冻土技术、山区公路建设技术等发展是在适应社会发展方向背景下产生的。

2. 满足需求

交通运输业技术发展是在资源一定的情况下,合理优化资源配置,最大程度的利用一定资源,满足不同的运输需求。例如,重载铁路技术、管道运输采用大管径技术、巨型喷气飞机等都是在需求量过大,供给严重不足的基础上,为了尽快达到供需平衡而发展的技术;高速铁路技术是旅客经济水平的提高,对旅行时间、快捷性、安全性等需求质量提升的基础上发展起来的。

3. 运达速度加快

旅客的时间价值越来越大,可接受的旅行时间越来越短,由于经济全球化,市场竞争力不断加强,货物更替周期的缩短,货物运输时间要求越来越短。在最短的时间内完成运输供给是交通运输业技术发展的规律。例如,交通运输业运载工具由以自然力为动力的马车、帆船等,到以蒸汽、燃油、电力等为动力的火车、汽车、飞机,这一技术更替过程。交通运输业技术发展规律在于更好的缩短旅行时间,例如,超导船舶推进系统、高超速客机、高速铁路、高速公路等技术。

4. 更智能化

更智能化主要体现在交通运输业在运营管理上的技术发展规律,管理由人管理、机器管理,逐渐向智能化管理方向发展。例如,铁路智能运输信息系统、公路智能交通等技术的发展。

5. 更舒适安全化

更舒适安全化主要体现在交通运输业客运技术发展规律,由于人们生活水平的提高,对旅行不仅要求时间缩短,同时要求运输的舒适性与安全性,为适应这种需求,交通运输业技术向更舒适安全化方向发展(例如,各种运载工具提供的高科技服务、路基稳定技术的发展、运输安全监测技术的发展)。

6. 更经济

交通运输业技术发展向减少建设运营等运输成本,产生更大经济效益这一方向发展。例如,建设过程中采用更科学、准确的计算方法,采用更先进高效的建设技术,以达到减少建设成本的目的,运营时采用更有效率的技术。

7. 低碳化

随着地球环境的恶变,交通运输业技术发展逐渐趋向更环保、低碳方向。例如,汽车动力向新型动力如氢燃料,太阳能,和生物燃料这一方向的发展,公路环保技术的发展。

8. 相互协调

各种技术间存在或多或少的联系,某一技术的发展需要在一定系统内与其他现有技术相互协调,共同发展。例如,规划技术、养护技术等发展要考虑其他相关现有技术,共同发展。

第二节 综合交通运输体系技术支撑建设的主要任务

一、综合交通运输规划设计

(一)综合交通运输规划的特点

1. 衔接性

(1)各种运输方式间的设施衔接。

(2)大交通与城市交通的设施衔接。

(3)信息系统的衔接。

(4)管理体制和法规政策的衔接。

2. 协调性

(1)运输方式间的协调。

(2)交通设施与运输服务的协调。

3. 资源优化

(1)运输网络结构的优化。

(2)运输组织系统的优化。

(二)综合交通运输规划的基本原则

综合交通运输规划是社会经济发展到一定水平、运输化发展到较高阶段的内生需求,综合交通运输规划的原则是在规划综合交通系统过程中应该遵循的标准和规律。根据综合交通阶段性发展目标要求,综合交通运输规划应遵循以下原则:

(1)与社会经济协调发展、适度超前原则;

(2)保障国土开发、国家统一、民族团结和国防建设原则;

(3)坚持可持续发展原则;

(4)对既有交通网络的继承性优化原则;

(5)运输通道和多功能交通枢纽协调发展原则;

(6)各种运输方式一体化协调发展原则;

(7)有利于分层次、分步骤实施的总体规划原则;

(8)依法规划与强化程序性和透明性原则。

(三)综合交通运输规划中应处理好的发展关系

(1)交通运输发展理念与规划关系。可持续发展、效率与公平相结合。

（2）交通运输与经济社会发展关系。适应性、支撑或引导产业布局、城镇布局、综合运输发展阶段。

（3）交通运输供给与需求关系。供给总量与结构、优化存量和扩大增量、引导交通需求。

（4）交通运输方式间和运输方式内协调发展关系。发挥组合效率、各方式比较优势、综合运输系统优化和自系统优化。

（5）城市交通与大交通关系。

①衔接的优化；

②综合运输枢纽发展。

（6）国际交通与国内交通关系。

①支撑中国对外开放格局、全球经济一体化；

②国内交通与国际交通的有效衔接。

（7）科技进步与交通发展关系。

①转变发展方式；

②提高效率；

③促进资源节约与环境友好。

（8）体制环境与交通发展的关系。

①中国特有的体制环境与中国特色的交通；

②体制环境对交通发展的可持续性。

（9）交通运输发展有关政府与市场的关系。

①管理主体与市场主体的职能定位；

②市场的基础性作用和政府的宏观调控作用；

③新形势下探寻交通运输发展的新动力。

（10）交通运输的外部性和交通运输发展的关系。

①正外部性对交通发展的促进作用；

②排放、占地、噪声等负外部性对交通发展的制约。

（四）综合交通运输规划的工作流程

工作流程框图见图 12-1。

（五）综合交通运输规划的内容

综合交通运输规划内容可以分成规划方案的设计与编制和规划制度层次的保障与评价两个大部分。规划方案的设计与编制主要解决在确定空间与时间范围内交通供需均衡的技术方案问题，以构建符合社会经济发展需要的综合交通运输系统。规划制度层次的保障与评价是通过有效的规划程序、法律制度、政策制度和管理制度的设计，已达到综合交通运输系统服务于社会经济发展需求和符合环境资源可持续发展的目标。这两大部分规划内容的示意图见图 12-2。

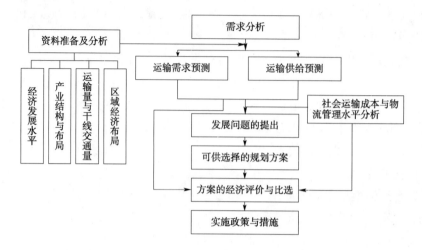

图 12-1　工作流程框图

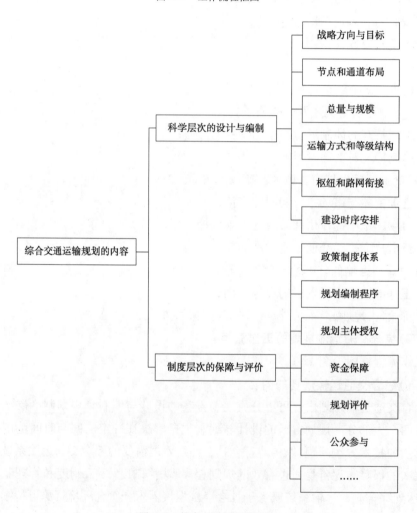

图 12-2　综合交通规划的内容

二、综合交通运输组织

(一)综合交通运输组织的性质与作用

综合交通运输组织的实质,就是在计划运输的基础上,在一定的运输设备的条件下,为完成规定运输任务而制定的运输对策和组织办法并实施的过程。或者是在一定运输任务的条件下,合理选用运输工具、线路、中转地点、装卸机械,制定最优的运输组织方案并实施的过程。它是根据系统原理组织运输工作的过程。

综合交通运输组织过程,既是对运输计划有效落实的过程。也是各种运输方式具体协作的过程。它通过对各种运输方式、各个运输企业相互关系的协调,使旅客在运输过程中,使装、卸、集、散、运、储之间紧密衔接,最大限度地挖掘运输设备的潜力,提高运输效益。

综合交通运输组织的作用可以概括如下。

(1)综合交通运输组织能有效地协调运输能力与运量的平衡。在综合运输生产过程中,运输企业根据运量情况,对本企业的运力进行合理调度,并与其他运输企业进行有效的运力调剂,以协调运力与运量的平衡,提高整个交通运输体系的社会、经济效益。

(2)综合交通运输组织通过运输方案,能保证运输工具的高效运行,从而提高交通运输业的微观经济效益。

(3)综合交通运输能够统筹安排,有效地保证运输生产中的协作。

(4)综合交通运输组织,能针对运输体系内的薄弱环节进行有效的组织,提高整个运输体系运转的灵活性、高效性。

(5)综合交通运输组织有利于促进综合交通运输规划工作和综合运输管理工作的进一步改善和提高。

(二)综合交通运输组织的基本原则

1. 基本目的

综合交通运输组织的目的,主要体现在三个方面:

(1)全国客货流合理流动。

(2)交通运输体系灵活高效益的运转。

(3)服务质量最优。

2. 合理组织运输过程的基本要求

运输业作为一个具有强烈服务性的物质生产部门,它有其独特的生产过程,即运输过程。运输业的运输过程,可视作为改变旅客或货物所在地(即位移)的全部生产活动,或者说,就是从准备运输旅客、货物开始,直到将客货送至目的地为止的全部生产过程。实现客货位移所需的各种服务和劳动,其性质以及实现位移时所起的作用都不相同,根据这些特点,可将运输过程分为:技术准备过程、基本运输过程、辅助运输过程和运输服务过程。合理组织运输过程的要求是:

(1)运输过程的连续性;

(2)运输过程的平行性;

(3)运输过程的协调性(比例性);

(4)运输过程的均衡性(节奏性)。

(三)综合交通运输组织的内容

综合交通运输组织主要包括三个方面的内容,即:运输线路与载运机具组织、作业组织、商务组织。

1. 运输线路与载运机具组织

(1)选择合理的运输线路,确定由哪几条线路完成某批客、货的集疏运输,选择哪几条干线共同完成某批货物的干线运输。

(2)根据客货流的特征,选择合理的运输工具。

(3)选择合适的中转换装(乘)地点及装卸机械。

2. 作业组织

1)货运作业组织

(1)货物装卸作业组织。

(2)搬运作业组织。

(3)堆存保管作业组织。

(4)货物的运送作业组织。

(5)换装作业组织。

2)旅客运输作业组织

(1)旅客候车(船、机)作业组织。

(2)旅客上下车(船、机)作业组织。

(3)旅客运送作业组织。

(4)旅客换乘作业组织。

3. 商务组织

(1)为旅客和货主办理各种业务手续。

(2)处理好运费结算、收入分享、责任分担等关系。

(3)做好运输合同履行的保证工作及对不能履行的运输合同的裁决工作。

(四)综合交通运输组织的工作程序

综合交通运输组织是一个复杂的系统性工作,在对其进行合理组织过程中,必须按照一定的工作程序进行,其作业流程如图12-3所示。

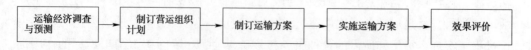

图12-3 综合运输组织流程图

1. 运输经济调查与预测

运输经济调查是做好综合运输组织的前提工作。通过运输经济调查，了解运输服务地的产品生产情况和消费情况、当地居民的出行情况等，分析当地客货运输需求的特征，为有效地布置运力，搞好运输组织工作提供依据。

2. 制订营运组织计划

根据运输计划调查资料，参考运输需求预测的结论，通过计划的形式，对本单位下一阶段的运输生产工作作出安排，如现在各运输企业制订的运输生产年度计划、季度计划、月度计划等，就属于这一工作范畴。

3. 制订运输方案

所谓综合交通运输方案，就是对某一具体运输任务，根据综合运输组织原则制订的，据以完成这一运输任务的系统作业图标及有关条文。综合交通运输方案是具体运输任务的组织工作的依据和指南。

4. 实施运输方案

通过一定的管理机构和手段，保证运输工作按预定的运输方案实施，对于运输方案不能执行时，要查明原因，进行处理。

5. 效果评价

一个阶段过去后或在一次运输任务完成后，对营运计划、运输方案的执行情况进行评价，肯定成功之处，找出不足之处，总结经验教训，改进下一步工作。

三、综合交通运输装备

1. 发展目标

按照安全可靠、先进高效、经济适用、绿色环保的要求，依托重大工程项目，通过消化、吸收再创新和系统集成创新以及原始创新，增强自主发展能力与核心竞争力，进一步提升技术和装备水平。加大交通运输新技术、新装备的开发和应用，加快推进具有我国自主知识产权的技术与装备的市场化和产业化，带动相关产业升级和壮大。研究设置能耗和排放限值标准，研究制定装备技术政策，促进技术装备的现代化。

2. 主要内容

（1）推进先进、适用的轨道交通技术与装备的研发和应用，全面实现现代化。提升铁路高速动车组、大功率电力机车、重载货车等先进装备的安全性和可靠性，提高空调客车比例和专用货车比例，推进高速动车组谱系化，以及城际列车与城市轨道交通车辆等先进技术装备的研制与应用。通过工程应用带动技术研发，突破轨道交通通信信号、牵引制动、运行控制等关键核心技术，系统掌握高速磁悬浮技术，优化完善中低速磁悬浮技术。

（2）积极发展公路专用运输车辆、大型厢式货车、多轴重载大型车辆和城市配送车辆，推进客货运车辆结构升级和节能化进程，加快老旧车辆更新。

（3）继续发展大型干散货船、大型油轮、集装箱船、滚装船和液化气船，鼓励发展邮轮、游艇,加快推进内河运输船舶标准化,加速淘汰老旧船舶,提升远洋、沿海和内河运输船舶的整体技术水平,优化船队结构,船队总体上达到国际先进水平。提高港口现代化装备水平。

(4)继续完善和优化我国民用机队结构,积极发展支线飞机和通用飞机,国产干、支线飞机研制取得突破,推进地空通信、空管自动化系统建设。

(5)加强管道运输关键设备和技术的研发及应用,研制 X100 和 X120 高强度管线钢,实现天然气长输管线大型球阀等关键设备自主制造,掌握系统集成技术和压缩机、电机(汽轮机)、变频控制系统的设计制造技术。

(6)提高交通运输的信息化、智能化水平。加强协调,推进综合交通运输公共信息平台建设,逐步建立各种运输方式之间的信息采集、交换和共享机制。积极推动客货运输票务、单证等的联程联网系统建设,推进条码、射频、全球定位系统、行包和邮件自动分拣系统等先进技术的研发及应用。

(7)逐步建立高速公路全国监控、公路联网和不停车收费系统,提高运营安全与效率。

四、综合交通运输服务

1. 发展目标

按照建立综合、高效交通运输服务系统要求,实现运输服务能力与质量的同步提升。加快运输市场建设,完善政府运输监管和公共服务职能,着力提高运输服务水平和物流效率,提升运输服务对国民经济和社会发展的支撑作用。

2. 主要内容

(1)加快运输市场建设。进一步完善运输市场准入制度,规范市场行为与经营秩序,积极推动运输市场全面开放,加快构建公平开放、竞争有序的运输市场。深化运输价格改革,加强运输价格监管,建立健全国家宏观调控下灵活反映市场供求状况的铁路运价形成机制,完善公路收费政策,稳步推进民航运价市场化改革。优化企业经营环境,加强对交通运输企业"走出去"的宏观指导和服务,加快培育具有较强国际竞争力的运输企业。加快发展运输代理、交通工具维修检测和租赁、物资供应、劳务、运输咨询和信息传播等运输辅助服务,培育行业协会及中介组织,建立和完善行业的行为规范、服务标准及自律机制。

(2)完善政府运输监管。强化综合交通运输政策,运用经济、法律手段和必要的行政手段,加强政府对运输市场的监管,促进公平竞争。加强政策引导,促进运输市场结构合理化,着力提高运输服务集中度和组织化水平。

(3)强化公共服务职能。转变政府职能,加大政府对公共运输服务的供给力度。建设信息服务平台,推动各种运输方式信息系统的互联互通,为社会和公众提供全方位、立体化的出行服务信息平台。加大公共财政对城市公共交通、农村客运、支线航空服务和邮政普遍服务的扶持力度,逐步推进基本公共运输服务均等化。

(4) 提升运输服务水平。加强各种运输服务之间的无缝衔接与合作,提高客货运输服务效率,降低社会物流成本。鼓励运输企业开展一体化运输服务,加强运输服务中的线路、能力、运营时间、票制、管理的衔接。优化运输组织,创新服务方式,推进客票一体联程、货物多式联运,大力发展现代物流服务、快递等先进一体化运输服务方式以及汽车租赁等交通服务业,有效延伸运输服务链。

(5) 加强高速铁路市场开发与培育,优化产品结构。积极发展集装箱运输服务网络,逐步满足市场多样化需求。积极发展公路甩挂运输。建立农产品、农资、农村消费品的货运系统。提高普遍服务能力与水平,适应低收入人群和偏远地区运输需求。

(6) 依托综合交通运输体系,完善邮政和快递服务网络,提升传递速度。加强邮政设施建设,积极发展农村邮政,实现普遍服务覆盖城乡。同时,充分发挥邮政综合服务平台作用,拓展邮政物流、代理代办等业务。加快发展电子商务配送等新兴业务,推进航空快件等绿色通道建设。大力发展便捷、高效快递服务。健全保障和监督机制,提高邮政业服务能力和水平。

五、综合交通运输标准化建设

1. 指导思想

贯彻落实党的十八大、十八届三中全会精神,面向"四个交通"发展需求,全面深化标准化工作体制机制改革,加强标准化管理体系和技术体系建设,强化标准有效实施,为交通运输工程建设、产品和服务质量的提升提供保障。

2. 基本原则

(1) 深化改革、服务发展。深化管理体系改革,加强技术体系建设,推进强制性标准与推荐性标准分类管理,充分发挥标准对发展综合交通、转变政府职能、推动技术进步、优化产业结构、提升行业国际竞争力的促进作用。

(2) 需求引领、重点突破。立足"四个交通"发展的阶段性需求,不断完善标准化发展规划,加快重点领域标准制修订,充分发挥标准在行业提质增效升级中的引领作用。

(3) 政府主导、企业主体。政府加强标准化宏观管理和综合协调,发挥好对强制性标准和公益类推荐性标准的主导作用,发挥好企业在标准制定和应用中的主体作用。

(4) 多方参与、协同推进。充分调动各方积极性,形成各级交通运输主管部门、企业、社会组织等的标准化工作合力,推进国家标准、行业标准、地方标准、企业标准的协调发展。

(5) 尊重科学、重在实施。以科技进步和技术创新推动标准的升级,以标准促进科技成果的转化应用,完善标准实施监督机制,加强实施效果的评估。

3. 发展目标

经过努力,基本建成政府、企业、社会组织各司其职的标准化管理体系,各种交通运输方式标准有效衔接的机制健全顺畅;综合运输、安全应急、节能环保、管理服务等领域的标准化技术体系系统完善,标准质量和实施效果显著增强,标准与科技研发的结合更加紧密;国际标准化活动的参与度与话语权明显提升,标准化对交通运输科学发展的支撑和保障作用充分发挥。

4. 主要内容

(1)健全交通运输标准化组织机构。设立交通运输部标准化管理委员会,指导交通运输标准化工作,审议交通运输标准化战略、规划、政策、法规,审定交通运输标准化年度工作计划,协调衔接各种交通运输方式标准。

(2)改革政府部门标准化工作。政府加强对标准化工作的分类指导,加强强制性标准管理,完善推荐性标准体系,重点加强关键共性、基础性、公益性的推荐性标准管理。积极引用和有效使用标准,加强行业管理,做好市场监管和服务。

(3)发挥企业在标准化中的主体作用。鼓励企业制定和采用先进标准,通过提升企业标准化工作水平,提高企业竞争力。鼓励企业参与或承担国家和行业标准制修订工作。积极推进企业成立标准制修订联盟,制定联盟标准。

(4)支持社会组织开展标准化工作。积极鼓励社会组织在市场化程度高、技术创新活跃的专业领域,探索社会组织标准制修订模式和体制,稳步推进社会组织标准化工作健康发展,并逐步通过社会组织标准的增量带动政府推荐性标准的改革。

(5)加强专业标准化技术委员会管理。优化专业布局,减少职能交叉,完善考核评价机制。成立综合交通运输标准化技术委员会,广泛吸纳铁路、公路、水路、民航、邮政以及城市交通等领域的管理专家和技术专家参与,协调各种运输方式间的需要统一的技术、管理和服务要求,拟订相关标准。

(6)完善交通运输技术标准体系。围绕发展需求,完善行业技术标准体系,实施动态管理。鼓励地方结合实际制定地方标准,对有国家或行业标准的,支持地方制定严于国家和行业标准的地方标准。制定国家标准、行业标准时,应积极吸纳地方标准相关内容。

(7)加强重点领域标准制定。各级交通运输主管部门要把标准化工作作为转变政府职能的重要抓手,在取消行政审批和许可的领域,需要加强监管的领域,抓紧制定和完善相关标准,加快综合运输、安全应急、节能环保、管理服务、城市客运等领域的技术标准制定。加强工程建设、养护管理、运输装备、信息化等领域关键标准制修订。

(8)推进标准有效实施。加强标准宣贯、培训力度,通过质量监督抽查、产品质量认证、市场准入、工程验收管理、标准符合性审查等方式推进标准有效实施。健全交通运输标准审查评估机制,强化对标准协调性、规范性的审查,以及对标准实施效果的评估。加强标准的实施监督。继续推进企业安全生产标准化、运营服务标准化、公路施工标准化和船型标准化等工作。

(9)加强质量监督抽查。完善部级抽查、省级互查等多方参与、协同配合的工程质量安全督查机制,加强工程建设、养护、运营、管理全过程强制性标准实施情况的监督检查。建立产品质量监督抽查部省联动机制,扩大产品质量监督抽查种类和范围,加大行业产品质量监督抽查力度。研究探索服务质量监督抽查方法,逐步建立服务质量监督抽查机制。

(10)强化计量基础支撑作用。加强交通运输领域专业计量机构建设,加快急需的专业计量标准器具的研制和计量检定规程制修订。加强对质量检验机构的计量检定、校准工作的监督检查。

(11)推进交通运输产品与服务认证。建立健全行政监管、行业自律、社会监督相结合的认证管理模式,推动行业产品认证健康有序发展。强化行业重点监管产品的认证。提高自愿性产品认证在设计、招投标、工程建设等活动中的采信度。研究探索服务认证方法,逐步开展服务认证。

(12)加强标准制修订全过程管理。完善标准制定程序,及时披露标准制定过程信息,保证制定过程公开透明。优化标准审批流程,缩短制定周期。建立健全标准修订快速程序,加强标准维护更新。严格标准复审,保证标准的有效性和适用性。

(13)加大科技研发对标准的支撑。强化科技计划执行与标准制修订的互动。加大科技计划对标准研制的支持力度,鼓励有条件的科技项目成果转化形成标准。标准制修订要有效承接科技创新成果,提高标准的技术水平。

(14)加强标准国际化工作。积极参与国际标准化活动,提高国际标准制定的参与度和话语权。推动交通运输行业优势特色技术制定为国际标准。加强行业标准中外文版同步出版工作,推动中国标准的海外应用。

六、IT 新技术在综合运输管理系统中的应用

目前,我国货运企业的信息化建设尚处在起步阶段,总体水平比较落后。表现在技术装备落后,计算机及网络设备利用程度低,货运企业相应软件产品缺乏等。大多数企业的业务仍然停留在手工操作方式上,货主、车主、运输车辆、运输站场和运输管理部门之间很少采用现代化的通信和计算机手段进行信息互通和有效管理,无法为用户提供快速、方便的信息服务,在一定程度上制约着货运企业的竞争能力。随着我国进一步开放物流市场,允许外资企业进军物流行业,没有实施信息化管理的企业,很难在市场竞争占有优势。在现代供应链管理中,面对运输需求多样化、复杂化等更高要求的市场环境,货运企业如何能够确保长期并且安定的收益以及实现进一步的企业价值提高,是其面临的一个迫切的问题。

1. 系统设计的宗旨和目标

充分考虑了大型货运企业的经营目的在于实现公司的营业扩大和利润上升的特点,在对综合运输管理系统的设计过程坚持如下几点:

(1)通过对货物数据、营业额、运价信息的一体化管理实现对决策的支持;

(2)通过信息共享实现业务流程重组 BPR(Business Process Reengineering);

(3)通过送货单发行服务等充实对顾客的服务提升;

(4)实现低成本运作;

(5)提高货物运送质量;

(6)及早把握经营业绩情报;

(7)充分注重系统的操作性能简单化,实现总体拥有成本 TCO(Total Cost of Ownership)削减。

2. 在客户的应用方面

只提供一个货主终端系统就可以满足客户的询价、货物托运信息输入等要求。就客户而言,通过设计简单集成的应用界面减轻了客户的工作量和业务培训的成本。运输公司内部的业务根据特点分为前台业务、跟踪业务、后台业务、经营分析业务四大模块。前台业务包括顾客管理系统、送货单发行、预算书发行、集货管理系统、集配指示系统、现金回收系统以及电子数据交换 EDI(Electronic Data Interchange),该业务模块着力提高对客户服务的水平。货物跟踪业务:实现实时查询货物的运动状态后台业务处理部分包括外包管理系统、债务管理系统,精算管理系统以及请求管理系统,这些系统根据需要定期执行批处理,实现业务汇总、运费精算处理。经营分析业务主要包括实绩管理系统,满足经营决策者的决策需求。系统的软件部分为基于 WEB 的 B/S 结构和 C/S 结构混合模式,网络服务器和客户端构成 B/S 结构,AP 服务器上运行应用程序,手持终端上运行客户软件,构成了 C/S 结构。所有的服务器端均安装 Windows2003 server 操作系统,客户端 PC 安装 WindowsXP 操作系统。

3. 订单接受

业务订单接受业务是整个货运业务的开始,如何能够及时、快速、准确的接受客户订单,是订单接受业务考虑的主要问题点,在该系统中支持多种形式的信息接受方式,客户可以通过货公司以及合作关联公司的门户网站,通过电子邮件、电话、在线订单等形式发出运输请求,系统通过自动应答,将集货指示信息发送给司机的手持终端 HT(Handy Terminal),司机据此进行集货,客户也可以通过 Internet 随时打印出送货单,自行粘贴在货物上。

4. 集货业务

集货业务的要求,对驾驶人要有明确的集货指示,包括货物名称、数量、运行路线、装载顺序等信息,在集货过程中可随时向驾驶人的手持终端发送增加、变更任务指示。驾驶人通过查询运行路线或顾客信息,就可明确自己的集货任务。驾驶人通过手持终端的条码自动识别技术,就可以检查货物和送货单是否相符,查到相关数据,只要输入相应的情报,就可以完成集货数据的录入。手持终端的信息上传到系统中,系统就可以完成数据的更新,自动打印出每一天的工作日报。

5. 货物中转站业务

货物中转站的功能就是将各营业点货物集中后,根据配送需求制定合理的配车方案,在保证配送期限内选择最低成本的运输模式,用最经济的运力将货物安全配送到用户手中。在分货现场,通过扫描货物的条码,就可以按照配送方向进行货物的分拣归类;由于使用了条码技术,在装车业务中确保不会发错方向,同时通过系统的互联,可以随时了解每一种运输模式、每一次(车)货物发送实绩,及时算出外包运费,便于支付预定管理。

6. 配送业务系统

系统根据发送点驾驶人输入的集货信息,能及时打印出货物到货一览表,并且根据到货数量和品类,提前安排次日的人员和配送任务;针对现金运费的收取,可以在配送点打印现金待收一览表,驾驶人据此进行运费代收,论文网并将相关信息直接输入手持终端中;返回公司后把打印出的收款一览表同回收的现金比对后,提交给财务管理人员。

7. 请款/精算业务

在综合运输业务中由于存在公路、铁路、航空等运输模式,以及各级代理运输的级别不同,会有各种各样的运费费率和运费分配方案,在没有计算机系统的业务实施过程中,这类业务计算费时、费工,既不能实现及时地运费结算,还经常会出现计算错误,在使用运费计算系统后,只要输入的数据正确无误,就可以进行实时的请款单打印业务;对于货款代收业务,驾驶人及时通过手持终端对各类附加业务输入,可以有效防止请款遗漏现象。精算业务是本系统的一个主要特点,对于大型货运企业来讲,因为业务量很大,企业在对运费的计算和分配方面,因为不能及时进行分析和精算,对企业的利润分析无法进行,也就谈不上做出正确的决策。现在有了精算系统,本部和分店,以及各个授权营业店之间的利益分配都能在本部统一进行计算,集货和配送的实绩数据能随时看到,决策层可以随时做出正确的经营决策。

8. IT 技术在该系统中的应用

现代物流在科学技术的发展过程中得到了长足发展,基于互联网应用的信息管理技术,使得现代物流企业可以快速响应客户的需求,满足客户的随机、高效、快速、高准确率的需求。在本系统的开发设计过程中,充分考虑应用了现代信息技术。

(1)互联网技术。在客户订单处理方面应用互联网技术,通过外部 WEB 服务器,提供客户的查询功能,可及时了解到的货物的运输状态。利用 TEL\FAX,电子邮件、EDI 等方式完成订单的信息收集。在手持终端和系统的通信中,使用了移动通信服务"网 DoPa"来对手持终端监视。

(2)条形码技术。在货物的全程运输过程中,利用条形码(Bar Code)技术,在每一件货物中贴有条形码,使用无线手持终端设备,使数据录入的速度提高,误差率得到有效控制。实现了对货物全程跟踪,有效地防止了一般货运企业中经常发错货、配错货、卸错货等事故的发生。

(3)EDI 技术。该系统中各模块的设计既有联系,又是独立的一个子系统,各子系统之间通过标准的数据接口,利用 EDI 技术,使各营业所、合作公司、货运代理等部门的信息快速、准确的传递和使用,还可以和企业现有的系统实现数据共享。

(4)现代 IT 技术中,硬件的技术更新很快,为了充分利用硬件技术的更新,在系统的硬件选型中,对各服务器的配置采取最优设计,合理配置,既考虑到现有的技术基础,又考虑到系统升级的可能性、合理性和经济性,该系统所有的服务器系统使用同一种结构的操作系统,使 TOC 得到有效控制。

(5)海量存储和可视化。计算机的海量存储技术,以及高速度的运算能力,可以对历史数据进行分析,预测出未来时间的销售趋势,及时分析出部门别、人员别、客户别的业绩和效果。通过直方图、饼图等可视化形式显示,直观、准确。

(6)RFID 的应用前景。随着 RFID 技术的发展、标准的制定和 RFID 标签价格的不断降低,RFID 的应用市场更加广阔,有可能代替条形码技术,作为更有效的跟踪产品在供应链物流中得到应用。

第十三章 综合交通运输体系信息化的支撑

第一节 综合交通运输体系的信息化

综合交通运输体系的信息化是利用先进的通信、电子和多媒体网络技术,通过个人便携装置,接受和访问交通信息服务系统,以便出行者实时、有选择的获取与公路、铁路、航空三种出行方式相关联的道路(航班)交通信息、公共交通信息、换乘信息、交通气象信息、停车场信息以及其他服务信息。也就是在基于各种运输方式,建立一个服务公众的综合交通运行信息服务系统,它是智能交通系统(Intelligent Transportation System,ITS)的一个子系统,也是发展 ITS 的基础。

交通信息服务是指为驾车出行者提供路况、突发事件、施工、沿途、气象、环境等信息;为采用公共交通方式的出行者提供票务、营运、站务、转乘、沿途路况等信息。据此出行者可提前安排出行计划,变更出行路线,使出行更安全、更便捷、更可靠。2005 年交通部组织实施了"公众出行交通信息服务系统",依托公路信息资源整合系统和客运站场管理信息系统的信息资源,通过互联网、呼叫中心、手机、PDA 等移动终端、交通广播、路侧广播、图文电视、车载终端、可变情报板、警示标志、车载滚动显示屏、分布在公共场所内的大屏幕、触摸屏等显示装置,为出行者提供较为完善的出行信息服务。同时与铁路、民航、旅游、气象等相关的各类信息进行整合、与广播、电视结合,提供更全面的信息内容、更多种类的服务方式。目前,该系统已成为发布交通信息的重要平台。

第二节 综合交通运输体系信息化建设的主要内容

综合交通运输体系信息化建设的重要支撑是就是交通信息,也就是说综合交通运输信息是实现综合交通运输信息化的基础,也是根本。只有了解综合交通运输信息的构成,才能开展综合交通运输体系信息化建设。

一、综合交通运输信息的内涵

(一)根据信息描述对象分类

根据信息所描述的对象的不同,可划分为:道路条件(航线)信息、交通运行状况信息、运营信息、黄页信息、与出行有关的天气信息。

为了说明方便,本节以铁路为例介绍。

1. 道路条件信息

主要描述铁路运行的道路条件,例如:车站布局、站台安排、是否为单线、限定的最高、最低时速以及道路修建施工情况等信息。

2. 交通运行状况信息

主要描述包括铁路交通流的周期性规律和当前运行状况。周期性规律有:春运高峰期;学生寒暑假回家;黄金周长假出游等。这些时段客流量较大,买票比较紧张,列车内拥挤较为严重。当前运行状况有:某一区段的客流量大;车辆运行速度低;交叉口排队长、延误大;某区段发生交通事故;道路阻塞现象严重等。

3. 运营信息

主要是有关的列车运行时刻表、运行路线图、票价及收费方式、列车在各个站点的上下车人数以及当前列车上的空座位数(列内拥挤度)、列车的实时地理位置、列车到达下一站点所需的运行时间等信息。

4. 黄页信息

主要指列车途径各站点及其周围的主要场所的介绍信息,如:政府部门、餐饮娱乐场所、宾馆、公园、名胜古迹等地的工作/休息时间安排、地址、联系电话、联系人及主要特色等。

(二)根据信息的时效性分类

根据信息是否随时更新变化的,又可将信息分为静态信息和动态信息。

1. 静态信息

主要有:

(1)道路条件信息;

(2)列车信息,如:列车车费、时刻表、路线车次;

(3)黄页信息等。

2. 动态信息

主要有:

(1)与出行延误有关的道路出行状况,如拥堵处、排队地点、事件发生地;

(2)对出行有影响的天气情况;

(3)当前的列车时刻表及列车运行状况,如:当前地理位置、运行速度、列车上的拥挤程度、到达下一站点的时间;

(4)根据实时路况预测的到达目的地所需的时间等。

(三)根据信息获得的时间分类

根据有关出行规划的信息是在出行前获得还是在出行途中获得,可以将信息分为:出行前信息和出行途中信息。

1. 出行前信息

出行前信息是指在出行前给出行者提供的用于规划出行的信息。

2. 出行途中信息

出行途中信息是指在出行途中突遇偶然的交通事件或突然改变出行原有目的时，为求得最佳出行而调整出行规划所参考的信息。

二、信息化建设的总体思路

开展综合交通运输体系的信息化建设是实施综合运输体系的重要内容，为此必须掌握综合交通运输体系建设的思路及目标。

1. 指导思想

综合交通信息服务系统的规划应符合我国目前的经济发展水平，全面考虑城区道路、市郊公路、铁路、民航等多种运输方式联合运输的大交通体系，促进不同部门之间的有机联合。

考虑综合交通信息服务系统与其他部门自有系统之间的接口问题，在技术和系统容量上应该留有充分的扩展余地保证系统具有良好的兼容性与前瞻性。

从技术和管理体制上保障信息的共享和综合利用，保障信息服务系统建设的整体性、实用性、先进性、安全性、开放性、连续性、可维护性、可扩展性，保障信息系统长久的生命力。

2. 指导原则

综合交通信息服务系统的建设应遵循应用主导、面向需求和"统筹规划、分步实施，统一管理、统一标准，信息共享、安全保密"的指导原则。

3. 总体目标

给各类出行者提供道路交通状况信息及最佳出行方案，把原本无序的出行与交通，引导成为有序的出行与交通，并且使之均匀地散布在道路网络的全部空间内，充分发挥其交通效用。

三、信息化建设的系统架构

(一)总体结构

1. 站内信息系统

该系统主要向位于车站(机场)内的出行者提供必要的信息。包括车次(航班)，票价，延误情况等。它的子系统包括：车次(航班)信息系统、出行人员服务系统。

2. 在途系统

该系统向在途中的旅客提供信息服务，除了广播电视外，信息还可以通过每节车厢车门上部安装的LED显示牌进行发布。发布的信息内容除了报社发送的新闻和有关旅行信息外，还转发由综合交通服务信息系统提供的列车(航班)运行信息；对于司机(驾驶人)还可以提供必要的路况信息，子系统包括：在途司机(驾驶人)信息系统；线路引导系统；车辆(飞机)运行信息系统。

3. 站外信息系统

该系统利用互联网和移动通信网,通过移动电话和个人计算机向社会用户提供公铁航客运服务信息。旅客通过一个简单的查询终端就可以了解到列车或航班的发到时间、始发站/经停站/终到站、列车编组、客票发售、列车正在运行区段、正晚点、晚点原因等信息。旅客还可以通过登录信息服务系统的服务网站,预定车(机)票。包括:预定系统;终端查询系统。

(二)功能模块

1. 信息采集

主要功能是实现对三种交通方式动态交通信息实时、准确、充分、完备的采集,由于公路、铁路、航空都有自己的信息平台,因而最主要的是利用他们原有的资源,做好与他们的接口建设,同时建立对其他增值信息平台的接口。

(1)综合交通信息接口等标准化技术.充分利用原先公路、铁路、航空三家的信息资源,实现信息的共享。

(2)与其他信息平台的接口建设。包括与气象信息平台、旅游信息等公共信息平台的连接,使得本系统可以向出行者提供更多的增值服务。

2. 信息处理

1)交通数据处理

选取适当的交通数据处理的模型和方法,包括数据抽取、数据挖掘、数据融合、数据汇总等方法,并编制信息处理软件对这些模型和算法进行实现;确定处理后的交通信息的共享和信息服务提供的方式和机制。

2)多源异构交通信息数据库

来自各种交通方式的交通数据具有多源、多维、时态与大规模数据量的特点。因此,交通数据的存储必须以异构型分布式数据库和数据仓库为基础,根据交通数据的特点完成对异构型分布式数据库的集成处理方法、数据格式规范和网络接口协议标准的建设。

3. 信息发布

交通信息服务中最重要的部分是向公众提供的信息服务内容。本子系统主要是将最准确的交通信息发布给最需要的人群。通过不同的发布手段,包括 SMS、PORTAL、电台广播、电子站牌、可变情报板等,向公众、政府、公交系统出租车等出行者发布交通服务信息。

1)手机短信(SMS)

建立一个统一的短信服务平台,为系统提供整合的交通信息短信服务,该平台将提供实时路况、位置服务、路况预报、重大交通事件通过等信息内容。短信平台的信息提供方式包括:临时请求、长期定制。

2)可变情报板

可变情报板设在路边,方便驾驶者获得途中交通信息,包括前方路况、重大交通事件等。它可以在最正确的位置向驾驶者发布最及时的信息,这些信息可以帮助驾驶者选择行驶路线,时效性强。

3)车载终端

将车载终端安装在车内,由电子地图、TTS语音播报器和无线接收装置组成。主要对出租车、私家车等提供实时的交通服务信息,提供的主要信息包括:实时路况、位置服务、重大事件通告等。

4)WEB门户

建设一个整合多模式交通信息的综合交通信息WEB门户,在此门户上集成大量交通信息服务,可以使用户得到一站式的变通信息服务。

5)交通广播

交通广播是驾驶人在出行过程中经常收听的媒体,在发布交通信息方面有着独特的优势。系统为交通广播提供信息终端,通过信息终端使广播电台可直接得到交通信息,如实时路况等。

第十四章　货物多式联运

多式联运作为集约高效的现代化运输组织模式,产生于 1960 年左右,并在 1980 年后随着集装箱技术的成熟开始快速发展。欧美发达国家自 20 世纪 80 年代以来,通过各种政策措施大力发展多式联运,特别是跨入 21 世纪后均把多式联运作为交通运输系统优化的主导战略,目前已经形成了发展形式多样、设施装备先进、标准体系完善、运输组织顺畅、政策保障有力的多式联运推进体系。多式联运是世界公认的高效运输服务模式,伴随着集装箱在全球的普及应用,多式联运的发展已经深刻改变着世界贸易的格局,成为全球供应链布局的重要影响因素。

发达国家十分重视综合运输体系的建设,尤其是将多式联运作为推进综合运输体系建设的重要内容,集装箱多式联运、铁路驮背运输、水陆滚装运输都得到普遍发展。虽然我国多式联运起步较早,从 1980 年开办境内国际集装箱转西伯利亚大陆桥运输,目前已有包括中外运、中远、中海、中铁在内的不少企业都在不同程度上开办国际集装箱多式联运业务,但多式联运一直发展缓慢,成效不大。随着我国综合交通运输的发展,多式联运在发展综合运输中的作用越来越大。

第一节　货物多式联运的概念与分类

一、多式联运的概念

(一)多式联运的概念

多式联运(Multimodal Transport 或 Intermodal Transport)起源于 20 世纪 60 年代的美国。在发展初期,凡是经由两种及以上运输方式的联合运输均被称之为多式联运。后来,随着技术的不断进步和发展形式的日趋多样,各国对于多式联运概念和内涵的界定也有所不同,但近年国际上逐渐呈现统一的趋势,即把 Multimodal Transport 和 Intermodal Transport 两个概念加以区别,前者可视为广义的多式联运;后者则被视为更加严格意义的多式联运,且成为各国发展的重点。

1. 欧洲

2001 年欧盟发布了《组合运输术语》(Terminology on Combined Transport),对相关概念作了统一规范。从外延自大到小来看,共涉及以下三个基本概念。

(1)复合运输(Multimodal Transport),泛指以两种及以上运输方式完成的货物运输形式。

(2)多式联运(Intermodal Transport),特指货物全程由一种且不变的运载单元或道路车辆装载,通过两种及以上运输方式无缝接续且在更换运输方式过程中不发生对货物本身操作的一种货物运输形式。

(3)组合运输(Combined Transport),指 Intermodal Transport 中"全程仅使用一种标准化运载单元"的特定形式。其中标准化运载单元在欧盟国家有三种,即国际集装箱、可脱卸箱体(swap-body)、厢式半挂车(semi-trailer)。

上述三个基本概念中,(1)包含了(2)、(2)又包含了(3);反过来,(3)是(2)的特定形式、(2)则是(1)的特定形式。

2. 美国

美国运输统计局和运输研究委员会在其专业术语词典中,把 Multimodal Transportation 和 Intermodal Transportation 基本等同。但在美国许多研究报告中,前者更多泛指多种运输方式之间的组合,而后者则侧重于针对标准化运载单元的多种运输方式之间的快速转运,这与欧洲有关多式联运的概念界定趋向一致。尤其近年来,美国官方的表述越来越趋同于欧盟的术语规范。

3. 中国

中国习惯上对多式联运的理解为以两种及以上运输方式协同完成的货物运输。国家标准《物流术语》(GB/T 18354—2006)将"多式联运"(英文仅使用 Multimodal Transport,弃用 Intermodal Transport)定义为"联运经营者受托运人、收货人或旅客的委托,为委托人实现两种或两种以上运输方式的全程运输,以及提供相关运输物流辅助服务的活动",强调"一个承运人"承担"全程运输"责任,与欧美相关术语定义有角度上的不同。

由两种及其以上的交通工具相互衔接、转运而共同完成的运输过程统称为复合运输,我国习惯上称之为多式联运。譬如从上海到南非的约翰内斯堡(JOHANNESBURG),经过海运——从上海到德班(DURBAN),再经陆运——从德班到约翰内斯堡。这已经算是多式联运了。《联合国国际货物多式联运公约》对国际多式联运所下的定义是:按照国际多式联运合同,以至少两种不同的运输方式,由多式联运经营人把货物从一国境内接管地点运至另一国境内指定交付地点的货物运输。而中国海商法对于国内多式联运的规定是,必须有种方式是海运。

1980 年 5 月于日内瓦通过的《联合国国际多式联运公约》中规定:"国际多式联运是指按照多式联运合同,以至少两种不同的运输方式,由多式联运经营人将货物从一国境内接管货物的地点运至另一国境内指定交付货物的地点。"

【专栏】 综合交通运输体系与多式联运的区别

综合的交通运输体系,是指在运输社会化的范围内将各种运输方式综合起来的过程中,所形成的一种体系,是由运输方式,运输工具和运输管理技术所组成的一个系统。比如,我国现在正在加紧完善综合交通运输体系。多式联运,是指由两种或两种以上的交通工具通过转运互相衔接,共同完成的从讲物品从出发点运达目的地的运输过程。换句话说，是一个运输主体为了节约运输时间，节省运输费用，更合理地完成运输任务而采取的结合多种运输方式的一种运输方法。比如某企业运输货品可以采用铁路和水路相结合的多式联运。

两者的区别就在于，一个是系统，而另一个仅是一种手段和方法。

国际多式联运（MultimodaI Transport）是一种以实现货物整体运输的最优化效益为目标的联运组织形式。它通常是以集装箱为运输单元，将不同的运输方式有机地组合在一起，构成连续的、综合性的一体化货物运输。通过一次托运，一次计费，一份单证，一次保险，由各运输区段的承运人共同完成货物的全程运输，即将货物的全程运输作为一个完整的单一运输过程来安排。然而，它与传统的单一运输方式又有很大的不同。根据1980年《联合国国际货物多式联运公约》以及1997年我国原交通部和原铁道部共同颁布的《国际集装箱多式联运管理规则》中的定义，国际多式联运是指"按照多式联运合同，以至少两种不同的运输方式，由多式联运经营人将货物从一国境内接管货物的地点运至另一国境内指定地点交付的货物运输"。根据该定义，结合国际上的实际做法，可以看出，构成国际多式联运必须具备以下特征或称基本条件。

（1）必须具有一份多式联运合同。该运输合同是多式联运经营人与托运人之间权利、义务、责任与豁免的合同关系和运输性质的确定，也是区别多式联运与一般货物运输方式的主要依据。

（2）必须使用一份全程多式联运单证。该单证应满足不同运输方式的需要，并按单一运费率计收全程运费。

（3）必须是至少两种不同运输方式的连续运输。

（4）必须是国际间的货物运输。这不仅是区别于国内货物运输，主要是涉及国际运输法规的适用问题。

（5）必须由一个多式联运经营人对货物运输的全程负责。该多式联运经营人不仅是订立多式联运合同的当事人，也是多式联运单证的签发人。当然，在多式联运经营人履行多式联运合同所规定的运输责任的同时，可将全部或部分运输委托他人（分承运人）完成，并订立分运合同。但分运合同的承运人与托运人之间不存在任何合同关系。

由此可见，国际多式联运的主要特点是，由多式联运经营人对托运人签订一个运输合同统一组织全程运输，实行运输全程一次托运，一单到底，一次收费，统一理赔和全程负责。它是一种以方便托运人和货主为目的的先进的货物运输组织形式。国际多式联运是国际运输方式的一种，目前国际多式联运已成为一种新型重要的国际集装箱运输方式。

由上面对多式联运概念的介绍可知，尽管各国存在不同的术语定义，但在多式联运内涵的把握上，较有代表性的是以下两类。

第一类是广义的多式联运。凡是涉及两种及两种运输方式以上的联合运输统称为多式联运。广义的多式联运主要强调各种运输方式之间的无缝衔接，代表性的有美国的《冰茶法案》、我国的《物流业发展中长期规划(2014~2020年)》所指向的多式联运。

第二类是狭义的多式联运。强调两种或多种运输方式在接续转运中,仅使用某一种标准化的运载单元或道路车辆,且全程运输中不对货物本身进行倒载。代表性的是欧盟所指向的多式联运。

此外,强调由联运经营人组织完成全程连续运输的多式联运,更接近于广义的多式联运。实际上,突出"由一个多式联运经营人一票到底、全程负责"的多式联运主要用于以海运为基础的国际贸易运输,代表性的有《联合国国际货物联合运输公约》所指向的国际多式联运。

(二)多式联运组织要素

从上面多式联运内涵看出,无论是广义还是狭义的多式联运,均需要以下生产要素来支撑其运作,即多式联运经营人、发货人、契约承运人和实际承运人、收货人、多式联运合同、多式联运单据(票据)。

1. 多式联运经营人

多式联运经营人是指与托运人签订多式联运合同并对运输过程承担全部责任的合同主体。国际多式联运活动中,只有多式联运经营人才有权签发多式联运提单,并且负责赔偿在整个联合运输过程中任何地方所发生的货物灭失或者损坏。由于国内运输并没有"多式联运提单"的概念,因此内贸多式联运并不需要严格意义上的多式联运经营人。多式联运经营人主要集中在外贸多式联运领域,并且主要是国际集装箱多式联运。

2. 多式联运承运人

多式联运承运人是指以运送货物或者组织货物或承诺运送货物为主营业务并收取运费的人。多式联运承运人又可以分为实际承运人和缔约承运人:实际承运人是指实际从事货物运输或者部分运输的承运人;缔约承运人是指以明示或者默示方式承担运输责任的承运人,如无船承运人、无车承运人。

3. 多式联运规则

多式联运规则是关于多式联运中的货物运输组织与管理、参与人的权利和义务、经营人的赔偿责任及期间、定价机制和违约处理、运输单证的内容和法律效力等方面的协议、标准或规范。多式联运规则是多式联运运作的核心。

4. 多式联运站场

多式联运站场是货物在各种运输方式之间转运的实际发生地。多式联运站场既可以是铁路集装箱中心站、港口码头、公路货运站,也可以依托堆场或者仓库等设施。

5. 标准化运载单元

标准化运载单元主要指国际标准集装箱、可脱卸箱体(swap-body)、厢式半挂车(semi-trailer),也包括物流台车(笼车)、集装袋等。

6. 多式联运专用载运机具

多式联运专用载机具主要包括铁路集装箱平车、厢式半挂车平车；整车货车或半挂车专用滚装船舶；铁路商品车运输专用车辆；公铁两用半挂车及其转换架等。

7. 转运设施装备

多式联运转运设施和装备是实现多式联运运作机械化的重要条件，实现高效的多式联运所必需的转运设施装备包括但不限于：龙门式起重机、桥式起重机、集装箱堆高机、叉车、托盘等。

8. 多式联运信息系统

跨运输方式的信息交换共享和互联互通是多式联运运作的重要基础条件，通过多式联运信息系统，可以实现货物跨运输方式、全程的实时追踪和在线查询。

(三) 多式联运的特点

多式联运是全程运输通过一次托运、一张单证、一次保险、一次计费，被作为一个完整的单一运输过程来安排。通过多种运输方式，实现"门到门"的运输目标，这是未来运输经济发展的方向。因此，多式联运具有以下特点。

(1) 全程性。多式联运是由联运经营人完成和组织的全程运输。

(2) 简单性。多式联运实行一次托运、一份合同、一张单证、一次保险、一次结算费用、一票到底。

(3) 通用性。多式联运涉及两种以上运输方式的运输和衔接配合，与按单一运输方式的货运法规来办理业务不同，所使用的运输单证、商务规定、货运合同、协议、法律、规章等必须要适用于两种以上的运输方式。

(4) 多式联运经营人具有双重身份。多式联运经营人在完成或组织全程运输过程中，首先要以本人身份与托运人订立联运合同，在该合同中他是承运人。

(四) 多式联运的优点

多式联运是货物运输的一种较高组织形式，它集中了各种运输方式的特点，扬长避短融会一体，组成连贯运输，达到简化货运环节功问速货运周转、减少货损货差、降低运输成本、实现合理运输的目的，它比传统单一运输方式具有无可比拟的优越性，主要表现在：

(1) 责任统一，手续简便。在多式联运方式下，不论全程运输距离多么遥远，也不论需要使用多少种不同运输工具，更不论途中要经过多少次转换，一切运输事宜统一由多式联运经营人负责办理，而货主只要办理一次托运、签订一个合同、支付一笔全程单一运费，取得一份联运单据，就履行全部责任。由于责任统一，一旦发生问题，也只要找多式联运经营人便可解决问题。与单一运输方式的分段托运，多头负责相比，不仅手续简便，而且责任更加明确。

(2) 减少中间环节，缩短货运时间，降低货损货差，提高货运质量。多式联运通常是以集装箱为媒介的直达连贯运输，货物从发货人仓库装箱验关铅封后直接运至收货人仓库交货，中途无需拆箱捣载，减少很多中间环节，即使经多次换装，也都是使用机械装卸,丝毫不触及箱内货物,货损货差和偷窃丢失事故就大为减少,从而较好地保证货物安全和货运质量。此外,由于是连贯运输,各个运输环节和各种运输工具之间,配合密切,衔接紧凑,货物所到之处,中转迅速及时,减少在途停留时间,故能较好地保证货物安全、迅速、准确、及时地运抵目的地。

(3)降低运输成本,节省运杂费用,有利贸易开展 多式联运是实现"门到门"运输的有效方法。对货方来说,货物装箱或装上第一程运输工具后就可取得联运单据进行结汇,结汇时间提早,有利于加速货物资金周转,减少利息支出。采用集装箱运输,还可以节省货物包装费用和保险费用。此外,多式联运全程使用的是一份联运单据和单一运费,这就大大简化了制单和结算手续,节省大量人力物力,尤其是便于货方事先核算运输成本,选择合理运输路线,为开展贸易提供了有利条件。

(4)实现"门到门"运输的有效途径。多式联运综合了各种运输方式,扬长避短,组成直达连贯运输,不仅缩短运输里程,降低运输成本,而且加速货运周转,提高货运质量,是组织合理运输、取得最佳经济效果的有效途径。尤其是采用多式联运,可以把货物从发货人内地仓库直运至收货人内地仓库,为实现"门到门"的直达连贯运输奠定了有利基础,工业上自动化大生产是通过自动化生产线,那么多式联运可以说是运输大生产的多式联运生产线。

二、货物多式联运的分类

对于多式联运的分类有不同分法。

1. 按照服务的运输对象分

可以分为货物多式联运和旅客多式联运,目前美国的货物多式联运(主要是有铁路参与的多式联运)发展最为成功,而欧洲一些国家在旅客多式联运方面比较成功。

2. 按照不同运输方式的排列组合分

多式联运的形式主要有公铁联运、公水(海)联运、水铁公联运和空公联运等。

3. 按照业务经营范围分

可以分为国际多式联运和国内多式联运,其中国际多式联运主要是指国际货物多式联运,即"按照多式联运合同,以至少两种不同的运输方式,由多式联运经营人将货物从一国境内接货地点运到另一国境内制定的交付货物的地点"。

4. 从不同种类的多式联运经营人的角度分

可以分为由单个承运人独立完成的多式联运(Single-carrier)和由多个承运人联合完成的多式联运(Interline),其中前者是指"运输链条中某一运输方式的承运人扩大其经营领域将范围延伸至与其相连接的另一运输方式的领域",因此作为多式联运经营人可以独立完成整个运输过程,后者是指运输代理人与承运人或承运人之间以签订协约、各取其得、各负其责的方式联合完成整个运输过程,具体又可分为:

(1)多式联运经营人与托运人签订多式联运合同,但不参与运输,而将各区段的运输任务转包给各运输区段的承运人。

(2)多式联运经营人只承担部分与运输有关的服务性作业,如装箱、拆箱业务,而不参与任何运输方式的运输,也把各区段的运输任务转包给各运输区段的承运人。

(3)多式联运经营人本身是经营某种运输方式的承运人,他与托运人签订多式联运合同并负责其中某一区段的运输任务,而将其他运输区段的任务转包给各运输区段的承运人,由他们完成各自区段的运输任务。

5. 就其组织方式和体制分

基本上可分为协作式多式联运和衔接式多式联运两大类。

(1)协作式多式联运是指两种或两种以上运输方式的运输企业,按照统一的规章或商定的协议,共同将货物从接管货物的地点运到指定交付货物的地点的运输。

(2)衔接式多式联运是指由一个多式联运企业(以下称多式联运经营人)综合组织两种或两种以上运输方式的运输企业,将货物从接管货物的地点运到指定交付货物的地点的运输。

三、多式联运发展形式

根据前面多式联运的定义,广义的多式联运包含了公铁、铁水、公水、空陆等所有跨运输方式的组合形式,包括各种大宗散货(煤炭、矿石、建材、粮食、石油等散货)的多式联运、集装箱和半挂车等标准运载单元的多式联运等。

狭义的多式联运仅指集装箱和半挂车等标准运载单元中途不拆箱、不捣载的多式联运,典型如箱驮运输、驮背运输、滚装运输(水路滚装、铁路滚装)等。但不包括大宗散货的多式联运以及跨运输方式换装时需要拆箱、捣载的厢式化多式联运(如空陆联运往往需要落地拆箱后重新集拼装车)。

欧美国家主要关注狭义的多式联运的发展,并逐渐形成了不同的技术与组织体系。

(一)美国多式联运主要组合形式

迄今为止,美国发展了多种形式的箱驮运输(以集装箱为标准运载单元,包括国际标准箱和53ft国内标准箱)、驮背运输(主要以53ft厢式半挂车为运载单元)、滚装运输。最典型也是应用最广泛的是箱驮运输COFC(Container on Flatcar)和驮背运输TOFC(Trailer on Flatcar)两大多式联运体系。

1. 箱驮运输(COFC)和驮背运输(TOFC)

美国BTS将COFC/TOFC解释为:把集装箱或半挂车放在铁路平板车上的多式联运服务,如图14-1所示。

值得注意的是,为了尽可能提高运输效率,美国普遍发展起了铁路双层集装箱运输,进一步增强了COFC的联运效率优势。

2. 滚装运输(Roll On/Roll Off)

美国对滚装运输的定义为:载运工具不通过吊装而是靠轮式驱动或拖带上/下船(火车)的运输方式,包括小汽车、卡车(整车)、挂车、火车等水陆联运,商品车公铁联运,如图14-2所示。

a) COFC-铁路双层集装箱运输　　　　　　　　b) TOFC-铁路厢式半挂车运输

图 14-1　美国的 COFC/TOFC 多式联运体系

a)　　　　　　　　　　　　　　　　b)

图 14-2　美国商品车铁路运输专用车辆

值得注意的是,除了传统集装箱船舶运输,美国内河和近海发展起了以厢式半挂车为标准运载单元的公水滚装运输,且大型化、专业化特点比欧洲更突出,如图 14-3 所示。

a)　　　　　　　　　　　　　　　　b)

图 14-3　美国厢式半挂车专用滚装驳船

3. 双式联运(Bimodal Transportation)

美国的双式联运原意是指限于两种运输方式之间的联运,后来逐渐特指通过"公铁两用挂车"(Roadrailer)实现的联运——即将公路挂车加装铁路专用铰接式托架后,直接拖上铁轨经由铁路运输,如图 14-4 所示。由于对公铁两用挂车自重要求高,限制了货物装载量,因而此种方式只在特定区域和范围内有所发展。

(二)欧洲多式联运主要组合形式

与美国多式联运标准运载单元限于集装箱和厢式半挂车有所不同,欧洲多式联运使用三种基本的标准化运载单元,即除集装箱和厢式半挂车外,还有可脱卸箱体

(swap-body)，如图14-5所示。且欧洲的集装箱仅限于国际标准箱，半挂车主要以40ft（12.19m）为主。

a)

b)

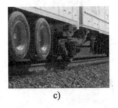
c)

d)

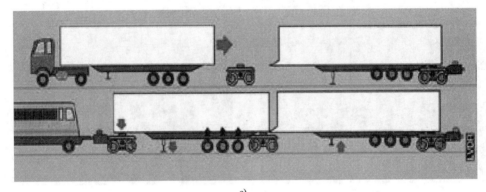
e)

图14-4　美国的Roadrailer公铁联运

a)集装箱吊装

b)可脱卸箱体吊装

c)厢式半挂车吊装

图14-5　欧洲标准化运载单元及其转运吊装形式

与美国一样，欧洲的多式联运主要也是箱驮运输、驮背运输和滚装运输。不过与美国不同，欧洲没有发展公铁两用挂车，但发展了独特的公铁滚装运输（特指卡车整车直接开上铁路并通过铁路长途运输），分别如图14-6、图14-7所示。

a)

b)

图14-6　欧洲厢式半挂车驮背运输

a)欧洲公铁滚装运输　　　　　　　　b)欧洲半挂车公水滚装运输

图 14-7　欧洲公铁、公水滚装运输

(三)我国多式联运发展的主要形式

与欧美国家相比,我国现阶段多式联运主要集中在集装箱多式联运、整车滚装运输,铁路商品车(主要是轻型车)运输、半挂车水路滚装运输在局部地区有所发展但范围较小,而半挂车铁路驮背运输、卡车整车铁路滚装运输、公铁两用挂车运输等形式。

我国已开展的国际多式联运路线主要包括我国内地经海运往返日本内地、美国内地、非洲内地、西欧内地、澳洲内地等联运线以及经蒙古或前苏联至伊朗和往返西、北欧各国的西伯利亚大陆桥运输线。其中西伯利亚大陆桥集装箱运输业务发展较快,目前每年维持在 10000TEU 左右,我国办理西伯利亚大陆桥运输主要采用铁/铁(Transrail)。铁/海(Transea)、铁/卡(Tracons)三种方式。

第二节　货物多式联运的发展历程

国际间货物的多式联运早在 20 世纪初就产生了。多式联运这种不同运输方式的综合组成和多式联运企业所提供的全程运输服务,受到货主的欢迎。但由于运输全程包括多个运输区段,使用两种及以上的运输方式,货物运输途中要经过多次换装作业,从承运装车开始到交付卸车为止,全程运输中货物要经过多次(有时达十余次)装卸作业,很容易造成货物的灭失损害和送达延误。在件杂货物运输下,给经营者多式联运的企业带来极大的风险。这种状况限制了企业经营多式联运的积极性。集装箱运输产生并在各种运输方式中普遍使用后,其特有的优势减少了这种风险,国际多式联运才迅速发展起来。目前的国际多式联运基本上是国际集装箱货物多式联运。

国际多式联运是一种比区段运输高级的运输组织形式,20 世纪 60 年代末美国首先试办多式联运业务,受到货主的欢迎。随后,国际多式联运在北美、欧洲和远东地区开始采用;20 世纪 80 年代,国际多式联运已逐步在发展中国家实行。目前,国际多式联运已成为一种新型的重要的国际集装箱运输方式,受到国际航运界的普遍重视。1980 年 5 月在日内瓦召开的联合国国际多式联运公约会议上产生了《联合国国际多式联运公约》。该公约将在 30 个国家批准和加入一年后生效。它的生效将对今后国际多式联运的发展产生积极的影响。

【专栏】《联合国国际货物多式联运公约》介绍

《联合国国际货物多式联运公约》是1980年5月24日在日内瓦举行的联合国国际联运会议第二次会议上,经与会(联合国贸易和发展会议)的84个贸发会议成员国一致通过的。《联合国国际货物多式联运公约》全文共40条和一个附件。该公约在结构上分为总则、单据、联运人的赔偿责任、发货人的赔偿责任、索赔和诉讼、补充规定、海关事项和最后条款等八部分。具体可以查相关资料。

虽然人们普遍使用并接受多式联运这个词是20世纪60年代开始的,但根据多式联运的定义,其历史可以追溯到19世纪。美国多式联运的发展同各运输方式自身的发展有密切联系,根据运输业发展的主要特征,大致可分为以下四个阶段。

1.19世纪上半叶到20世纪初期的多式联运(萌芽期)

早在1833年,多式联运的想法就出现了,在《美国铁路期刊》上曾登载过这样一幅素描:一辆机车牵引着一辆客运列车,然后在一个平板车上装载了一些运输乘客的客运马车。

尽管如此,早期的多式联运最先还是从运河的驳船运输成长起来的,在这一过程中,西进运动和产业革命也起到了推动作用。1839年,连接费城与匹兹堡间的宾夕法尼亚运河建成,形成了包含水运和陆运在内的运输体系。驳船通过与马车、铁路开展联运的方式运输旅客与货物。

1847年到1896年间,纽约、纽黑文及哈特福德铁路公司(New York, New Haven and Hartford Railroad)同福尔里弗蒸汽船公司(Fall River Steamship Line)联合试制一种多式联运集装箱,来实现铁路和运河间的货物运输。此后铁路的发展迅速超过了早期的建立在运河基础上的驳船运输,并在19世纪中期到20世纪20年代占据主导地位,但这一时期铁路所使用的集装箱主要是用于改善铁路的站到站运输,降低铁路运输成本,而不是用来促进多式联运,因此货主仍然需要负责两端的取送。

由此可见,多式联运出现的基础是已经存在多种运输方式,并且需要各种运输方式间的结合才能完成整个运输过程,对于受地理因素限制较大的内河航运体系,尤其容易最先出现联运的形式,联运的目的在于克服地域障碍。对于可用于联运的设备——集装箱虽然已经出现,但由于并不主要用于多式联运,所以这一时期的多式联运整体仍处于萌芽阶段。

2.20世纪上半叶的多式联运(形成期)

早在一战以前,一些铁路公司就开始尝试铁路与卡车间的合作运输,如纽约长滩铁路公司就曾将装有土豆的四轮马车运送到纽约蔬菜市场。四轮马车装载到铁路平车上,马匹和乘客则分别装在不同的车厢中,在1884年到1894年的十年间,都有这样的服务。但直到第一次世界大战后,才有更多的铁路公司开展零担运输,它们使用一些特制的集装箱为客户提供货物的安全保障,而一些铁路公司也使用了这些多式联运装载单元同卡车一道完成两端的货物取送。具有标志性的事件是,1926年,芝加哥北岸及米尔沃基铁路公司(Chicago North Shore and Milwaukee Railroad)开始将卡车拖车放在铁路平板车上进行运输,此后,驮背运输(Piggyback 或 TOFC)缓慢地成长起来。

1829 年,总部位于纽约的火车渡船有限公司(Seatrain Lines,Inc.)引入了一种革命性的多式联运方法,他们将整列火车装载于一种特制的轮船上,在纽约和古巴的哈瓦那之间开展运输服务。该公司一共有两艘这样的特制轮船,每艘船可装载 100 节列车,通过使用特制的起重设备,可以在 10h 内完成装卸工作。而此前使用传统装卸方法处理同样数量的货物则需要 6 天的时间。

值得一提的是,这一阶段的多式联运发展并不一帆风顺,尤其是铁路与公路的联运方面遇到了许多障碍。一方面是铁路面临来自于卡车公司和一些将零担货物拼成整车货物的货运企业的竞争,失去大量的零担货物运量。随着公路网的日益完善,卡车公司也可以提供远距离的运输服务,这使得铁路所承受的竞争压力日益加大,整车业务也日益受到威胁。另一方面,洲际商务委员会 ICC(Interstate Commerce Commission)出台了一些有关集装箱运输的管制措施,要求铁路公司对多式联运集装箱的定价要按照所运货物的价值实行等级制,这一决策使运费的计算异常复杂,并实质规定了驮背运输的最高价格上限,大大阻碍了多式联运的发展。另外,1935 年美国铁路联盟 AAR(Association of American Railway)批准一项决议,规定只能在不对其他铁路公司构成持久威胁的前提下,才能实行公铁联合运费,这也进一步妨碍了多式联运的协作。

3.20 世纪中期的多式联运(成长期)

随着时间的推移,铁路深感自身的困境日益加剧。一方面,铁路公司不愿意同卡车公司进行任何有助于提升卡车公司竞争地位的合作,而卡车公司也不愿意从事有助于铁路的合作,铁路与卡车公司间的竞争日益白热化。另一方面,许多铁路公司的管理层却日益认识到开展驮背运输对于提升自身竞争力的潜在优势。1953 年,纽黑文铁路公司向 ICC 提交请愿书,希望 ICC 能给予"驮背运输"以合法地位。次年,ICC 颁布裁决表示将广泛支持"驮背运输"的发展。此后,ICC 又陆续发布了 5 个驮背运输大纲(Piggyback plan 1 ~ 5),允许铁路公司和公路承运人之间的联运径路(Through route)和联合定价(Joint rates),这些举措扫除了一些"驮背运输"发展的障碍从而有利于多式联运的发展。

与此同时,在海运方面,由于集装箱的应用与逐步推广,促进了海、陆运输方式间的联运发展。1956 年 4 月 26 日,美国 ideal X 号轮船第一次装载了 58 只集装箱从新泽西州的纽华克运输至德克萨斯州的休斯敦,开辟了集装箱海运的先河,以此为开端的集装箱革命在多式联运发展史上产生了重要而深远的影响。集装箱的采用,改变了以往驮背运输在海、陆运输方式转载地需要重复装卸货物的局面,大大减少了货物装卸时间,节约了劳动力,从而降低了联运的成本。

到 20 世纪 60 年代中期,随着铁路多式联运在美国境内的广泛开展,以及亚、美、欧三洲之间贸易的增长,人们逐渐意识到可以通过美国发达的铁路网络在太平洋和大西洋间进行陆桥运输,不过由于当时亚欧之间的贸易量相对亚美、欧美间的要少,而且前苏联也有意发展自身连接亚欧的陆桥体系,真正意义上的跨美大陆桥运输并没有成为货运多式联运的主要部分。但值得一提的是,这一理念确实促进了海铁间的联运,小陆桥和微陆桥运输有了可喜的发展,一些船运公司绕过传统的港口,而在那些与铁路连接性好的港口装卸货物,开展联运。

综上所述,这一时期公铁联运、海铁联运都有了较大的进步,尤其是集装箱在海运进而在联运体系上的逐步广泛应用极大地促进了多式联运的发展,从此以后,真正意义的现代化的多式联运时代开始了。

4. 20世纪末期至今的多式联运(成熟期)

1977年,南方太平洋公司(SP)和ACF首次联合设计了一种双层集装箱列车,SP于1980年使用这种设备为海陆(Sea-Land)公司提供运输服务,但此后没有再订购新的设备。到1984年,美国总统轮船公司(APL)和Thall车辆公司(Thall Car Company)合作研制了新型的轻型双层列车,并大规模投入运营,很快美国所有主要的太平洋承运商和一些铁路公司开始仿效这一做法,在20世纪80年代到90年代之间,双层列车的运量尤其是国内集装箱运量大幅度增加。双层集装箱运输减少了列车的长度,提高了载运质量,降低了生产成本。

海运方面,大型集装箱轮船不断升级换代,从20世纪70年代末到21世纪初,在近30年的时间内,集装箱船的容量已从第二代的2000TEU发展到第五代的6000TEU。集装箱船的大型化从一个侧面反映出货主对无缝隙完整运输产品的需求和联运系统对集装箱运输的肯定。事实上,各种运输方式通过集装箱这一载运工具加强了彼此间的协作,铁路延伸至港口,根据班轮的船期组织运输,构建了良好的集疏运体系。据2003年数据,每周从美国西海岸开出的双层集装箱列车有240多列,每天有超过17000个满载进口货物的集装箱进入美国,其中60%是从西岸卸货经由铁路运往内陆。货运多式联运已成为过去20年以来美国货运铁路产业运量增长最快的一个主要部分,美国多式联运货运量从1980年的310万单位(包括驮背运输和箱驮运输)到2001年的900万单位,占主要铁路运输收入的近20%,仅次于铁路货运中的煤炭运输。从2003年底起,多式联运超过了煤炭运输,成为最大的铁路货运收入来源。到2015年,多式联运约占美国一级铁路总货运收入的21%。

综上所述,这一时期,集装箱这一独特的载运工具在多式联运体系中得到了进一步的发展,各种运输方式都试图提高集装箱的载运量进而实现规模经济,各种运输方式之间的协作也进一步得到增强,多式联运的潜力得到进一步的发挥,多式联运取得了空前的增长。同时,由于欧美发达国家日益受到能源、土地与环境问题的挑战,所以不断调整运输政策,强调交通运输的可持续发展,鼓励多式联运尤其是有铁路参与的多式联运的发展,而在我国,交通运输虽仍处于初级发展阶段,但为了应对经济全球化的挑战,必须改善交通运输体系的效率以降低物流成本,综合运输规划已进入研究阶段并将提上国家日程,可以说多式联运有着巨大的发展前途。

第三节 货物多式联运的意义和重点

一、货物多式联运的意义和作用

(一) 发展货物多式联运的意义

货物多式联运可以充分发挥各种运输方式的整体优势和组合效率，为货主提供无缝衔接的"门到门"服务，代表着综合运输发展方向。发达国家十分重视综合运输体系的建设，尤其是将多式联运作为推进综合运输体系建设的重要内容，集装箱多式联运、铁路驮背运输、水陆滚装运输都得到普遍发展。在德国，政府规划货运中心选址的首要原则就是实现两种以上运输方式的无缝衔接，具有联运功能。德国已形成基于标准化的运载工具体系，出台了一系列行之有效的扶持政策，如：政府给予物流园区中的联运设施财政补贴，对从事多式联运的载货汽车给予优惠政策，包括放宽总重限值、免缴公路使用税、车辆不受周末禁行限制、对多式联运经营亏损给予适度补贴等。此外，政府还对一些涉及多式联运的技术研发、设备改进、公共基础设施平台建设等项目直接进行投资。这些政策对促进多式联运发展、完善综合运输体系发挥了重要作用。

加快推进我国货物多式联运发展，既是提高物流效率、降低物流成本、推动综合运输结构性节能减排的重要途径，也是深化交通运输改革发展、促进经济转型升级的根本要求。随着交通运输大部制改革的不断深入以及"一带一路"、长江经济带等国家战略加快推进，行业管理体制机制加快理顺，交通运输基础设施不断完善，我国货物多式联运发展迎来了加速发展的战略机遇期。

我国幅员辽阔，公路网、铁路网四通八达、江河湖海纵横交错，为货物多式联运提供了先天有利条件。改革开放以来，我国经济特别是工业制造业发展迅速，原有的运输模式难以满足发展迅速的物流需求，大力发展货物多式联运十分必要。

1. 从个人角度来看，发展货物多式联运的重要意义

(1) 简化托运、制单和结算手续。在国际多式联运方式下，托运人只需办理一次托运、订立一份运输合同、一次支付费用、一次保险，从而省去托运人办理托运手续的许多不便。而一旦运输过程中发生货损货差，由多式联运经营人对全程运输负责。由于多式联运可采用一张货运单证、统一费率，因而也可简化制单和结算手续，节省人力、物力。

(2) 减少中间环节，缩短货物运输时间，减少货损货差事故，提高货运质量。货物多式联运通过集装箱进行直达运输，途中换装时无须拆箱、装箱，从而减少了中间环节。尽管货物途中需多次换装，但由于使用专业机械装卸，且又不涉及箱内的货物，因而货损货差事故，货物被窃现象大为减少，从而在一定程度上提高了货运质量。此外，由于各个运输环节和各种运输工具之间配合密切，衔接紧凑，货物所到之处中转迅速及时，大大减少货物停留时间。因此，从根本上保证了货物安全、迅速、准确、及时地运

抵目的地。

(3) 降低运输成本,节省运杂费用。由于货物多式联运可实行门到门运输,因此,对货主来说,在将货物交由第一承运人承运后即可取得货运单证,并据以结汇。结汇时间提前,不仅有利于加速货物资金的周转,而且可减少利息的支出。又由于货物是装载在集装箱内进行运输的,因此从某种意义上说,可节省货物的包装费用和保险费用。

(4) 提高运输组织水平,实现合理化运输。在国际货物多式联运开展之前,各种运输方式的经营人各自为政、自成体系。因而,其经营业务范围受到限制,货运量相应也有限。而一旦由不同的运输从业者共同参与多式联运,经营的业务范围可以大大扩展,同时,可以最大限度地发挥其现有设备的作用,选择最佳运输线路,组织合理化运输。

2. 从政府的角度来看,发展国际多式联运的重要意义

(1) 有利于加强政府门对整个货物运输链的监督与管理。

(2) 保证本国在整个货物运输过程中获得较大的运费收入配比例。

(3) 有助于引进新的先进运输技术。

(4) 减少外汇支出。

(5) 改善本国基础设施的利用状况。

(6) 通过国家的宏观调控与指导职能保证使用对环境破坏最小的运输方式达到保护本国生态环境的目的。

(二) 发展货物多式联运的作用

商品流通的长途运输,往往不是一种运输方式所以能完成的,即使是比较短的运输过程,也不可避免的要有某种运输工具为之集、装、卸、散。特别是产品从生产到流通这样较长的过程常常是多种运输方式互为集、装、卸、散的过程。例如一个工厂生产出来的产品,由仓库搬运、装载上汽车、由汽车集并到火车站、港口,装上火车、轮船运达目的地后,又要卸下并装上汽车或人畜力车送货上门进入用户的仓库。由于多种运输方式,多种运输工具,多个集、装、卸、散环节的缘故,这就决定了各种运输方式、各个中转环节衔接得愈快愈紧,则商品在途时间愈短,资金周转越快,工厂的良性生产循环越有保障,从而产、供、销各个环节紧密联结起来,形成一个息息相通、脉脉相连、环环相扣、四通八达、畅通无阻的运输网络。这是社会发展的必然要求,是交通运输业共同的发展方向。

新中国成立以来,我国联运的发展曾经四起三落。在总结经验教训的基础上,近几年来联运事业有了新的发展,江苏省正在向省、市、县三级联运服务网发展,吉林市组织了大联运,江都和阜阳实现了联运乡邮化,湖南省长沙、岳阳等地也在联运服务上出了成绩。综合他们的实践经验,归纳起来,联运发挥了以下几个方面的作用。

1. 联运能促进疏理流通渠道,推动经济发展

当前,我国城乡商品经济正在迅速发展,随着这种经济结构的变化,城乡的经济交

往日益频繁,各种形式的联运正适应着这种新形势而发展起来,为商品经济的发展提供了快速、经济、安全、方便的运输服务,使流通渠道得到疏理。反过来,商品经济的发展,又推动了联运事业的不断前进,两者在这各良性的循环中互相促进。

2. 联运能沟通各种运输方式之间的横向联系

我国现行交通运输体制,属于纵向垂直型。铁、水、公、航(空)各成体系、以条条管理为主,缺乏横向的有机联系。自从铁水干线联运的开办,就把铁路网络中4000多个车站和水运干线网中97个港口之间彼此沟通了,加强了联运横向联系,又如众多的联运企业把公路、航运相互接通,组成大小不同的各种干、支联运网络。从这个意义讲,组织联运可在一定程度上改善了现行交通运输体系纵向垂直型的缺陷,从运输组织工作上更好地满足国民经济发展的需要。

3. 联运能挖掘运输潜力提高运输效率

从组织铁水联运专线方面来看,铁路组织直达列车和成组运输,水运组织专用船舶定线、定期运输,港口定专用码头进行装卸,彼此之间建立及时预确报的情报体系,使车、船港站紧密协调衔接起来,铁水全程联运组成统一的作业体系,运输工具、设备潜力得到充分发挥,运输效率高、经济效益好。统计资料表明,大(同)秦(皇岛)—上(海)之间实行煤炭铁水(干线)联运专线后,铁路每天可节省30多列货车,海上运输每年330个航线上增加一两艘船舶的运力,可多运煤炭70万t。

在干、支线联运方面,建立以干线的站(车站)港(港口)为依托的干支联运后,站、港货物得到及时、迅速、安全地集散,货位周转得到加快,保证了站、港畅通。如长沙北站的车辆装卸时间由2.46天下降到1.37天,与此同时,由联运企业组织配载的车、船,一般也提高了袂载率,使效率得到发挥。

4. 可以减少物资流通费用,方便货主,提高社会经济效益

运输费用在商品流通费用中占很大比重,而在途中运输的货物又占用了大量的资金,需要支付大量的银行利息。要加速资金周转,减少在途资金,减少物资流通费用,节约银行利息支出,就必须组织合理运输,采用联合运输的方式,实行水陆联运。缩短货物待运时间,不仅可省运费,而且还可节省银行信贷利息。仅以上海运往东北三省的百杂货联运线为例,每年就可节省费用300万元,节省银行利息60万元。综合上述三项费用每年可为货主节省许多费用。据长沙市联运公司统计每年可为货主节约费用200多万元。长沙市宁乡县开办联运公司后,到长沙中转回宁乡的货物,由原来的3天,实现了1天到达,周转显然加快了。

二、货物多式联运发展工作重点

推进货物多式联运发展,应以强化不同运输方式之间的衔接协调、提高多式联运的组合效率和整体效益、提升组合运输服务能力和现代物流发展水平为根本目标,坚持先行先试、分类推进、重点突破,不断总结不同运输方式的基础设施、装备技术等硬件设施以及标准规范、服务规则、政策法规等制度环境在无缝衔接方面的经验,通过多

式联运专业站场、多式联运承运人以及快速转运装备技术、标准规范和信息平台的技术创新和示范应用,加快推进多式联运发展。

(一)提高基础设施衔接水平

1. 加快推进传统货运枢纽改造升级

支持和引导传统铁路、公路、港口货运枢纽向上下游延伸服务链条,强化全程物流服务意识,积极推进设施设备技术改造和运输组织流程优化。依托港口、铁路货运站场,配套建设公路集散分拨中心,打造具有公、铁、水联运功能的综合货运枢纽(物流园区)。加快推进铁路集装箱中心站建设,超前规划和提升设施设备能力,强化与周边物流园区的无缝对接和紧密合作,提高组货和配送效率。支持在符合条件的大型综合性物流园区内建设多式联运作业站场,推进物流园区的改造升级。

2. 加强基础设施规划和建设的高效衔接

强化铁路、公路和水路之间运输网络的无缝衔接,大力推进铁路进港、公路通场(站)设施建设,着力加强主要港口(包括内陆港)疏港铁路、铁路枢纽站场外联高等级公路等重点项目的规划建设,加快完善枢纽节点的多方式集疏运体系。加强铁路货运枢纽的公路集运和分拨站点配套建设,优化铁路最先和最后一公里配送网络。统筹布局、统一规划、同步建设综合运输大通道,科学评估和合理优化现有通道内铁路、公路和水路基础设施网络结构,充分发挥各种运输方式的比较优势和组合效率。

(二)提升一体化服务能力

1. 创新运营组织模式

充分发挥铁路经济高效的干线运输优势和公路机动灵活的支线运输优势,在政策引导和市场机制作用下,推动将更多公路长途货运转向铁路和水路运输。鼓励支持公路运输企业积极主动对接铁路运输两端业务,强化对铁路"最先和最后一公里"的接驳和集散服务,构建铁路干线运输和公路末端配送紧密衔接的全程组织链条,探索资源整合共享的一体化经营模式,形成服务产品协同开发的合力。进一步推进大宗物资铁、公、水多种组合方式的联合运输,强化设施设备的无缝衔接。大力发展以集装箱、半挂车为标准运载单元的公铁、铁水等多式联运,广泛推广甩挂、甩箱作业模式,积极探索发展铁路双层集装箱运输、铁路驮背运输、公铁滚装运输等先进组织方式。

2. 积极培育多式联运经营主体

引导运输企业探索创新多式联运全程组织模式,支持铁路运输企业与公路、水路运输企业组建各种形式的经营联合体,鼓励联运参与方以资产为纽带、集中核心资源组建龙头骨干企业。支持铁路运输企业通过兼并、重组、收购、参股控股、联盟合作等方式整合公路货运资源,加快向多式联运经营人模式转变。

(三)提高货物快速转运效率

1. 推进设施设备的标准化建设

建立健全基于集装箱和半挂车等基本运载单元的设施设备技术标准体系,积极推进物流台车、集装袋、物流箱等集装化装卸机具、大型转运吊装设备、非吊装式换装设备以及适应铁路驮背运输、公铁滚装运输的运载单元拴固设备等技术标准体系建设，不断提升运输装备的通用性和现代化水平。

2. 广泛推广应用先进技术装备

加快推进标准化、集装化、厢式化运载单元和托盘的推广应用，积极发展货物状态监控、作业自动化等技术装备。重点支持研发和推广应用铁路驮背运输专用平车、半挂车专用滚装船、公铁两用挂车以及其他多式联运专用载运机具，支持研发和使用大型、高效、节能环保的装卸设备和快速转运设备，减少无效搬倒和装卸次数，提高货物转运效率。

（四）优化多式联运制度环境

1. 统一多式联运服务规范

统筹铁路、公路、水路运输在市场开放和准入、安全管控（包括装载限重、危险货物界定）、货运代理、运价形成机制、保险理赔标准、承托方责权利等方面的规制要求，研究制订多式联运规则，统一多式联运票证单据、承运人识别、责任划分、保险赔偿等方面的规定，为全程联运组织扫除制度性壁垒。加快制定并推广多式联运标准合同范本及适用于国内水路、铁路、公路运输的统一联运提单。引导推行"一票式"联运服务，推动企业向客户和社会及时发布船期、定舱、班列、车皮、运价、货物动态等相关信息。

2. 优化多式联运发展环境

加强市场监管，统筹完善市场准入和退出机例，制定和完善多式联运经营行为及服务规范，明确服务程序和评价标准，建立健全运输企业信用保障制度，完善质量信誉考核体系，推进多式联运市场的规范有序发展。建立以市场为导向的价格机制，增强多式联运的市场竞争力。支持铁路运输企业与公路、水路运输企业以共同利益为纽带，以提高效益为目标，建立互惠多赢的合作机制。完善货运中介代理制度，积极发展货运代理业，充分发挥货运代理在多式联运中的组织作用。建立健全多式联运统计指标体系和调查方法，完善铁路、公路、水路联运统计制度和运行监测体系。

（五）强化信息系统互联互通

1. 推进信息共享与标准衔接

制定多式联运信息共享和数据传输、交换标准，突破相互间信息壁垒，推动建立各种运输方式信息资源相互开放与共享机制。整合现有铁路、公路、水路运输相关信息系统，统一搭建多式联运公共信息服务平台，提高不同运输方式之间的信息系统对接和数据协同开发水平，满足货主和多式联运经营人获取船、货、车、班列、港口、场站、口岸等动态信息的需求，促进多种运输方式间的协同联动。

2. 推广先进信息技术和装备

促进信息采集、电子数据交换、无线射频识别、物联网（车联网、船联网）、大数据、云计算等先进技术及装备在铁路、公路、水路运输行业中的推广应用，引导支持运输企业推进信息管理业务全覆盖，加强货物全程实时追踪、信息查询和多式联运运行调度、统计监测、市场分析等系统建设,全面提升公铁水联运的信息化和智能化水平。

第四节 货物多式联运组织与实施

一、货物多式联运的组织方法

货物多式联运的全过程就其工作性质的不同,可分为实际运输过程和全程运输组织业务过程两部分。实际运输过程由参加多式联运的各种运输方式的实际承运人完成的,其运输组织工作属于各种方式运输企业内部的技术、业务组织。全程运输组织业务过程是由多种运输经营人完成的,主要包括全程运输所涉及的所有商务性事务和衔接服务性工作组织实施,其运输组织方法可以有很多种,但就其组织体质来说,基本上可分为协作式多式联运和衔接式多式联运两大类。

(一)协作式多式联运的运输组织方法

(1)协作式多式联运组织方法是发货人根据货物运输的实际需要向联运办公室提出托运申请,并按月申报整批货物要车、要船计划,联运办公室根据多式联运线路及各运输企业的实际情况制订货物运输计划,把该计划批复给托运人并转发给各运输企业和中转港站。发货人根据计划安排向多式联运第一程的运输企业提出申请,并填写联运货物托运委托书(附运输计划),第一程运输企业接受货物后经双方签字,多式联运合同即告成立。第一程运输企业组织并完成自己承担区段的货物运输至下一区段衔接地,直接将货物交给中转港站,经换装后由下一程运输企业继续运输,直至最终目的地由最后一程运输企业向收货人交付。在前后运输企业之间和港站与运输企业交接货物时,需填写货物运输交接单和中转交接单(交接与费用结算依据)。联运办公室(或第一程企业)负责按全程费率向托运人收取运费,然后按各企业之间商定的比例向各运输企业及港站清算。

(2)协作式多式联运是目前国内货物联运的基本形式。在协作式多式联运下,参与联运的承运人均可受理托运人的托运申请,接收货物,签署全程运输单据,并负责自己区段的运输生产;后续承运人除负责自己区段的运输生产外,还需要承担运输衔接工作;而最后承运人则需要承担货物交付以及受理收货人的货损货差的索赔。在这种体制下,参与联运的每个承运人均具有双重身份。对外而言,他们是共同承运人,其中一个承运人(或代表所有承运人的联运机构)与发货人订立的运输合同,对其他承运人均有约束力,即视为每个承运人均与货方存在运输合同关系;对内而言,每个承运人不但有义务完成自己区段的实际运输和有关的货运组织工作,还应根据规章或约定协议,承担风险,分配利益。

(3)协作式多式联运的组织者是在各级政府主管部门协调下,由参加多式联运的各种运输方式的企业和中转港站共同组成联运办公室(或者其他名称)。货物全程运输计划由该机构制订。这种联运组织下的货物运输过程如图14-8所示。

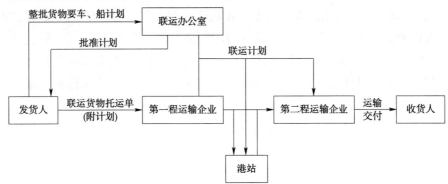

图14-8 协作式多式联运的货物运输过程

(4) 根据开展联运依据的不同,协作式多式联运可进一步细分为法定(多式)联运和协议(多式)联运。

①法定(多式)联运。它是指不同运输方式运输企业之间根据国家运输主管部门颁布的规章开展的多式联运。铁路、水路运输企业之间根据《铁路水路货物联运规则》开展的水陆联运即属此种联运。在这种联运形式下,有关运输票据、联运范围、联运受理的条件与程序、运输衔接、货物交付、货物索赔程序以及承运之间的费用清算等,均应符合国家颁布的有关规章的规定,并实行计划运输。

这种联运形式无疑有利于保护货方的权利和保证联运生产的顺利进行,但缺点是灵活性较差,适用范围较窄,它不仅在联运方式上仅适用铁路与水路两种运输方式之间的联运,而且对联运路线、货物种类、数量及受理地、换装地也做出了限制。此外,由于货物托运前需要报批运输计划,给货方带来了一定的不便。法定(多式)联运通常适用于保证指令性计划物资、重点物资和国防、抢险、救灾等急需物资的调拨。

②协议(多式)联运。它是指运输企业之间根据商定的协议开展的多式联运。比如,不同运输方式的干线运输企业与支线运输或短途运输企业,根据所签署的联运协议开展的多式联运,即属此种联运。

与法定(多式)联运不同,在这种联运形式下,联运采用的运输方式、运输票据、联运范围、联运受理的条件与程序、运输衔接、货物交付、货物索赔程序,以及承运人之间的利益分配与风险承担等,均按联运协议的规定办理。与法定(多式)联运相比,该联运形式的最大缺点是联运执行缺乏权威性,而且联运协议的条款也可能会损害货方或弱小承运人的利益。

(5) 协作式多式联运组织方法是建立在统一计划、统一技术作业标准、统一运行时间表和统一考核标准基础上,而且在接受货物运输、中转换装、货物交付等业务中使用的技术装备、衔接条件等也需要同步建设、配套运行,以保证全程运输的协同性。这种组织方法在有的资料中成为"货主直接托运制",是国内过去和当前多式联运(特别是大宗、稳定、重要物资运输)中采用的主要方法。

(二)衔接式多式联运的组织方法

(1)衔接式多式联运组织业务是由多式联运经营人完成的。在实践中,多式联运经营人既可能由不拥有任何运输工具的国际货运代理、场站经营人、仓储经营人担任,也可能由从事某一区段的实际承运人担任。但无论如何,他都必须持有国家有关主管部门核准的许可证书,能独立承担责任。这种联运组织下的运输过程如图14-9所示。

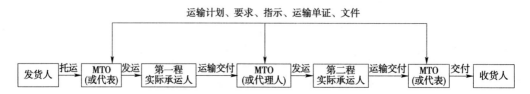

图14-9 衔接式多式联运的货物运输过程

(2)衔接式多式联运的组织方法是由多式联运经营人受理发货人提出的托运申请,双方订立货物全程运输的多式联运合同,并在合同指定地点(发货人的工厂或仓库,或指定的货运站、中转站、堆场、仓库)办理货物的交接,多式联运经营人签发多式联运单据,接受托运后,多式联运经营人首先要选择货物运输路线,划分运输区段(确定中转、换装地点),选择各区段的实际承运人,确定零星货物集运方案,制订货物全程运输计划,并把计划转发给各中转衔接地点的分支机构或委托的代理人。然后根据计划与各运程的实际承运人分别订立货物运输合同。全程各区段的衔接,由多式联运经营人(或其代理人)从前程实际承运人接受货物再向后程承运人交接,在最终目的地从最后一程实际承运人接受货物后再向收货人交付。

(3)在与发货人订立多式联运合同后,多式联运经营人根据双方协议,按全程单一费率收取全程运费和各类服务费、保险费(如需多式联运经营人代办的)等费用。在与各区段实际承运人订立各分运合同时,需向各实际承运人支付运费及其他费用。在各衔接地点委托代理人完成衔接服务业务时,也需向代理人委托代理费用。

(4)在衔接式多式联运下,运输组织工作与实际运输生产实现了分离,多式联运经营人负责全程运输组织工作,各区段的实际承运人负责实际运输生产。在这种体制下,多式联运经营人也具有双重身份。对于货方而言,他是全程承运人,与货方订立全程运输合同,向货方收取全程运费及其他费用,并承担承运人的义务;对于各区段实际承运人而言,他是托运人,他与各区段实际承运人订立分运合同,向实际承运人支付运费及其他必要的费用。很明显,这种运输组织与运输生产相互分离的形式,符合分工专业化的原则,由多式联运经营人"一手托两家",不但方便了货主和实际承运人,也有利于运输的衔接工作,因此,它是联运的主要形式。在国内联运中,衔接式多式联运通常称为联合运输,多式联运经营人则称为联运公司。我国在《合同法》颁布之前,仅对包括海上运输方式在内的国际多式联运经营人的权利与义务,在《海商法》和《国际集装箱多式联运规则》中做了相应的规定,对于其他形式下国际多式联运经营人和国内多式联运经营人的法律地位与责任,并未做出明确的法律规定。《合同法》颁布后,无论是国内多式联运还是国际多式联运,均应符合该多式联运合同中的规定,这无疑有利于我国多式联运业的发展壮大。

衔接式多式联运组织方法,在有些资料中称为"运输承包发运制"。目前在国际货物多式联运中主要采用这种组织方法,在国内多式联运中也越来越多地采用这种方法。

二、多式联运的主要组织形式

多式联运是采用两种或两种以上不同运输方式进行联运的运输组织形式。这里所指的至少两种运输方式可以是:海陆、陆空、海空等。这与一般的海海、陆陆、空空等形式的联运有着本质的区别。后者虽也是联运,但仍是同一种运输工具之间的运输方式。众所周知,各种运输方式均有自身的优点与不足。一般来说,水路运输具有运量大,成本低的优点;公路运输则具有机动灵活,便于实现货物门到门运输的特点,铁路运输的主要优点是不受气候影响,可深入内陆和横贯内陆实现货物长距离的准时运输;而航空运输的主要优点是可实现货物的快速运输。由于国际多式联运严格规定必须采用两种和两种以上的运输方式进行联运,因此这种运输组织形式可综合利用各种运输方式的优点,充分体现社会化大生产大交通的特点。

由于国际多式联运具有其他运输组织形式无可比拟的优越性,因而这种国际运输新技术已在世界各主要国家和地区得到广泛的推广和应用。欧洲,远东/北美等海陆空联运,其组织形式包括海陆联运。

(一)海陆联运

海陆联运是国际多式联运的主要组织形式,也是远东/欧洲多式联运的主要组织形式之一。组织和经营远东/欧洲海陆联运业务的主要有班轮公会的三联集团、北荷、冠航和丹麦的马士基等国际航运公司,以及非班轮公会的中国远洋运输公司、"台湾"长荣航运公司和德国那亚航运公司等。这种组织形式以航运公司为主体,签发联运提单,与航线两端的内陆运输部门开展联运业务,与大陆桥运输展开竞争。

(二)陆桥运输

在国际多式联运中,陆桥运输(Land Bridge Service)起着非常重要的作用。它是远东/欧洲国际多式联运的主要形式。所谓陆桥运输是指采用集装箱专用列车或载货汽车,把横贯大陆的铁路或公路作为中间"桥梁",使大陆两端的集装箱海运航线与专用列车或载货汽车连接起来的一种连贯运输方式。严格地讲,陆桥运输也是一种海陆联运形式,只是因为其在国际多式联运中的独特地位,故在此将其单独作为一种运输组织形式。

1. 西伯利亚大陆桥(Siberian Land bridge)

西伯利亚大陆桥(SLB)是指使用国际标准集装箱,将货物由远东海运到俄罗斯东部港口,再经跨越欧亚大陆的西伯利亚铁路运至波罗的海沿岸如爱沙尼亚的塔林或拉脱维亚的里加等港口,然后再采用铁路、公路或海运运到欧洲各地的国际多式联运的运输线路。

西伯利亚大陆桥于1971年由原全苏对外贸易运输公司正式确立。全年货运量高达10万TEU,最多时达15万TEU。使用这条陆桥运输线的经营者主要是日本、中国和欧洲各国的货运代理公司。其中,日本出口欧洲杂货的1/3,欧洲出口亚洲杂货的1/5是经这条陆桥运输的。由此可见,它在沟通亚欧大陆,促进国际贸易中所处的重要地位。

西伯利亚大陆桥运输包括"海铁铁""海铁海""海铁公"和"海公空"四种运输方式。由俄罗斯的过境运输总公司(SOJUZTRANSIT)担当总经营人,它拥有签发货物过境许可证的权利,并签发统一的全程联运提单,承担全程运输责任。至于参加联运的各运输区段,则采用"互为托、承运"的接力方式完成全程联运任务。可以说,西伯利亚大陆桥是较为典型的一条过境多式联运线路。

西伯利亚大陆桥是目前世界上最长的一条陆桥运输线。它大大缩短了从日本、远东、东南亚及大洋洲到欧洲的运输距离,并因此而节省了运输时间。从远东经俄罗斯太平洋沿岸港口去欧洲的陆桥运输线全长13000km。而相应的全程水路运输距离(经苏伊士运河)约为20000km。从日本横滨到欧洲鹿特丹,采用陆桥运输不仅可使运距缩短1/3,运输时间也可节省1/2。此外,在一般情况下,运输费用还可节省20%~30%,因而对货主有很大的吸引力。

由于西伯利亚大陆桥所具有的优势,因而随着它的声望与日俱增,也吸引了不少远东、东南亚以及大洋洲地区到欧洲的运输,使西伯利亚大陆桥在短短的几年时间中就有了迅速发展。但是,西伯利亚大陆桥运输在经营上管理上存在的问题如港口装卸能力不足、铁路集装箱车辆的不足、箱流的严重不平衡以及严寒气候的影响等在一定程度上阻碍了它的发展。尤其是随着我国兰新铁路与中哈边境的土西铁路的接轨,一条新的"欧亚大陆桥"形成,为远东至欧洲的国际集装箱多式联运提供了又一条便捷路线,使西伯利亚大陆桥面临严峻的竞争形势。

2. 北美大陆桥(North American Land bridge)

北美大陆桥是指利用北美的大铁路从远东到欧洲的"海陆海"联运。该陆桥运输包括美国大陆桥运输和加拿大大陆桥运输。美国大陆桥有两条运输线路:一条是从西部太平洋沿岸至东部大西洋沿岸的铁路和公路运输线;另一条是从西部太平洋沿岸至东南部墨西哥湾沿岸的铁路和公路运输线。美国大陆桥于1971年底由经营远东/欧洲航线的船公司和铁路承运人联合开办"海陆海"多式联运线,后来美国几家班轮公司也投入营运。主要有四个集团经营远东经美国大陆桥至欧洲的多式联运业务。这些集团均以经营人的身份,签发多式联单证,对全程运输负责。加拿大大陆桥与美国大陆桥相似,由船公司把货物海运至温哥华,经铁路运到蒙特利尔或哈利法克斯,再与大西洋海运相接。

北美大陆桥是世界上历史最悠久、影响最大、服务范围最广的陆桥运输线。据统计,从远东到北美东海岸的货物有大约50%以上是采用双层列车进行运输的,因为采用这种陆桥运输方式比采用全程水运方式通常要快1~2周。例如,集装箱货从日本东京到欧洲鹿特丹港,采用全程水运(经巴拿马运河或苏伊士运河)通常约需5~6周时间,而采用北美陆桥运输仅需3周左右的时间。

随着美国和加拿大大陆桥运输的成功营运,北美其他地区也开展了大陆桥运输。墨西哥大陆桥(Mexican Land bridge)就是其中之一。该大陆桥横跨特万特佩克地峡(Isthmus Tehuantepec),连接太平洋沿岸的萨利纳克鲁斯港和墨西哥湾沿岸的夸察夸尔科斯港,陆上距离182 n mile。墨西哥大陆桥于1982年开始营运,其服务范围还很有限,对其他港口和大陆桥运输的响还很小。

在北美大陆桥强大的竞争面前,巴拿马运河可以说是最大的输家之一。随着北美西海岸陆桥运输服务的开展,众多承运人开始建造不受巴拿马运河尺寸限制的超巴拿马型船(Post-Panamax Ship),从而放弃使用巴拿马运河。可以预见,随着陆桥运输的效率与经济性的不断提高,巴拿马运河将处于更为不利的地位。

(三)海空联运

海空联运又被称为空桥运输(Airbridge Service)。在运输组织方式上,空桥运输与陆桥运输有所不同:陆桥运输在整个货运过程中使用的是同一个集装箱,不用换装,而空桥运输的货物通常要在航空港换入航空集装箱。不过。两者的目标是一致的,即以低费率提供快捷、可靠的运输服务。海空联运方式始于20世纪60年代,但到20世纪80年代才得以较大的发展。采用这种运输方式,运输时间比全程海运少,运输费用比全程空运便宜,20世纪60年代,将远东船运至美国西海岸的货物,再通过航空运至美国内陆地区或美国东海岸,从而出现了海空联运。当然,这种联运组织形式是以海运为主,只是最终交货运输区段由空运承担,1960年底,原苏联航空公司开辟了经由西伯利亚至欧洲航空线,1968年,加拿大航空公司参加了国际多式联运,20世纪80年代,出现了经由香港、新加坡、泰国等至欧洲的航空线。国际海空联运线主要有以下几种。

(1)远东—欧洲:远东与欧洲间的航线有以温哥华、西雅图、洛矶为中转地,也有以香港、曼谷、海参崴为中转地。此外还有以旧金山、新加坡为中转地的。

(2)远东—中南美:远东至中南美的海空联运发展较快,因为此处港口和内陆运输不稳定,所以对海空运输的需求很大。该联运线以迈阿密、洛杉矶、温哥华为中转地。

(3)远东—中近东、非洲、澳洲:这是以香港、曼谷为中转地至中近东、非洲的运输服务。在特殊情况下,还有经马赛至非洲、经曼谷至印度、经香港至澳洲等联运线,但这些线路货运量较小。

总的来讲,运输距离越远,采用海空联运的优越性就越大,因为同完全采用海运相比,其运输时间更短。同直接采用空运相比,其费率更低。因此,从远东出发将欧洲。中南美以及非洲作为海空联运的主要市场是合适的。

三、货物多式联运的实施

货物多式联运是指根据实际业务需要,将两种以上的运输方式组合成复合型的一体化运输。合理地选择运输方式不仅能提高运输效率,降低运输成本,而且还会对整个物流系统的合理化产生有效的影响,多式联运整个过程中的各区段运输,将分别由各区段的承运人负责,共同完成全程运输。货物多式联运可以充分发挥各种运输方式的整体优势和组合效率,为货主提供无缝衔接的门到门服务。多式联运经营人是全程运输的组织者,在多式联运中,其业务程序主要有以下几个环节。

1. 接受托运申请,订立多式联运合同

多式联运经营人根据货主提出的托运申请和自己的运输路线等情况,判断是否接受该托运申请。如果能够接受,则双方议定有关事项后,在交给发货人或其代理人的场站收据副本上签章,证明接受托运申请,多式联运合同已经订立并开始执行。

发货人或其代理人根据双方就货物交接方式、时间、地点、付费方式等达成协议,填写场站收据,并把其送至多式联运经营人处编号,多式联运经营人编号后留下货物托运联,将其他联交还给发货人或其代理人。

【专栏】 货物多式联运相关合同

《海商法》所称的多式联运合同,"是指多式联运经营人以两种以上的不同运输方式,其中一种是海上运输方式,负责将货物从接收地运至目的地交付收货人,并收取全程运费的合同。"多式联运是在集装箱运输的基础上发展起来的,这种运输方式并没有新的通道和工具,而是利用现代化的组织手段,将各种单一运输方式有机地结合起来,打破了各个运输区域的界限,是现代管理在运输业中运用的结果。

多式联运合同具有以下特点。

它必须包括两种以上的运输方式,而且其中必须有海上运输方式。在我国由于国际海上运输与沿海运输、内河运输分别适用不同的法律,所以国际海上运输与国内沿海、内河运输可以视为不同的运输方式。

多式联运虽涉及两种以上不同的运输方式,但托运人只和多式联运经营人订立一份合同,只从多式联运经营人处取得一种多式联运单证,只向多式联运经营人按一种费率交纳运费。这就避免了单一运输方式多程运输手续多、易出错的缺点,为货主确定运输成本和货物在途时间提供了方便。

2. 集装箱的发放、提取及运送

多式联运中使用的集装箱一般应由多式联运经营人提供。这些集装箱来源可能有三个:一是经营人自己购置使用的集装箱;二是由公司租用的集装箱,这类箱一般在货物的起运地附近提箱而在交付货物地点附近还箱;三是由全程运输中的某一区段承运人提供,这类箱一般需要在多式联运经营人为完成合同运输与该分运人订立分运合同后获得使用权。

如果双方协议由发货人自行装箱,则多式联运经营人应签发提箱单或者租箱公司或区段承运人签发的提箱单交给发货人或其代理人,由他们在规定日期到指定的堆场提箱并自行将空箱托运到货物装箱地点准备装货。如发货人委托也可由经营人办理从堆场装箱地点的空箱托运。如是拼箱货或整箱货但发货人无装箱条件不能自装时,则由多式联运经营人将所用空箱调运至接受货物集装箱货运站,做好装箱准备。

3. 出口报关

若联运从港口开始,则在港口报关;若从内陆地区开始,应在附近的海关办理报关。出口报关事宜一般由发货人或其代理人办理,也可委托多式联运经营人代为办理。报关时应提供场站收据、装箱单、出口许可证等有关单据和文件。

4. 货物装箱及接收货物

若是发货人自行装箱,发货人或其代理人提取空箱后在自己的工厂和仓库组织装箱,装箱工作一般要在报关后进行,并请海关派员到装箱地点监装和办理加封事宜。如需理货,还应请理货人员现场理货并与之共同制作装箱单。若是发货人不具备装箱条件,可委托多式联运经营或货运站装箱,发货人应将货物以原来形态运至指定的货运站由其代为装箱。如是拼箱货物,发货人应负责将货物运至指定的集装箱货运站,由货运站按多式联运经营人的指示装箱。无论装箱工作由谁负责,装箱人均需制作装箱单,并办理海关监装与加封事宜。

对于由货主自装箱的整箱货物,发货人应负责将货物运至双方协议规定的地点,多式联运经营人或其代理人在指定地点接收货物。如是拼箱货,经营人在指定的货运站接收货物。验收货物后,代表联运经营人接收货物的人应在场站收据正本上签章并将其交给发货人或其代理人。

5. 订舱及安排货物运送

经营人在合同订立之后,即应制定货物的运输计划,该计划包括货物的运输路线和区段的划分,各区段实际承运人的选择确定及各区段衔接地点的到达、起运时间等内容。这里所说的订舱泛指多式联运经营人要按照运输计划安排洽定各区段的运输工具,与选定的各实际承运人订立各区段的分运合同。这些合同的订立由经营人本人或委托的代理人办理,也可请前一区段的实际承运人作为代表向后一区段的实际承运人订舱。

6. 办理保险

在发货人方面,应投保货物运输险。该保险由发货人自行办理,或由发货人承担费用由多式联运经营人代为办理。货物运输保险可以是全程,也可分段投保。在多式联运经营人方面,应投保货物责任险和集装箱保险,由经营人或其代理人向保险公司或以其他形式办理。

7. 签发多式联运提单,组织完成货物的全程运输

多式联运经营人的代表收取货物后,经营人应向发货人签发多式联运提单。在把提单交给发货人前,应注意按双方议定的付费方式及内容、数量向发货人收取全部应付费用。

多式联运经营人有完成或组织完成全程运输的责任和义务。在接收货物后，要组织各区段实际承运人、各派出机构及代表人共同协调工作，完成全程中各区段的运输以及各区段之间的衔接工作，运输过程中所涉及的各种服务性工作和运输单据、文件及有关信息等组织和协调工作。

8. 运输过程中的海关业务

按惯例国际多式联运的全程运输均应视为国际货物运输。因此该环节工作主要包括货物及集装箱进口国的通关手续，进口国内陆段保税运输手续及结关等内容。如果陆上运输要通过其他国家海关和内陆运输线路时，还应包括这些海关的通关及保税运输手续。

这些涉及海关的手续一般由多式联运经营人的派出所机构或代理人办理，也可由各区段的实际承运人作为多式联运经营人的代表办理，由此产生的全部费用应由发货人或收货人负担。

如果货物在目的港交付，则结关应在港口所在地海关进行。如在内陆地交货，则应在口岸办理保税运输手续，海关加封后方可运往内陆目的地，然后在内陆海关办理结关手续。

9. 货物交付

当货物运至目的地后，由目的地代理通知收货人提货。收货人需凭多式联运提单提货，经营人或其代理人需按合同规定，收取收货人应付的全部费用。收回提单后签发提货单，提货人凭提货单到指定堆场和集装箱货运站提取货物。如果整箱提货，则收货人要负责至掏箱地点的运输，并在货物掏出后将集装箱运回指定的堆场，运输合同终止。

10. 货运事故处理

如果全程运输中发生了货物灭失、损害和运输延误，无论是否能确定发生的区段，发(收)货人均可向多式联运经营人提出索赔。多式联运经营人根据提单条款及双方协议确定责任并做出赔偿。如果已对货物及责任投保，则存在要求保险公司赔偿和向保险公司进一步追索问题。如果受损人和责任人之间不能取得一致，则需在诉讼时效内通过提起诉讼和仲裁来解决。

【专栏】 国际多式联运经营人从业的基本条件

(1) 取得从事国际多式联运的资格。

(2) 具备国际多式联运线路以及相应的经营网络。

(3) 与自己经营的国际多式联运线路有关的实际承运人、场站经营人之间存在长期的合作协议。

(4) 具备必要的运输设备，尤其是场站设施和短途运输工具。

(5) 拥有雄厚的资金。

(6) 拥有符合该规则规定要求的国际多式联运单据。

(7) 具备自己所经营国际多式联运线路的运价表。

第五节 国内外货物多式联运典型案例

一、日本邮船公司的多式联运服务

日本邮船公司(NYK)作为世界上著名的班轮公司之一,是传统的海运服务公司,该公司自1896年起便开始经营欧洲和远东的"港至港"的服务。海运是NYK的主业,它拥有一支由322艘船舶组成的船队,每年承运7000万t以上货物。由于航运业的利润下降和动荡,使NYK开始重组和改变其经营战略,由单一的"港至港"服务转向更加细致周到的"多式联运"服务。

NYK集团提出了一个面向21世纪的公司战略,内部称为"NYK21"。"NYK21"的目标是使公司发展成为一个超越海上运输的全方位综合物流公司,也就是成为一个可以提供更广泛的服务种类的超级承运人。公司的目标是加强NYK的货运服务、物流活动、空运和陆上运输,使其占NYK年收入的30%。NYK努力建立一个围绕海、陆、空服务的多式联运体系,以实现其目标。该战略的核心部分在于NYK不断在世界主要地区发展其物流中心。

NYK的物流中心遍布全球,并且不断有新的中心建立。NYK物流中心的经营理念是积极向客户推销,提供客户集中存货控制的好处,以达到缓解存货紧缺和减少运输设备的目的。每个中心均有陆、海、空运输的专业人才和自己的货物集中与分送的网络。NYK认为信息技术是现代物流的重要基础,并且使每个中心互相联网以提供全球货物跟踪。一些NYK的物流中心甚至向客户提供更为广泛的物流服务。以新加坡中心为例,物流中心为日本电子产品制造商提供"物料需求计划服务"(MRP),NYK认为这是一个物流提供者尚未开发的巨大的领域。

MRP服务涉及将零件清单、卖方、日期和定单次数与主要生产计划相匹配,以保证生产进程能有最低费用和既定的物料。这种即定即到的服务可以建立在以及时生产(JIT)为经营理念的零库存的基础上。很明显,当零件数和卖方增加时,MRP系统的复杂程度也随之增加。

NYK认为,制造商与有经验的物流专家订立MRP合同,就可以获得优势。主要生产计划可以转换到NYK的计算机系统,MRP就能同时执行,而且购货订单可以以NYK享有或不享有货物所有权的方式发到卖方手中。这样的系统对于客户来说,具有下列好处:

(1)避免了采购安排和繁琐的文件;
(2)避免了与卖方进行货币结算;
(3)将人力释放到别的生产任务上。

过去,NYK有广泛的地理覆盖范围,但仅经营有限的服务。要在竞争中成为超级承运人,就必须在一些领域里加入复杂的技术,如存货管理和产品配送。NYK公司战略目标的确野心勃勃,然而,NYK的全球能力以及与许多有实力的制造商的牢固关系表明:他们在走向明日超级承运人的道路上正迈着坚定的步伐。

NYK的实践表明下列策略是值得借鉴的:

(1)改变原有单一的运输范围种类,向多式联运和服务多元化发展,同时不断根据客户的需求调整服务范围并提高服务质量;

(2)加强公司本部的协调,避免由于信息滞后或传达不及时而造成损失;

(3)根据本公司的发展战略,考虑采用兼并手段进入该国市场得到被兼并方的技术和网络体系;

(4)建立遍布全球各重要地区的物流中心,加强各物流中心的联络,以保证向客户提供及时准确的服务和信息,充分利用先进的信息技术发挥物流中心综合信息的功能。

二、长江江海联运

江海联运是另一种主要的联运方式。江海联运的操作主要分为两个部分,即江段运输和海上运输。江海联运则实现了内河运输和海上运输之间的连续运输。江海联运的江段运输在出口联运中主要发生在海运之前;在进口联运中主要发生在海运之后。而在陆海联运中,无论是进口,还是出口,陆运阶段均可发生在海运之前,也可发生在海运之后。

长江江海联运示意图见图14-10,中转运输示意图见图14-11。

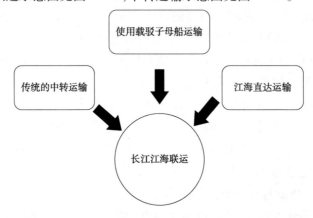

图14-10 长江江海联运示意图

江海联运的江段运输在出口联运中主要发生在海运之前;在进口联运中主要发生在海运之后。而在陆海联运中,无论是进口,还是出口,陆运阶段均可发生在海运之前,也可发生在海运之后。

联运业务操作流程如下:

(1)卖方向货代提出运输委托卖方在向货运代理提出运输委托时一般要如实填写《运输委托单》;

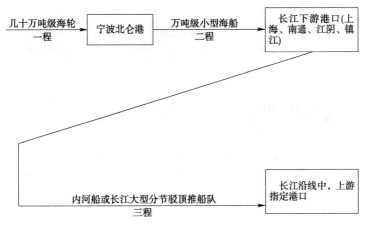

图 14-11 长江江海中转运输示意图

(2) 货运代理（或货主本身）向江海联运经营人进行运输委托；

(3) 江海联运经营人履行运输责任；

(4) 江海联运经营人做好进口安排；

(5) 办理提货手续。

关于江海联运的进口操作与单证基本和上面的出口流程一致，江海联运经营人承担的责任也是不变的，主要区别有以下几点。

(1) 联运经营人需要首先向船公司讲行海运订舱寄排.然后再进行驳船安排。

(2) 由于最终交货地是内陆港口，需要联运经营人在卸货港口协助船公司代理做好转关安排。进口接关地点在内陆点港口，需要买方向货运代理提供有关进口报关单据，及时进行报关、报检。

(3) 在进口江海联运中，进口地货物交割发生在驳船码头。在出口江海联运中，出口地货物交割发生在海运港口。

长江集装箱江海联运出口业务流程如图 14-12 所示，进口业务流程如图 14-13 所示。

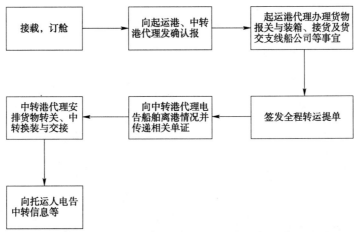

图 14-12 长江集装箱江海联运出口业务流程

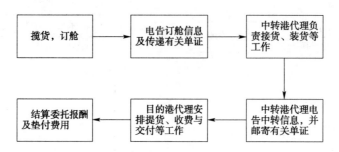

图 14-13 长江集装箱江海联运进口业务流程

第十五章 旅客联程联运

第一节 旅客联程联运

旅客联程联运是指利用两种或两种以上的运输工具完成对旅客的运输工作。旅客对运输的需求是随着社会经济的发展而变化的。旅客在选择运输方式时，对其安全性、舒适性、方便性、快捷性和服务质量提出了更高要求，甚至一种交通方式不能满足其需要，需要多种交通方式的分工与协作，这就对旅客联程联运提出了需求。

一、旅客联程联运的概念

旅客联程联运是指公路、铁路、民航、水路在一种运输方式多个旅程以及不同运输方式之间为旅客提供一体化票务、信息以及运输服务，其基本特征是"一票到底""无缝衔接""全程服务"。其目的是利用出行链上的不同运输方式为旅客提供无缝衔接的出行服务。目前旅客运输主要有铁路、公路、航空、水运四种方式，各种运输方式具有各自的技术经济优势，运输方式的联合运输将开创各种运输方式和旅客多赢的局面。根据各种运输方式的不同特性，可以将其运用到不同的情况下，例如，铁路可以进一步提高中、长途旅客的份额，增加运输收入；其他运输方式可以将自身不具备技术经济优势的中长途运输转交给铁路运输，以减少运输成本，提高运输效率和效益；旅客则可以减少全程的费用，获得更加安全、经济、舒适、快速、方便的服务。这样就形成了旅客的联程运输。联程运输中，只有各种运输方式之间舒畅衔接，才能提高运输的效率和效益，从而发挥出联合运输的整体优势和各种运输方式的技术经济优势。

联运也叫联程。中转联程票是指始发地到目的地之间经另一个或几个机场中转，含有两个(及以上)乘机联、使用两个(及以上)不同航班号的航班抵达目的地的机票。例如，从呼和浩特到三亚旅游，中间从北京旅游中转，购买的从呼和浩特到北京、北京再到三亚的机票就是联程机票。如果某人需要去上海旅游和深圳旅游两个城市办事，那么他可以选择北京—上海—深圳的中转联程机票，但是要注意中转停留站的停留时间，需事先选择而不能更改。

由于中转联程的价格比正常直达票价低很多，所以倍受旅客的青睐。其优点有：(1)价格低，优惠多；(2)线路多，各种线路自由组合；(3)一票到底。

二、旅客联程联运的意义

旅客联程联运是一种新型的运输组织和服务模式。2013年3月7日，国家发展和改革委员会《促进综合交通枢纽发展的指导意见》明确提出,要积极推进铁路、公路、水运、民航等多种运输方式的客运联程系统建设,普及电子客票、联网售票,推进多种运输方式之间的往返、联程、异地等各类客票业务,逐步实现旅客运输"一个时刻表、一次付票款、一张旅行票"。

在旅客运输方面,首先,联合运输可以省去旅客在各种交通方式中转过程中花费的等待时间和购票时间,旅客将更快到达目的地,并将获得更为良好的乘车体验。其次,联合运输可以大大提升运输服务水平。对于社会中的弱势群体及行动不便或突发疾病的重点旅客,"联合运输"也可提供"门到门"服务,即"单位—家""医院—家"之间点对点的无缝运输,更高效,更安全,让旅客的家人更安心,让民众更放心。同时,联合运输可以优化运输资源配置,提高运输效率,有效地缓解春运等客流高峰期间的运输压力。因为在联合运输的基础上,旅客是快速流通的,比如从火车站下车的旅客将通过公路交通、地铁等方式迅速分散到各长途列车站和机场,而不是在站前广场徘徊逗留,这样可以有效减少车站的拥挤程度。

从国际经验来看,航空中转联程已经有了成功的案例,如美国首都华盛顿杜勒斯机场因为中转联程的航线结构而获益匪浅。香港国际机场由于其特殊的地缘属性,发展中转联程服务,在整体提高转机效率方面相当出色。然而,目前我国旅客联程联运管理体制机制尚不健全,不同交通方式发展呈现的特点不一,不同交通方式之间的衔接和优化是综合运输体系建设面临的关键点与难点,这其中既有历史的原因,也有现实条件的客观约束。为规范市场秩序,促进市场竞争,提高综合运输体系服务的质量和吸引力,有序推进我国综合运输体系向前发展,必须研究和探讨发展旅客联程联运的思路与对策。

所谓"空铁联运"是指枢纽机场与高铁无缝中转,高铁主要服务于国内或国内短途旅客运输,枢纽机场则侧重国际运输和国内长途运输,通过两种出行方式的整合,未来铁路、机场可以出售联运票,旅客也只需要办理一次行李托运就可以完成的一种出行方式,是"高铁时代"一种新型的双赢客运模式,如图15-1所示。

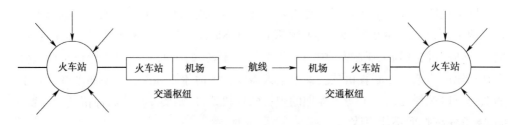

图15-1 空铁联运运输结构

三、我国旅客联运发展历程

我国铁路的国际旅客联运是新中国成立后开始的。1951年4月1日开行了北京—满洲里—莫斯科国际旅客换乘列车。

我国铁路加入《国际客协》后,开始同有关国家铁路一起积极组织开行国际旅客列车和直通客车。

1954年1月31日起开行了第一趟莫斯科—北京2/1次(1970年起改为19/20次)国际旅客列车。

1954年6月3日起开行了北京—平壤国际直通客车。

1955年8月2日起开行了北京—凭祥—河内国际换乘客车,旅客在凭祥站换乘。后于1978年12月22日停止挂运。1995年2月12日恢复挂运,旅客改在越南的同登站换乘。

1956年1月1日正式开办了中、苏、蒙三国铁路之间的联运。

1983年10月10日起开行了朝鲜铁路担当的北京—平壤国际直通客车。

1990年9月12日,我国铁路乌鲁木齐西—阿拉山口段与原苏联铁路在阿拉山口/德鲁日巴接轨,从而实现了亚欧第二条大陆桥的全线贯通。

1992年6月20日起开行了阿拉木图—乌鲁木齐13/14次国际旅客列车。

1992年10月起开行了莫斯科—沈阳国际直通客车,随莫斯科—北京20/19次列车挂运,由俄铁担当。

1993年4月3日起开行了乌鲁木齐—阿拉木图13/14次国际旅客列车。

1993年6月1日起开行了哈尔滨—伯力、海参崴国际换乘客车,旅客在格罗迭科沃站换乘。1995年3月9日起改为直通客车。

1997年4月18日起开行了昆明北—河内国际直通客车。

2013年3月7日,国家发展和改革委员会《促进综合交通枢纽发展的指导意见》明确提出,要积极推进铁路、公路、水运、民航等多种运输方式的客运联程系统建设,普及电子客票、联网售票,推进多种运输方式之间的往返、联程、异地等各类客票业务,逐步实现旅客运输"一个时刻表、一次付票款、一张旅行票"。

四、铁水联运和铁路国际联运

综合利用各种运输方式,发挥各自的优势是国家在运输组织工作方面的重要方针之一。我国土地辽阔,幅员广大,有河流40多万km,内陆有较大的天然湖泊5个,长江、珠江、淮河等干支流各大水系流域面广,水量充足,终年不结冰,航运条件好。加上我国海岸线长,约有18000多km,并有常年不冻的港湾,因此,航运自古以来就成为我国传统的主要运输方式,为民间普遍利用,并有通过水陆码头转运或联运的经验。铁路运输快捷、运量大,但需要解决集散问题,船舶的载运能力较大,又能通达腹地和边远地区,因而组织水陆联运就成为综合利用各种运输工具的重要环节。

我国铁路于1955年2月开始试办粮食水陆联运,公布了《粮食水陆联运试行办法》及《粮食水陆联运办事细则》。1958年9月1日起正式实行水陆货物联运。原铁道部与原交通部于1961年联合颁布了《铁路和水路货物联运规则》,它对大宗货物联运的有关内容、制度、办法和费率都做了相应的规定,对水陆联运货物实行一次托运,一票到底,代办中转,全程负责的联合运输。

中国实行水陆联运以来,随着铁路和港口的建设和发展,办理水陆联运换装的站、港不断扩展,联运货物种类不断增加,已经成为大宗货物的重要运输方式,其中以煤炭、木材、粮食所占的比例最大。到1990年除西藏、台湾以外的各省、市、自治区基本上均已办理水陆联运。据有关部门统计,在沿海、长江和内河水运干线水陆联运的货运量约占总货运量的40%以上,在铁路总货运量中,水陆联运货运量约占5%左右。特别是当铁路或水路干线发生自然灾害和站、港堵塞等紧急情况时,水陆联运就可以灵活调整大宗货物的运输径路,及时疏通铁路或水路积压急运的物资,充分显示水陆联运的越优性。

在目前中国水陆联运虽已取得长足的进步,但还存在一些亟待解决的问题,例如:许多可以通航的河道被堵塞,内河通航里程减少;许多重要水系,如珠江、淮河、运河、赣江有条件办理水陆联运的江河,迄今尚未系统的开展水陆联运;现行计划管理体制计划审批权限过于集中,不能适应当前改革开放的客观要求,按照经济合同法的要求,现行的《铁路水路货物联运规则》对承托运人的责任、权利和义务的规定尚不够完善、明确;对零担货物的干线联运,因运量零星,到点分散,换装站港不能及时接转,换装包干费比较低,已基本处于停办状态。另外联运收费的清算办法也需要进一步完善。存在的问题逐步得到解决,并进一步提高水陆联运的管理水平和作业效率,就能促进水陆联运进一步发展,适应国民经济建设和改革开放的要求。

五、国际旅客联运业务

为了加强与社会主义各国的联系,适应国际交往的需要,中国铁路于1951年开办了与前苏联的联运业务。1953年12月7日,莫斯科开出的试运直通客车到达北京。1954年1月1日,中华人民共和国、前苏联、蒙古、民主德国、波兰、捷克斯洛伐克、罗马尼亚、匈牙利、保加利亚、阿尔巴尼亚等10国开办了联运业务。从此陆续开行了至邻国首都的国际旅客列车。1954年1月31日北京经满洲里至莫斯科直通旅客列车正式通车,滕代远亲临北京前门车站剪彩,该列车单程运行8900km,是当今世界上定期开行的行程最长的国际旅客列车。

1954年6月3日,中朝联运客车开始运行,由北京首次开出直达朝鲜首都平壤的直通旅客列车。

1955年8月2日,中越铁路联运通车典礼在北京站举行,北京到越南首都河内的直通客车正式开行。同年12月26日,北京到蒙古首都乌兰巴托直通旅客列车通车。

1956年1月4日,中、蒙、苏三国联运客车通车典礼在北京举行,北京经乌兰巴托到莫斯科的直通旅客列车开始运行。

1960年5月24日,第一次由中国铁路提供客车并担当乘务的北京—乌兰巴托—莫斯科3/4次直通旅客列车自北京开出。

1979年4月4日广州—九龙直达特别旅客快车正式通车。

为了进一步发展国际旅客列车联运业务,1960年开始,利用莫斯科与东欧各国首都以及与非《国际客协》参加国的首都和大城市间直通客车联系的条件,旅客可以在国内北京、上海、广州、沈阳等22个旅客联运站购买到莫斯科或与之有直通客车联系的任何一国的国际联运客票。

各次国际和境外联运旅客列车,除1979年中越发生边境事件北京—河内的直通旅客列车停止开行外,其他一直正常运行,对于加强与周边国家和地区人民的友好往来发挥了积极作用。

根据旅游事业的发展需要,1985年9月18日,首次组织开行了从瑞士的苏黎世经西欧一些国家到中国,横贯欧亚大陆的"东方快车"。原来西欧国家开行的只能到达亚洲西部边缘土耳其首都安卡拉的豪华列车,得以进入中国并直达香港,并经海运到日本。这列快车从西欧出发,途经8个国家和地区,行程1.4万km左右,在世界铁路史上堪称壮举。这列豪华快车,由带卫生间的高级卧铺车厢、内设钢琴的豪华酒吧车、餐车和行李车组成,集旅游、休息、娱乐于一体,深受国内外旅客欢迎。同时,还多次开行往返北京至二连浩特、大同、太原、西安、洛阳、无锡、苏州、上海、杭州、桂林等旅游胜地的"豪华列车",适应国内外游客的需要。

第二节　旅客联程联运组织与实施

一、旅客联运组织

随着联运事业的蓬勃兴起,旅客联运已成为联合运输的重要组成部分,取得了较大发展。

(一)旅客联运范围

旅客联运是旅客从出发地到全过程的运输组织工作,凡事需要经过两程以上运输的旅客或需要通过中途换乘车、船、飞机的旅客运输都是旅客联运的范围。旅客联运实行"一次售票、分乘车船、全程负责"的"一票制"。目前,我国旅客联运尚未实现全程"一票制",只是在一些远离铁路、机场、港口的城市,或在火车、轮船上实行火车、汽车、轮船、飞机客票的联售、代售业务。

(二)旅客联运具体方法

旅客联运组织工作,既要方便旅客,又要合理使用运力。在做好客流调查、掌握客流规律的基础上,编制旅客联运计划。组织旅客联运的具体方法如下。

1. 组织联售客票

在枢纽城市设立联合售票机构或在港、站设立售票窗口。例如,北京—大连的旅客联运,在北京站、北京南站即可一次购票到北京—天津—塘沽—大连的铁路、公路、水运三线客票,旅客可分乘火车、汽车、轮船直达大连。

2. 预定换票

在设有铁路、港口的城市,当地运输企业通过与车站、港口签订旅客联运协议,给予一定车、船预定数额,旅客凭预订票证到换乘的港、站换取车、船票,实现两程以上的联运。采用预定换票制,在费用结算上有两种方法:一是出售预定票证,只收手续费,旅客乘完第一程到达中转换乘地点后,只凭预定票证购票,无需垫款或清算票款;另一种方法是在出售预订票凭证时,把手续费和车、船票费等一次收清,各相关的运输企业间再进行清算。

3. 代售客票

在铁路旅客列车上代售到达重点站后的汽车票、船票。以及在轮船上代售到达重点港后的汽车票,有些大中城市的宾馆、招待所也开展了代售车、船、飞机票等业务。

4. 预办中转

如在天津—北京间开展了铁路旅客列车之间预先办理中转业务,这是在铁路旅客列车之间进行的旅客联运,方便了旅客的换乘。

5. 互办回程客票

两地铁路客运部门相互配合,办理一定限额的回程代售客票,这样既方便旅客,又为旅客联运创造了条件。

(三)旅客联运"一条龙"服务

所谓旅游联运"一条龙"服务,就是为旅客在旅游全过程中提供行、食、宿、游等各项活动的综合性服务。主要业务内容:在港、站设立旅游旅客接待站,办理接送旅客、并帮助购买回程车、船票;派员随车维护上、下车秩序,宣传旅游常识,做好导游工作;为"多日游"的旅客办理购买和安排食宿地点,从多方面满足旅客的需要。

(四)旅客联运中心的组织

在客流量集中的大中城市、港站枢纽地区,为方便旅客的换乘、集散,从实际出发,因地制宜设立旅客联运中心,将国有、集体、个体的客运工具统一组织起来、实行联合办站,联合售票,独立核算,统一调度,统一发车,统一票制,统一结算,这种办法,既方便了旅客,又提高了社会效益和运输企业的经济效益。

二、旅客联程联运的组织方式

(一)以联运客票为纽带的衔接

以联运客票为纽带的衔接是指销售联运客票、预定换票、协办中转等方式衔接相关运输工具,完成旅客的中转换乘。在国际上,这一方式也可成为"一票通"。即指乘客用一张车票,在多条线路之间实现换乘,最大限度地减少换乘操作和换乘时间的一种模式。一票通对乘客来说是用一张车票、一次入口和一次出口就能够换乘多条线路的列车。对运营公司来说,要求能够及时、合理地获得其应该获取的票款份额,并且合理回收和补充周转的单程票。为此,需要建议一个换乘清分系统,收集和处理换乘票务交易数据,在线路(运营公司)之间实现票款和车票物流的清分。这是推普通的旅客联运衔接方式,目前在国内外都有采用,如法国国有铁路公司与法国航空公司(Air France)签订了使用统一客票旅客联运协定,旅客在法国北部的里尔购联运客票后,乘 TGV 铁路列车抵达巴黎,然后由巴黎国际机场乘飞机继续旅行。在组织联运时,尽可能地使 TGV 列车的车次与飞机的航班密切衔接起来,方便旅客换乘。此后,法国国有铁路公司又先后与 United Airlince、Lufthansa 等航空公司签订了类似的协议。

(二)铁路直通机场

铁路直通机场是市区与机场间通过铁路线路衔接。在候机大厅、车站和列车上都有航班、列车的信息,车站和列车的服务标准与航空服务一致。旅客可以在市区的列车、车站内或者通往机场的列车上办理登记和托运手续,大件行李托运后,在列车上即可按航班分类,进行安全检查等。目前这种衔接方式在国外得到航空公司和铁路部门的重视,在世界范围内,1998~2001 年间相继开通的就达 20 条,正在修建或计划修建的有 116 条。

铁路直通机场缩短了旅客到达机场的时间,方便了旅客的换乘,使旅客的旅行更加轻松、省时;铁路部分增加了运输业务,航空公司吸引更多的客源,这一方式使多方受益。铁路直通机场的具体方式如下。

1. 机场专用特快列车线

修建由市区到机场的专用特快列车线路,可以由市中心直达候机大厅。专用特快列车沿线车站与公共汽车、出租车的停靠站衔接,有些国家还使用通票。伦敦的希斯罗、东京的成田机场以及香港新国际机场都采取了这种方式。

2. 在机场设置列车车站

在巴黎的戴高乐机场和德国的波恩、法兰克福、莱比锡等地,全国的高速列车和长短途火车的车站就设在候机大厅旁,列车可以直通各城市。德国莱茵地区城市之间距离较短,许多机场之间也是通过铁路连接,为避免列车运行的噪声干扰,车站站台多设在候机大厅的地下。

3. 地铁、市区轻轨铁路或者市郊铁路延伸到机场

这是目前轨道交通连接机场较为普遍的形式。地铁、市区轻轨铁路、市郊铁路的通勤列车乘客大约 80% 是短途旅客,到达机场的旅客占 15%~20%。

4. 附属联络线

对于铁路线离机场很近的城市,可以修建铁路附属联络线来连接铁路、市区和机场。目前伊斯坦布尔、都灵等城市即采用这种方式。

(三)铁路与城市轨道交通的衔接

城市轨道交通将在我国城市交通系统中处于骨干地位。铁路与城市轨道交通的衔接包括铁路线路与城市轨道交通线路的衔接和铁路车站与城市轨道交通车站的换乘衔接。

1. 铁路线路与城市轨道交通线路的衔接

这里的铁路线路是指市郊铁路,这种衔接正处于研究、探索阶段,目前国外主要衔

接方式为:市郊铁路深入市区,在市区内设若干站点与城市轨道交通衔接,如巴黎 A、B、C 线等;利用原有铁路开行市郊铁路列车,起终点设在市区边缘;起终点车站与城市快速轨道交通进行衔接。

2.铁路车站与城市轨道交通车站的换乘衔接

铁路车站通常是一座城市的门户,周围设施齐全,客流量大,进一步开发的空间有限。在进行铁路车站与城市轨道交通车站的衔接时,必须充分考虑到这一特点进行总体规划。

(1)在火车站站前广场地下修建城市快速轨道交通车站,利用出入口通道与城市轨道交通车站衔接。

(2)在地面或高架修建城市轨道交通车站,通常将轨道交通置于铁路车站一侧,或者在广场道路上与地面铁路车站平行布置,换乘客流一般通过地面或天桥疏解后可到达城市轨道交通车站或者铁路车站。

(3)在新建或改扩建火车站时,与城市轨道交通统一规划设计,建成综合性交通枢纽。如北京西客站、将整个地铁车站建在铁路站房下,地下一层为综合性换乘大厅,铁路客流在换乘大厅可以直接进入地铁车站。

(四)大型综合型立体交通枢纽

将客流量极大的大城市火车站建成大型综合型立体交通枢纽,在枢纽内完成铁路、地铁、城市轻轨、公交等运输方式的衔接,旅客在枢纽内不同楼层间完成多种交通方式的换乘。例如,北京西直门综合性立体交通枢纽就是采用这种方式,西直门地区仅公交车站线路就有 20 多条,中转站建成后,乘客可以通过电梯在不同楼层之间很方便地完成铁路、地铁、城市轻轨、公交等多种方式的换乘;客流和车流既可以很舒畅地吸引到中心枢纽中,也可以从枢纽中很顺畅地输出。使先建成的立交桥与这座枢纽工程浑然一体,构成四通八达的立体交通网络。大型综合型交通枢纽是目前最有效的客运衔接方式,但投资巨大。另外,更好的衔接方式是所有运输方式在立体交通枢纽站台的直接换乘,但目前由于交通管理体制等原因,还不能实现这一点。

(五)旅客链式运输

链式运输就是充分利用各种运输方式,利用先进的计算机、通信、信息、管理等技术,提供给旅客一种"无缝"的、充分个性化的、灵活方便的服务。链式运输根据旅客的要求及必要的细腻,如旅行的时间、起点、经过地点、目的地等,结合综合运输信息系统提供的信息,为旅客选择最优的交通路线、每段组合式的交通方式。当旅客的需求发生变化时,这种选择将及时发生变化。实现链式运输需要高度发达的信息系统作保障,需要各种运输方式达成广泛的协议。链式运输能够有效地缓解交通拥堵、减少交通污染和能源消耗,同时能满足公众的个性化交通需求,因而引起了欧盟及欧盟各国的高度重视,纷纷提出研究与发展计划。旅客链式运输需要高度发达的信息和管理技术,目前处于探索阶段。

综上所述,目前铁路与其他运输方式的衔接较多地采用以客票为纽带的方式;铁路与航空的衔接、铁路与城市轨道交通系统的衔接的具体实现形式有多种选择,应根据城市交通和铁路的具体情况而定;对于各种运输方式的交通流量特别大,经济实力强的大城市,可以采用建立大型综合交通枢纽的方式来衔接各种运输方式。

第三节　国内外旅客联程联运典型案例

一、国际"空铁联运"的成功案例

在国外,"空铁联运"模式早有先例可循,最早出现于20世纪80年代的欧洲。德国法兰克福、法国巴黎等枢纽机场成功实现了"空铁联运"梦想,不仅衔接城市轨道交通,而且还与欧洲高速铁路网衔接,由此成为高速铁路网的枢纽站。

1. 德国法兰克福

法兰克福机场和高铁站本身连在一起,所以在买机票时,虽然"民航查询信息系统"里显示的是坐飞机,实际上到法兰克福之后可以中转火车了。法兰克福机场真正实现了"零米高度飞行",火车站的到发车时间能与航班的起降时间衔接,航空公司与铁路公司的订座系统进行一体化的出票和销售,旅客可以在火车站办理乘机和行李联运手续,一到机场就直接安检登机。枢纽机场内火车与航班的最短衔接时间(MCT)对总旅行时间有着决定性的影响,法兰克福机场的航空—铁路联运的 MCT 降到 45min,不仅适用于进出港旅客,而且适用于进出港行李;法兰克福还将空铁服务引入到周边的斯图加特市和科隆市,其"空铁联运"模式达到了世界上的最高水平。

2. 法国巴黎

巴黎是世界上拥有高铁车站数量最多的城市,除了市区内的北站、东站、蒙帕那斯车站、萨拉扎尔车站、里昂车站、奥斯德利兹车站等6个高铁车站外,还在戴高乐机场设立了高铁车站。因为法国航空公司与高铁 Thalys 公司签订了联运的代码共享协议,法国航空公司出售的机票,包括了布鲁塞尔米蒂车站和戴高乐机场车站之间的 Thalys 高铁段,持登机牌的旅客往返市区与机场之间无须再购买火车票。国有铁路公司和多家骨干航空公司签订了合作协议,高铁行程已经纳入了其合作航空公司的航班号内,并在航空订座系统和航班机票上显示,旅客可以在世界各地购买空铁联程机票,并在里昂等相关城市与戴高乐机场之间的高铁实现行李自动转运。巴黎的"空铁联运"也已经非常成熟。

二、国内"空铁联运"模式的尝试

2008年国内首条高速铁路——京津城际铁路的开通,为铁路与航空建立联运提供了条件,因此国内"空铁联运"模式率先在环首都经济圈出现。2010年7月,上海地铁2号线连接了上海虹桥机场、浦东机场和虹桥高铁车站,使"空铁联运"由设想成为可能。

1. 环首都经济圈的"空铁联运"

天津滨海机场的奥凯航空、春秋航空分别推出了"机场大巴、京津高铁和航空"一票通和帮助旅客通过网站预约长途汽车票。石家庄将在机场建设捷运站，通过捷运将机场与京石高铁石家庄站连接起来，捷运站下方设置通道及机场办票大厅，出站旅客可以直接进入办票大厅办理手续后，上至二层捷运站台搭乘捷运线路，以最快速度到达机场，陆路与航空实现零距离换乘。石家庄机场计划推出"从家飞"商旅服务，努力让以前去北京、天津坐飞机的河北人"从家飞"；并谋划与京石高铁实行"一票通"。石家庄取消了之前现场火车票报销的政策，变为通过航空公司直销网站选择"空铁快线"产品一站式购票的旅客享受"0元"购买火车票。石家庄机场空铁联运呈现良好的发展态势，其中进出北京的旅客占到55%，旅客正在习惯将石家庄机场作为进出北京的第二航空通道。2014年3月28日，石家庄机场空铁联运单日运送旅客达到839人次，创单日客流量新高。

2. 长三角与上海的"空铁联运"

2009年，国务院发文支持上海成为国际航运中心，上海在长三角的航空、铁路、水运枢纽地位的确立，以及地铁、磁浮、城际铁路等地面多层次交通设施的推进，虹桥站"空铁联运"具备了联通服务基础，外地旅客可以在出发前购买联程车票、机票，登录航空公司的官网办理自助值机，然后乘火车到上海。旅客如果在乘坐火车前托运了行李，这些行李将由铁路部门转交给航空公司。上海机场集团拟在无锡试点，将高铁车次、时间和飞机航线进行搭配，旅客只需要购买一张套票就可以实现飞机和火车之间的换乘。东航计划在长三角地区初步实现"空铁联运"。国航拟将高铁、动车等的车次、时刻、票务等信息编入航班订座系统，实现高铁、动车票务信息与飞机航班的无缝衔接。

3. 成渝地区的"空铁联运"

2010年以来，重庆机场推出"空铁联运"新政策，旅客在经重庆机场乘机的旅途中，可在机场与火车之间实现无缝衔接，即选择从异地（如广州）乘坐飞机到达重庆后，可凭登机牌（电子客票）和到达成都的火车票（可在重庆机场内购买）乘坐免费大巴到达重庆火车北站乘坐火车回成都。成都在双流机场设立火车票售票点，抵达的旅客可以在第一时间购买到从成都始发到全国各地的火车票，还可就近乘坐间隔10min一班的从机场开往火车北站的专线大巴客车，初步实现了航空与铁路的无缝对接。

4. 海南岛的"空铁联运"

随着海南东环铁路的开通，海口美兰国际机场实现了空中交通与城市高铁的无缝连接，促使海南岛"南热北冷"的传统旅游格局逐步改变，一定程度上破解了三亚在节假日高峰"一票难求"的窘境。在美兰机场候机大厅内，一、二楼均设有地下通道直通东环铁路候车厅，并配备行李手推车，为旅客的出行提供便利。海南东环铁路的开通，不但方便了海内外游客利用美兰机场去海口，还有大量游客通过高铁从三亚到美兰机场转机。作为热点旅游城市,三亚往返各地的机票异常紧俏,特别是节后出岛机票,经常陷入"一票难求"的窘境。而东环铁路三亚至美兰机场仅需77min的车程,无疑为"扎堆出岛难、票价高"等问题找到了好的解决方法。"空铁联运"在海口美兰国际机场得到了体现。据统计,2013年春节黄金周期间,海南东环铁路在原13对动车的基础上加开3对动车停靠美兰站,早、中、晚航班高峰期时段,最短间隔20min即有高铁从三亚发往美兰机场,最高峰可达到2400人次/天,满足了大部分在美兰机场乘机离岛旅客的需求。岛内外旅客在海口美兰国际机场可以用最短的时间往返于海口和东线旅游城市及三亚旅游圈,可以说,"高铁让海南岛变成一座大城市"。

国内外机场空铁联运服务模式见表15-1。

国内外机场空铁联运服务模式　　　　　　　表15-1

机场	空铁联运服务形式				
	旅客值机	行李托运	行李运输载体	票务系统	服务对象
法兰克福机场	提供在科隆和斯图加特车站的值机	提供行李全程自动托运	铁路车辆	提供空铁联票	仅限汉莎航空公司旅客
伦敦希思罗机场	提供在机场快线帕丁顿车站的值机	提供行李托运,到机场后须进行二次安检	货运汽车	无联票	往希思罗机场旅客
香港国际机场	提供在机场快线香港、九龙车站值机	提供行李托运,到机场后须进行二次安检	轨道车辆	无联票	往香港国际机场旅客
广州、深圳机场	通过机场巴士运输为旅客提供周边各地的初步值机服务	无行李托运服务	—	—	往广州、深圳机场旅客

三、青岛机场打造的"空地联运"新模式

自青岛机场汽车客运站正式运营以来,包括机场汽运公司、交运快线公司等在内的13家运输企业参与了25条班线运行,通达省内28个地市,每日发车107车次,2015年1~11月份载客量达110.7万人次,同比增长62.2%,实现了"空地联运"发展模式的新突破。

(1)统一站务管理,注重发挥品牌效应。机场客运站实施统一售票、统一问询、统一安检、统一发车的"四统一"站务管理,以航空安检标准、候机楼综合保障、航空式候车服务等具有青岛机场鲜明特色的客运站运营新模式,高于行业要求打造独有的航空服务"品牌效应",依托青岛机场雄厚的航空运输资源,将青岛与空地联程旅客、空地联运企业、空地互联城市更加紧密的联系在一起。

（2）着力营销推介，注重发挥同城效应。机场客运站先后开启了面向胶州、黄岛、潍坊、日照等的营销推介和沟通，打造规模化的往来机场地面交通网络新格局，构建更加便利的旅客出行"2h 经济圈"，推动省内"同城"集群化发展。目前安丘等多个地市正在办理往返机场的运输专线资质。

（3）融合资源优势，注重发挥协同效应。建立了城阳区交通局驻机场客运管理办公室，规范管控运行质量。审批线路发车时刻首要要求紧密围绕航班运行，晚间车次尽可能延后发车时间，航班高峰时段加密发车班次，暑期、春运等运输旺季增开加班车等多种方式充分畅通"空地联运"旅客出行通道。机场运行保障、交通运管部门、运输企业高效协同，不断满足旅客出行需求，有效提升"空地联运"运行业态和经营品质。

（4）创新运营模式，注重发挥催化效应。对于客运站这一当前与航空运输"无缝隙、零换乘"衔接的"空地联运"新模式，青岛机场始终保持敏锐眼光，以地面运输为纽带，以地缘经济发展为导向，催化带动青岛市与联程地市的客流、物流、信息流、经济流、文化流的双向往来，在提升客运站整体经营实力的同时，不断创建新的发展机遇。

（5）锻炼培养人才，注重发挥熔炉效应。其包含公交长途、客运站、高铁、城铁、轻轨、停车楼等在内的综合交通体系将成为胶东机场"空地联运"的核心组成。当前，融合多种交通方式的机场客运站"熔炉"作用已然凸显，于实践中锤炼综合处置能力，于创新中找寻运输发展机遇，不断提升管理工作标准，打造驾驭综合交通体系的人才队伍和智力支撑。

第五篇

建设经验与典型案例

第十六章 国外综合交通运输体系的建设与实践

第一节 国外综合交通运输体系建设经验

一、国外"大交通体制"改革

交通运输业对世界上的任何国家而言,都是极其重要的基础产业,更是一个国家经济社会发展的重要支柱之一。积极优化交通部门的组织框架,完善体制构建,充分发挥运输体系各方面的优势与合力,是一项关乎国家总体长远发展的重要战略规划。

从 20 世纪中期开始,美国、日本、俄罗斯等一些国家,陆续在交通体制上进行了卓有成效的改革,其成熟的规划和先进的经验,对中国大交通体制的进一步合理完善,有借鉴作用。

1. 美国:最早进行大交通体制改革

早在 20 世纪 40～50 年代,美国就已开始探索交通行政管理体制由分散走向集中的改革,被誉为世界上最早进行大交通体制改革的国家。在《1940 年运输条例》中,美国提出一个全新的概念——"运输系统"。

这一概念是想把此前人们熟悉的铁路、航空、公路、水运、管道等交通运输方式,共同纳入国家综合运输体系,防止由于单一交通运输方式,只为追求本行业经济利益的最大化,采取恶性竞争,进而导致高度垄断和多发性交通事故等的发生。

凭借雄厚的经济基础和先进的科学技术,美国在之后逐步实施的交通体制改革中,使传统与新兴的多种交通运输方式得到了充分合理的快速发展。如今,该国已建成一个体系严密的交通综合运输网络,形成了世界上规模最大的现代交通运输系统。

美国运输部于 1967 年 4 月 1 日成立。运输部下设部长办公室和 12 个职能机构。这 12 个职能机构为:联邦航空管理局、联邦公路管理局、联邦汽车运输安全管理局、联邦铁路管理局、联邦公共交通管理局、海运管理局、联邦公路交通安全管理局、监察办公室、管道和危险材品办公室、研究与科技创新管理局、圣劳伦斯河航道开发公司、地面运输委员会。

这些职能机构的具体职能是:统筹政府运输规划和政策建议,并保证其有效实施;鼓励联邦、州、地方政府和个人等多方合作,最大限度地促进私人运输企业的发展,倡导协作共赢的交通运输目标。这就使公众清楚地明确了美国运输部的定位,即通过保障安全、高效、快速、方便的交通运输系统的良性运转,实现国家利益最大化,进而提高民众的生活品质。

2. 日本:超大综合交通体系

被誉为拥有"超大交通"的日本,在1955年制定国家规划时提出"综合交通体系"的概念。第二次世界大战后,日本经济迅速崛起。但由于其国土面积狭长,岛内港口众多,资源又相对缺乏等特殊的国情条件,如何有效地合理布局,缓解地少人多,资源稀缺的压力,是头等大事。因此,日本将本国交通运输业的发展视为国家综合实力和整体竞争力的体现。在这一理念的强力驱动下,日本的交通运输管理体制历经了多次变革。

如今,日本已建成了拥有快捷、高效的海陆空密切协作的现代化综合交通枢纽体系,并充分发挥沿海优势,成为世界上最大的海运大国,拥有1100个港口,其吞吐量约占世界总海港吞吐量的1/4。

日本中央政府的机构改组于2001年1月完成。改组前的1府22个省厅在机构改革中被精简成1府1委12省厅。其中,建设省、国土厅、运输省、北海道开发厅合并而成国土交通省。国土交通省的业务范围包括国土计划、住宅、道路、河川、都市、港湾、政府厅舍营缮的建设与维持管理等。即管辖全国的航空、海事、铁路、公路等所有交通运输部门,还担负着国土资源的利用、整治和国家建筑等工作。

日本进行行政管理改革的目标,是为了达成在重大问题上决策的高效性,能使日本国土资源得到最有效的综合利用,最大限度地合理布局海陆空立体空间和各种海洋、土地资源等。目前,日本交通运输实行纵横相结合的方式,从总体上加大对国家运输体系的管理。现在,日本国土交通省的工作人员数量,已居日本中央政府各机关人数的第二位。

3. 俄罗斯:连接亚欧的国际交通枢纽

以重工业为主体的产业结构,使俄罗斯对于交通运输系统的依赖性较强。俄罗斯地域广阔,石油、天然气资源丰富,对外贸易发达。其"综合运输"这一概念的提出,可以追溯到前苏联时期。

1955年,前苏联就成立了"综合运输问题研究所",对各种不同运输方式之间的衔接等问题进行理论研究。但直到2004年3月的俄罗斯联邦总统令《关于联邦执行权力机关的系统和结构》,才撤销了原俄联邦交通部、俄联邦邮电和信息部、俄联邦运输部,成立了俄罗斯联邦交通运输与通信部,开启了交通的"大部制"改革。

2007年9月,第1274号俄罗斯联邦总统令确立了俄罗斯联邦交通运输部的成立。俄罗斯联邦交通运输部统领该国的综合交通运输体系,下辖6个重要部门,分别是:俄罗斯联邦交通运输监督局、俄罗斯联邦航空运输署、俄罗斯联邦公路署、俄罗斯联邦铁路运输署、俄罗斯联邦测绘与制图署、俄罗斯联邦海运河运署。

这6个直属机构中又分别设立事务监督处、设备维护处、运输安全处、特别项目处、法律保障处等等执行具体事项的业务处室,各处室专业分工明确,所属职责范围清晰，便于系统管理。涵盖航空、铁道、公路、海运以及交通运输监督、测绘与制图署的综合运输交通体系格局，使俄罗斯逐步担负并成为连接亚欧等国国际交通枢纽的重要国家之一。

2011年11月8日，时任俄罗斯总理的普京在出席全俄交通工作者会议时强调指出，未来10年俄罗斯将迎来大交通的全面发展。目前，交通运输业在国家经济结构中所占比重巨大，其中交通运输行业的从业员工就有330多万人，每年创造的产值占全国GDP的6%。未来10年，俄政府将会向交通领域加大投资力度，并鼓励社会建立多种投资渠道，弥补财政资金不足，全面提升航空、铁路、公路、港口等的设施建设和运营安全保障，全面加速俄罗斯综合交通运输体系的建设。

4. 经验借鉴

从上述这几个国家持续推进大交通体制改革中可以看出，为了促进本国经济的快速发展，依据本国的优势资源和特殊地理位置，从总体上统一规划整个国家的交通运输体系，逐步从分散的交通管理向集中的大交通管理推进，已成为国际上越来越明确的交通管理趋势。

这些国家大交通体制改革的最终目标，就是通过对交通问题的通盘考虑，解决由于政府职能交叉，出现的多头管理或缺位管理而造成的管理机制不顺畅、交通运输过程不协调等突出问题，进而通过有效的调解和统一的部署，实现交通运输跨越不同区域、不同国家、不同大洲，达到"门对门"直接运输的最经济、最快捷效果。其有益经验至少有三条。

（1）强调决策权与执行权的相对分离。不论美国、日本还是俄罗斯，在大交通体制改革过程中，均实行将各种运输方式归口于政府一个部门集中管理，实行"统一管理决策，分部门行业执行"的行政管理体制。在大部制框架下，中央政府部门对社会进行宏观管理，在本部门又均设立种类完善的各个具体业务局、署、厅等相关单位，分管并执行相关对口行业的具体业务，并与地方建立良好的协作关系，代表中央政府主管本行业运输方式的建设与日常管理，其业务自主性和独立性均有较大的发展空间。

决策权与执行权的相对分离，从基础上解决了制约社会经济和运输生产力发展的体制性瓶颈问题，使地方交通管理政出多门、职能交叉繁杂、分割严重、执法主体众多等问题，得到了有效解决。

（2）制定完善的交通法律法规。在强调决策权与执行权相对分离的同时，尽可能地将交通管理所涉及的各种政策、文件都以立法的形式确定下来，这就使交通法规的执行部门在执行任务时有章可循，有法可依。

例如，日本近50年来颁布了《日本国有铁路法》《道路整备紧急措置法》《禁止垄断法》《海上运输法》等多项和交通规划建设相关的法律法规，涉及交通行业的各个方面。俄罗斯在实行国家铁路改革的第一阶段开始，就严格制定、补充、修改了一系列的相关法律法规，这些法律文件得到了国家杜马批准，由总统颁布执行。美国是联邦国家，不同的州有自己独立的立法、司法和行政管理制度，因而每个州都有自己的交通运输法规,但这些法律法规制定的基本原则均是源于联邦政府相应交通运输法规中提出的要求。

(3) 坚持可持续发展的生态环保理念。国外发达国家积极进行大交通体制改革的过程中,均十分注重在交通资源要素配置过程中的生态环保理念,在有效配置铁路、航空、公路、管道、海运等运输资源的同时,都将是否能够实现未来经济的可持续发展作为第一评判标准。

例如,美国从20世纪70年代后期就一直坚持走开发新能源,节约现有能源的道路,仅为可再生能源研制技术攻关项目,就提供了超过30亿美元的研究经费。资源稀缺的日本,在节能和环保方面,更给其他国家做出了表率。"能源节约—环境保护—交通目标"是日本在交通建设中一贯重视的思路。在交通建设上日本往往采取多方措施,大量运用环保材料,只为减少给公众带来的任何损害。

二、综合交通网发展的国际经验

世界现代综合交通网的发展与工业化进程高度相关,大体有两种类型。一类是以欧、美等工业化先驱国家为代表,现代综合交通网的演进从工业革命将蒸汽机作为牵引动力开始,直到20世纪中期现代化的高速公路、港口和机场等基本形成,经历了约200年的漫长历程;另一类是以日本等二次世界大战之后快速实现工业化的经济为代表,综合交通网的发展建立在积极采用欧美先进交通科技及交通发展经验基础上,仅短短数十年就建立了比较完善的综合交通网。

1. 欧美国家综合交通网发展的演进过程

欧美国家交通基础设施发展,大都经历了从修建收费道路、修建运河及改善河道到大规模修筑铁路,再到建筑高速公路、高速铁路、现代化港口与机场等综合交通基础设施共同演进的历程。

18世纪60年代,蒸汽机进入铁路和水路运输之前,人类的交通运输主要依靠畜力和风力,因此运输的早期发展主要是建设收费公路和运河。18世纪蒸汽机的发明,人类开始了第一次工业革命,在19世纪前后,当蒸汽机作为动力机械而广泛应用于铁路机车和轮船之后,才开始了机械动力为代表的现代交通运输发展的先河。

自1825年世界上第一条铁路在英国诞生以来,随着工业化进程的加快,铁路在全球有了迅速的发展。20世纪20年代,全球铁路的里程达到了近百万千米,铁路发展不仅仅直接带动了交通运输革命,促进了国土资源的开发,大大加速了国内市场的统一和工业化进程,还相继带动了冶铁和炼钢业的发展,并促进了复杂工业组织的诞生。18世纪60年代以来,内燃机的发明,电力的使用,人类开始了第二次工业革命,内燃机应用于交通运输,汽车、飞机作为新的运输方式有了很快的发展。直到20世纪中期,随着汽车的普及和飞机的商业化运营,铁路运输的绝对优势地位才遇到了激烈的竞争,大量的客货运输向公路分流,甚至引起了铁路的萧条。

20世纪50年代以后,随着第二次世界大战的结束,主要发达国家加快了高速公路建设，汽车迅速发展，到1970年全球汽车保有量达到2亿多辆，工业发达国家可以说是进入了汽车化时代。汽车以及石化工业的发展，石油用量的增加，引起了世界第一次能源危机，与之相应的汽车拥堵问题、环境污染问题已成为严重的社会问题，轨道交通重新引起了人们的重视。自20世纪70年代以来，伴随科学技术进步，高速铁路的发展，喷气式飞机及货物运输的集装箱化，交通运输开始进入客运高速化、货运物流化的时代。与此同时，管道运输也作为一种独特的现代运输方式得到了快速发展。随着公路、水运、航空和管道等运输方式的相继发展，铁路遇到了激烈的竞争，大批旅客和货物转向了其他运输方式，运输需求不足造成了铁路大量运输能力闲置，财务状况恶化，缺少资金进行维修和设备的更新，许多国家的铁路走向了衰退，这些国家这时也把铁路看作是夕阳产业，政府不愿把资金投入铁路。第一次能源危机后，由于汽车的过快发展，造成了交通堵塞，能源紧张，空气污染严重，这时欧美一些国家的政府重新把目光投向了铁路。随着城市化进程的加快，客运需求猛增，为了解决能源、环境及大规模的客货运输，人们开始研制高速铁路及集装箱运输，以充分发挥铁路在运力大、节约能源和环保方面的优势。高速铁路在德国、法国、西班牙等国兴起，集装箱运输也迅速发展起来。这时铁路的发展也进入了一个新阶段，综合交通网络真正得以形成。20世纪最后的25年内，随着经济全球化的到来，交通运输、物流及现代信息技术的相互融合，使物流与运输更紧密结合，大大促进了供应链过程的一体化。在经济全球化的格局中，综合交通网成为决定企业和国家竞争力的战略性基础设施。

  欧美国家工业革命以来的交通发展历程表明，现代交通运输是随着新能源和新运输工具而产生和发展的结果。新的交通运输方式一旦产生，又总是与工业化过程产生互动，带来对工业化和经济发展巨大的促进作用。综合交通网的形成，是工业革命、交通运输革命与市场经济的演进相结合的产物。

  欧美国家的综合交通网的发展特点是，综合交通网是随着工业化进程和技术进步，在市场经济的条件下适应市场需求而逐渐发展和形成的。英国作为市场经济先驱和世界上最先进行工业革命的国家，其交通网络随着科技进步和市场经济的发展而发展。美国综合交通网的发展则具有交通科技开发和商业化应用并重，并积极主动地适应市场经济发展的明显特征。

  在欧美国家从传统社会进入工业社会的历程中，交通运输基础设施的创新和发展，为促进本国市场联系和推进经济均衡发展发挥了基础和主导作用。特别是铁路建设和铁路运输的发展，对工业化的实现和经济起飞发挥了关键作用。一方面，铁路作为一个基础产业，成为经济发展的重要基础；另一方面，铁路又是经济的主导产业，具有对关联产业的带动作用，成为促进经济增长的重要力量。

  从欧美国家交通运输发展的全局和全过程分析，各种运输方式基础设施在产生初期都得到了大力发展，具有适应当期的市场需求并推动本国经济发展的特征。但是，当新的效率更高的运输方式产生以后，就带来对原有运输方式的市场竞争，导致原有的交通基础设施网络事后看来存在一定程度的过度发展，这是欧美国家工业化过程中交通发展的一个突出现象。例如,英国铁路发展之后,其早期修建的许多运河作用大大降低,许多铁路的技术标准不统一,成为后来统一联网和运营的制约因素,造成大量资源浪费。美国铁路发展也带来了类似问题,在排除经济不景气的因素之后,20世纪下半叶高速公路网的强力竞争,导致美国拆除了运量过小和重复建设的铁路,使里程减少和地位下降。同时,高速公路网的发展与美国政府的国防意志和汽车工业成为美国当时的主导产业关系密切。欧、美高速公路的大规模发展,给能源消费和环境污染带来了巨大压力,造成了不可估量的经济和环境负面影响。此外,由于能源和环境因素的影响,欧、美各家都开始注重更具有节能和环保效应的交通基础设施网络,铁路作为更具有节能和环保优势的陆上运输方式,开始重新获得重视。

2. 日本综合交通网形成过程

日本是亚洲第一个成功完成工业化并建立完善的现代综合交通网的发达国家。与欧美发达国家相比,日本曾遭遇交通运输的"瓶颈"制约。随着第二次世界大战的结束,日本经济开始复兴,无论是国内还是国际运输需求都迅猛增长,铁路、公路、港口等运输出现全面紧张,运输能力不足制约着日本经济发展。为了尽快解决运输"瓶颈"问题,日本政府明确提出将交通运输作为国民经济基础产业,并使交通运输基础设施的建设与国土开发计划紧密结合。在日本政府先后5次制定的"全国综合开发计划"中,交通基础设施的建设始终占据重要地位。在政府对公用事业的投资中,交通基础设施建设投资的比重最大。从20世纪50年代开始直至70年代第一次"石油危机"出现之前,日本进行了大规模的高速公路网和新干线高速铁路网的建设,运输基础设施供给短缺的问题得到了基本解决,较好地适应了经济发展。但在货运方面存在过分依赖汽车运输的问题。20世纪70年代的两次"石油危机"之后,日本政府提出了运输转型的构想,即把货运过分依赖于汽车运输转向铁路和内航海运的物流政策。1990年,在日本运输政策审议会报告中,转型的问题又被特别提出,以解决日益严重的环境、能源及劳动力不足问题,适应持续增长的国内物流需要。

从20世纪50年代开始,日本在短短数十年间,建立了比较完善的现代化综合交通网。日本交通网发展的突出特点在于,以高速交通体系为核心,从"点""线""面"、再到"轴"的开发模式,促进国土开发和城市化进程,力求国土均衡发展。高速公路和新干线兼有骨架路网和国土开发双重性,高速交通体系的建立,已成为促进日本全国和地区发展的有力支撑。

在日本的现代综合交通网的形成过程中,比较注重吸取欧美交通发展中的经验。日本不仅可以直接利用工业革命以来的科技创新成果,避免欧美交通基础设施发展中的不足和失误,综合各种运输方式的技术经济特征和优势共同发展。综合交通网中各种运输方式基础设施的构成,比较好地做到了适应日本国情和整体优化。日本综合交通网的基本经验在于:在经济进入"赶超"之初,政府对交通运输基础设施的建设给予足够的重视,十分及时地制定了适合日本经济地理和经济社会发展的交通基础设施规划,按照规划科学实施;同时,日本政府对交通基础设施的投资始终作为政府公共投资的重点。先进的技术、及时而科学的规划及政府对交通的重点投资,使日本仅仅用了不到欧美1/4的时间就全面建成了现代化的综合交通网。日本交通网的成功发展,不仅较好地支撑并推动了日本国土开发和经济的快速发展,更成为日本作为世界经济大国和经济强国的坚实后勤保障。

3. 西方发达国家综合交通发展的趋势

在经济全球化的背景中,交通运输已超越传统的概念和边界,成为影响经济繁荣、政治稳定、社会发展和生态环境平衡的战略性要素,是决定经济发展和国家竞争力的关键领域。以欧盟(包括英国)、美国为例,21世纪综合交通发展趋势可归纳如下。

(1)欧盟的战略目标是致力于建立各种交通方式互融的综合交通体系,发展海陆空立体交通。包括:城镇交通向高质量、无污染方向发展;完善综合的互融的交通运输体系的技术条件;加强欧洲交通运输基础设施建设和改造;强化欧洲运输体系建设的总体协调,进一步改善欧洲交通环境,发挥海、陆、空立体运输优势;建立泛欧高速交通运输网,尤其是高速公路网和高速铁路网的相互融合。

(2)英国则致力于综合战略框架中的交通重建。通过综合运输政策实施可持续交通系统,改善生活质量,使国家强盛,城市复兴,乡村繁荣。包括充分利用既有交通网,强化国家交通主干道建设,全面发展具有国家意志的综合运输骨干网;提出一体化交通发展的方法。包括:各种运输方式内部关系及相互之间关系一体化、运输与环境、运输规划与土地规划一体化、公共运输信息一体化;促进综合交通发展的机构建设,加速不同运输网络之间的一体化进程和新技术的应用,提高信息的共享程度。

(3)美国交通发展的战略目标是致力于发展改善人民生活和推动经济增长的科技型交通。21世纪的美国运输系统被视为一种战略性投资,其使命是保证运输安全,促进经济发展,提高美国人民的生活质量,战略目标包括安全、畅通、经济增长、人与环境的和谐、国家安全五大目标。新世纪的美国交通运输体系将优先保证运输的安全可靠和可持续发展,而且要向国际延伸,以智能化为特征,实现个性化服务。在充分估计经济、技术、政治、环境和社会因素的未来影响情况下,营造一种创新开拓和科技导向型的运输发展环境,一个可以安全、高效地运送人、货物和传递信息的综合交通运输系统。

(4)日本未来交通发展是加强国际航空线和海上干线发展、国内国际交通网的连接,实施无障碍(Barrier Free)交通法,包括改善残疾人的交通便利;改善铁路与公路交通的节点状况;减少换乘时间,提高客运交通效率和服务质量,使客运交通更便捷;通过消除铁路与公路间的障碍提高物流效率等。

4. 对我国综合交通网发展的启示

综上所述,工业发达国家交通运输的演进和综合交通网发展的经验,对正处于工业化阶段和高速增长的我国经济具有十分难得的借鉴意义。

(1)工业发达国家在工业化、市场化进程中,为了不断开拓市场,实现国土均衡开发,在整个市场化进程中始终将发展交通运输放在重要的位置,交通运输始终适应和促进经济社会的发展。日本在20世纪50年代由于经济的快速增长,虽然一度出现运输"瓶颈"状态,但经过十几年的交通优先发展改变了这一状况。在我国工业化、市场化进程中,应借鉴国外经验,依靠政府和市场两种力量,并适度超前,加快交通运输发展,以保证和促进我国工业化的实现。

(2)工业发达国家综合交通网的演进过程告诉我们,由于当时的科技水平限制,为了适应当时的经济发展,其综合交通网建设难免出现重复建设和过度发展等问题。然而,在科技和生产力高度发达的今天,我们不能走他们的老路,沿袭他们的发展模式,在现阶段要使各种运输方式综合发展,我们也有条件通过制定一个战略性的综合规划,使各种运输方式基础设施网络做到有机衔接,协调发展。

(3)根据国外交通发展的经验,在交通运输发展中,要充分考虑资源和环境的约束,特别在我国人口众多、资源环境约束力度大的条件下,在推动各种运输方式综合发展中,要充分重视轨道交通的发展。

(4)工业发达国家交通运输发展的经历证明,交通运输的发展和整个科技进步的历程密切相关,我国综合交通网发展,必须积极采用世界先进的交通科技,不断提高交通发展的技术水平,以提高交通运输业的效率、效益和服务质量。

三、欧美多式联运发展经验

(一)欧美多式联运发展特点

1. 多式联运运量持续高速增长

近年来欧美国家的多式联运一直保持着高速增长势头,且未来持续发展的空间很大。在欧洲,2007年全欧多式联运总量为960亿t·km,预计到2015年将增长至1630亿t·km(增幅达70%,其中铁路完成份额将由21%增长至34%),到2030年将进一步增长至3060亿t·km。美国1997~2011年多式联运货运量由2.17亿t增加到16.2亿t(增长了6.5倍),占货运总量的9.2%;预计到2040年,美国多式联运的货运量将达到35.75亿t,占货运总量的12.5%,货运价值量将增加到近10万亿美元,占货运总价值的25.3%。多式联运在长距离、高附加值的货运领域具有明显的优势。美国500mile(805km)以下的货物运输中多式联运占比仅为1%,而2000mile(3219km)以上的占比则达到18%,其货运价值占比达到了34%。像UPS这样的包裹快递企业是TOFC的主要用户,一般运距超过400mile(644km)则首要选择通过TOFC联运。欧洲各港口一直在积极拓展海铁联运业务,如不莱梅港近五年铁路联运集疏运量从35.9%上升至45.7%,而公路集疏运量则从61.1%下降至50.2%。

2. 公铁联运成为主流方式

美国公铁、公水、铁水联运运量占全部多式联运运量比例分别为53%、34%、13%,相应周转量占比分别为57%、29%、14%,表明公铁联运(COFC/TOFC)是主要的联运方式。欧洲亦如此,以德国为例,其公铁联运量近年保持年均7%~8%的强劲增长,德国政府希望通过各方努力,使铁路联运运量占铁路总运量的比例由目前的1/3

提高到2025年的1/2。欧洲最大的物流企业德铁货运公司(DB Schenker)2011年完成290万个标准运载单元(400万TEU)，全部通过多式联运实现"门到门"运输，其中海铁联运量只占34%，而内陆公铁联运量占66%。欧洲近十多年来大力推行以公铁联运为主体的组合运输，其中以可脱卸箱体和集装箱为运载单元的联运市场份额占78%，公铁整车滚装运输的联运市场份额占14%，而以半挂车为运载单元的联运市场份额只占8%。

3. 水陆滚装运输受到高度重视

欧美国家都有良好的内河和近海运输条件，在促进多式联运发展中注重充分利用水运优势。欧洲发展组合运输的一个重要领域就是大力发展公水滚装运输，过去十年欧洲滚装运输运量占国内水运运量的比例从10%左右提高到13%左右，如荷兰自2009年起专门开辟了多瑙河从鹿特丹—蒂尔—赞丹—霍伦之间的挂车滚装运输专线。在美国，尽管面临全球航运业不景气，但2006~2011年五年间滚装船的总吨位仍增长了5.4%，据悉美国正在开展依托内河促进滚装运输发展的公水快速通道研究(如M-55 Marine Highway Corridor，旨在创新密西西比河和伊利诺伊河的滚装联运模式)。

4. 甩挂(甩箱)运输成为联运基础环节

由于欧美国家强调多式联运是基于标准化运载单元的全程无隙运输，因此甩挂(甩箱)运输成为不同运输方式间快速转换的基本要求。欧美大型物流企业超过70%的货运量通过甩挂运输完成，美国内陆多式联运枢纽主要靠甩挂方式实现越库作业。

5. 多式联运站场及集疏运体系十分健全

美国不仅交通基础设施发达，而且由专用线、枢纽和终端节点组成的多式联运集疏运体系比较完善。以芝加哥为例，作为美国最重要的多式联运枢纽和货物集散中心，芝加哥汇集了1448km铁路线、125处铁路交汇点，I级铁路密度高于全美其他任何城市，每天到发1300次铁路货运班列、3.9万节货车、2500万t货物，超过75%的美国铁路货运量途经此地。同时芝加哥也是美国最大的内陆港口和空运中心，多达十多条国家干线公路穿越此地。得益于独特的交通区位优势，芝加哥地区现已发展起多达28个大型多式联运枢纽站，吸引了全球众多大型物流运输企业到此经营。

美国运输部对全国港口、机场、公路和铁路枢纽站场等进行了全面评估，最终确定了全国517个多式联运物流节点，见表16-1。为保证这些节点的集疏运，政府为616个节点建设了1222mile(1967km)的公路专用线。其中，对于一些货运量较大的节点，确保有多条集疏运线路；而对于另外一些站点，则确保与国家公路网无缝对接。

6. 多式联运市场主体体系完善

在美国政府多式联运政策导向和放宽运输市场管制政策下，美国形成一批适应并推动多式联运发展的市场主体，全国约有4.5万家多式联运企业，均可签发"联运提单"，提供全程联运服务，为客户选择优质的运输服务和最经济的运输方式。铁路方面，美国铁路货运形成了东西各2家和南北1家的五大铁路货运企业格局，成为美国公铁联运的开拓者和主要承运人；公路运输历经淘汰重组，形成了数家拥有数万辆车辆资产的大型企业,且基本成为多式联运承运人。全球最大的快递物流企业 FedEx 在全球 375 个机场开设空陆联运业务,拥有 634 架货机、4.7 万辆载货汽车,在全球设有 1200 个服务站及 10 个空运快件转运中心,提供次晨达、次日达、隔日达以及普达等多样化快递服务。

美国多式联运节点的种类和数量　　　　　　表 16-1

多式联运节点类型	数量(个)	公路专用线长度[mile(km)]
江海港口 Ports (Ocean and River)	253	532(856)
机场 Airports	99	221(356)
公路铁路枢纽 Truck/Rail Terminals	203	354(570)
管道公路枢纽 Pipeline/Truck Terminals	61	115(185)
合计	616	1222(1967)

(二)欧美多式联运发展政策

1. 欧盟

基于对可持续发展的考量,欧盟自跨入 21 世纪以来将多式联运视为主要战略目标之一。2001 年 12 月欧盟委员会发布《面向 2010 年的欧盟运输政策:时不我待》白皮书,明确提出多式联运发展战略与方向。2006 年欧盟对该白皮书进行了中期评估和修订,更加突出铁路和水运发展,着力于多式联运服务链整合。2011 年 3 月欧盟出台了新的运输政策白皮书《迈向统一欧洲的运输发展之路:构建更有竞争力、更高能效的运输系统》,提出了绿色低碳交通发展目标,强调通过发展组合运输把更多公路货运转向铁路和水运,并提出 2030 年前转移 30%、2050 年前转移 50% 的目标。

围绕上述战略目标,欧盟相继推出一系列促进多式联运发展的行动计划,典型如 PACT 计划(Pilot Actions in Combined Transport)、马可波罗计划(旨在支持多式联运项目)、NAIADES 计划(旨在支持航运与内河航道发展)。具体政策主要体现在:

(1)对多式联运中转站建设进行资金补助。以德国为例,目前德国共有多式联运中转站 122 个,其中 77 个得到了政府的财政补贴。在联邦政府主导的物流园区(德国称 Freight Village/ GVZ)规划建设中,将多式联运中转功能作为必要条件,联邦政府对联运设施设备的资助比例最高可达 85%。

(2)对发展组合运输给予补贴或税收减免。主要对运输企业从单一公路货运向组合运输模式转变中的经济损失给予补偿。如对新开的铁路联运线路,企业初期若负债经营,欧盟经评估后可给予经济补偿;为了支持载货汽车减少长途运输而增加短途接驳运输,欧盟要求各成员国为实施组合运输的始末端载货汽车运输给予税收减免或资金补贴,如德国对专用于接驳组合运输的载货汽车,法律规定免缴其公路使用税。

(3) 放宽对多式联运的运输限制。欧盟要求各成员国进一步放宽对从事组合运输的标准要求。在德国,法律规定公共道路上载货汽车总质量不得超过40t,周日不得上路行驶,但对参与组合运输的载货汽车,总质量允许放宽至44t、不受周日禁行限制。

(4) 鼓励发展内河运输。从事内河运输并达到规定标准的企业,可从欧盟得到为期3年每年20万欧元的补贴。

2. 美国

以1991年12月颁布"冰茶法案"(ISTEA:多式地面运输效率法案)为标志,美国进入了以多式联运为主导的综合交通发展阶段。冰茶法案宣称旨在"建设高效环保的国家多式联运体系,以提升美国的国际竞争力,同时以高能效的方式运送人和物",决定联邦1992~1997财政年度提供1550亿美元以发展多式联运系统,同时在运输部内设立"多式联运办公室"。此后美国运输部在每隔5年发布的战略规划(DOT Strategic Plan)中,均将提高多式联运效率作为主要目标和任务。其主要政策和举措如下。

(1) 放松对运输业的市场管制。1979年,美国州际商务委员会(ICC)放松了对COFC/TOFC运输方式的管制,使得铁路公司能够对公铁联运制定更有竞争力的价格,从而使联运量迅速增长。从20世纪80年代开始,美国国会和联邦政府通过了一系列法案,旨在减少政府对运输业的经营管制,鼓励通过市场竞争拓展跨运输方式的联运。放松管制被认为是美国多式联运加快发展、龙头骨干运输企业迅速崛起的主要推力。

(2) 改善枢纽站场集疏运体系。通过提升疏港铁路、公路转运能力,以提高港口集装箱多式联运效率,如著名的阿拉米达联运通道改善计划,成为美国推进海铁联运的典型范例。2013年8月美国运输部发布的新五年运输战略规划中,明确提出要加强对多式联运连接通道(Intermodal Connectors,是指将枢纽港站与国家公路网连接起来的"最初或最后一英里公路")的投资,进一步提高港口、铁路、机场与公路之间的衔接水平。

(3) 构建多式联运技术标准体系。美国联邦运输法典中,对涉及COFC/TOFC系统、滚装运输系统以及标准化载运单元、快速转运设施设备等,均规定了详细的技术标准,奠定了多式联运良好的标准化基础。

(4) 改进多式联运设施条件。为了发展铁路双层集装箱运输,提出"双层列车净距改善计划"(Double Stack Clearance Project),通过立法修改列车垂直与水平净距标准,投资支持特定铁路通道的净空改造。同时,联邦及各州政府还通过各种方式,支持多式联运枢纽建设、公铁联运设施设备改造等。

第二节 国外综合交通运输体系建设典型案例

一、东京都市圈交通概况

东京都市圈人口超过3000万,都市圈辐射半径100km以上,是世界超大城市之一。东京都市圈根据行政区域和交通影响范围分为四部分,即中心区(东京区部)、中心城(东京都)、近郊区(首都交通圈)和远郊区(首都圈)。东京是以高速铁路为中心的交通发展模式,并且很重视换乘枢纽的建设。目前东京大都市圈的客运交通以铁路运输为主,高速公路和铁路为辅。圈内共拥有轨道交通3100km,其中郊区铁路2500km。同时,在各条铁路沿线的站点,都建设了相当数量的停车场,停车—换乘系统得到了大规模的发展。由于发达的轨道交通网和配套设施,公共交通在都市圈的交通出行方式中占绝对比重。

(一)东京都市区的通勤交通

东京都市区的通勤交通网络分为两个层次:第一个层次是以东京站为中心,距离东京50km的范围,被称为东京交通圈,也是东京大都市的主要通勤圈。第二个层次是距离东京150km的范围,包括东京周边7个县的首都圈地区,如图16-1所示。

各类轨道交通是东京都市区内最重要的通勤方式,具有以下特征。

(1)不同模式的铁路系统引导不同交通圈域形成。引导东京首都交通圈的铁路系统包括私营铁路及国铁JR系统。私营铁路主要引导50km半径的东京交通圈的形成,而国铁JR系统则引导了首都交通圈的形成。

(2)通勤网络与东京市区轨道网的有效衔接。东京大都市圈的市域铁路网的终点站均设在国铁山手环线上或附近,通过山手环线上的东京站、新宿、池袋、涉谷、日暮里等大型综合交通枢纽实现市域铁路与中心城交通的衔接与换乘。

(3)线网规模大、站间距较短。东京50km交通圈内的市域铁路全长2800多km,铁路网密度高达0.2km/km^{2}以上,其中东京都多摩地区高达0.26km/km^2。东京都市区城镇密集,人口密度较高,市域铁路的站间距较短,中心城内平均站距1.5km左右,多摩地区平均站距2km左右,其他地区3km左右。站间距短并不影响中心城与圈内其他区域的联系,因为东京国铁与私营铁路的运营线路多样化,同一通道有快线、普通线、甚至高速线,通过运营组织来实现中心城与周边地区的快速联系。

(4)重要通道具备多条不同功能线路。同一通道上由多条功能各异线路构成,这是东京首大都市圈市域铁路的重要特点。东京大都市圈内有几条主要的客流走廊,如横滨方向等,不仅高速公路、高速铁路两大城际高速系统,平行走向还有国铁JR线、私人铁路等沿线通勤交通体系。

(二)道路和公共交通发展

日本东京首都高速公路总长约为230多km,每天承担约112万辆车的交通量,其承担的车公里数约为东京总量的 26%。其放射线构成 6 个主要对外联络方向,其中承担最大交通量的东名高速公路,靠近东京断面日流量达到 13 万辆;东北高速公路在东京附近的断面日流量也达到 9 万辆。如以 7 号环状线分区,则每天约有 33 万辆车辆流入城市中心区域。对于东京圈来说,旅客通勤交通相当大程度上依赖于铁路系统,道路的旅客运输分担率仅占不到 50%(其中公共汽车占 10%)。但是货物运输中有 90% 以上由卡车承担,高速公路在货运中发挥着重要的作用。

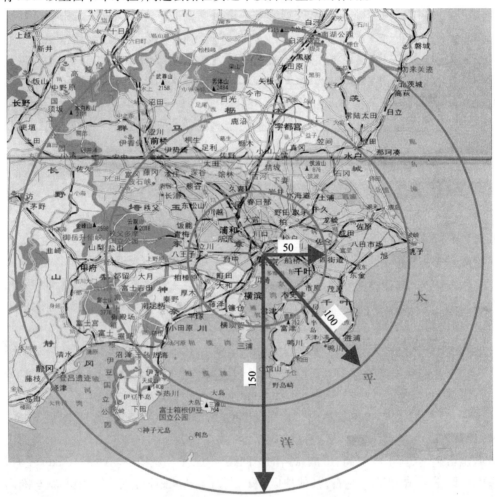

图 16-1 东京都市区交通圈示意图(尺寸单位:km)

根据国外城市群和大都市地区的发展经验,区域公共交通发展是大都市和城市群发展上一体化保障,在城镇密集的发展区域,区域公共交通要承担区域交通的 60% 以上,在土地资源紧张的国家甚至达到 90%,区域公共交通和城市公共交通一体化发展是保障区域内设施共享、区域服务中心发挥作用的关键,而高效的城市公共交通则是城市能够保持活力和城市高效运行的基础,也是城市竞争力的重要构成因素。

东京交通圈包括一都四县的大部分区域,川崎、横滨两个百万人口以上大城市也在其中。在东京都市区公共交通占 82.5%,私人小汽车占 17.5%,在东京圈内,快速轨道交通系统占 80.06%，在市区内快速轨道交通系统占 86.7%。因此，整个东京的交通是以公共交通为主，而公共交通中又以快速轨道交通系统为主，公共交通只起到辅助作用。

东京交通圈的快速轨道交通系统主要由 JR 铁道、私铁和地下铁道及少量有轨电车组成。日本都市交通圈内 JR 铁道和私铁属于市郊铁道，东京交通圈内 JR 铁道 876.4km,31 条线路，交通圈范围运量 53.73 亿人次，市区运量 34.69 亿人次；私营铁道 14 个公司，共 904.7km,42 条线路，交通圈运量 50.15 亿人次，市区运量 27.82 亿人次。东京交通圈内市郊铁道共有 1781.1km。JR 铁道有 6 条线路，属于长途线路，但这些线路在东京交通圈内的运行，由于密度高、站间距离短，起到了市郊铁道的作用。因此，这些线路的运输情况、有关数据统计均列在城市交通报表上，该 6 条线路，在东京交通圈内，共 357.5km,也计算在市郊铁道内。

市郊铁道在东京交通圈起到相当重要的作用，从运量上分析，东京交通圈总客运量 238.45 亿人次，市郊铁道承担 103.88 亿人次，占总运量 43.5%。按区计算，客运总量 124.48 亿人次，市郊铁道承担 62.15 亿人次，占总运量 50.2%。

东京 50km 交通圈内总人口 3258 万人，日出行次数 2.86 次，总出行量 340.6 亿人次，乘车率按 70% 计算，乘车出行量为 238.45 亿人次，乘公交车出行总量为 161.81 亿人次（占乘车出行量 68%），其中乘轨道交通 133.55 亿人次，占公交出行量的 83%。在轨道交通中，乘市郊快速轨道交通的 103.88 亿人次，占轨道交通总量的 77.7%。

表 16-2 为日本三大交通圈 1975~1985 年间通勤通学所需平均时间的变化。不难看出，三大都市圈中这个时间都处于增长状态，这与城市布局的分散化有关。

日本三大交通圈通勤通学平均时间（单位：min）　　　表 16-2

年份	东京交通圈		京阪神交通圈		名古屋交通圈	
	50km 交通圈	都心三区	50km 交通圈	都心三区	50km 交通圈	都心三区
1975	61	65	57	57	60	59
1980	63	66	58	56	62	59
1985	64	67	60	59	63	59

二、伦敦大都市圈交通概况

从伦敦都市圈结构来看，伦敦都市圈可分为中心城和近郊区、外郊区、伦敦大都市区四部分，中心城由核心区、中心区、外围区三个区域构成。

伦敦是以轨道交通和高速公路并重的交通发展模式。每天有大量的客流自都市圈外围地区到市中心上班。据统计，伦敦大都市圈的轨道交通线路总长 3500km,其中外围都市区以外的郊区铁路长 2300km。郊区铁路运输容量高于地铁，但发车频率比地铁低。区域铁路系统现在工作日平均每天运送 34 万通勤乘客进入伦敦中心。伦敦建设了 9 条从伦敦出发的放射状高速公路，并建立一条环形高速公路，将互不相连的环形放射公路连接起来，形成了"一环九射"的高速公路网。这些国外发达国家的城市群依靠良好的城际交通基础设施一体化建设,推动了城市群的发展。

伦敦是世界上最早建设城市铁路的大都市,拥有世界上网络密度很高的铁路和公路系统。高密度的公路网络则与铁路系统相互补充,协调发展,共同构成整个都市区的通勤网络。

1. 公路

伦敦都市区的公路网是典型的以中心城为中心的放射状公路系统。由于伦敦都市区内的城镇规模比较小,高速公路规模不大,总长510km左右,但是公路干道网总长约为1300km左右。干线公路直接伸入中心城内部,与中心城道路系统衔接。

2. 郊区铁路

伦敦都市区的市域通勤铁路是英国国家铁路,又被称为郊区铁路,主要有以下特点。

(1)以伦敦市区的地铁环线衔接换乘枢纽。伦敦大都市的郊区铁路以伦敦中心区的地铁环线为终点,向整个东南地区辐射。地铁环线附近布置了10个铁路车站,实现国铁与地铁的换乘。

(2)线网密度高,几乎连接所有主要市镇。伦敦是世界上郊区铁路最发达的大都市之一,线网总长3000多km(其中约74%的线路在中心城以外的地区)。线网密度高,50km交通圈域线网密度达 $0.1km/km^2$,50～100km交通圈域内线网密度为 $0.08km/km^2$。郊区铁路网线路分布均匀,覆盖了整个都市圈内所有的主要城市,形成了近二十条主要通道,有些城市有两条或多条通道可以到达。

(3)不同交通圈具有不同的站点密度和站间距。伦敦大都市中心城内郊区铁路总长仅788km(占26%),车站数高达321座,平均站间距为2.5km。近郊50km交通圈的郊区铁路总长923km,车站254座,平均站距约3.5km。远郊100km交通圈郊区铁路总长高达1360km,车站173座,平均站距约7.5km(见图16-2)。

三、纽约都市圈的航空机场布局

纽约都市圈立体交通体系中很重要的一个环节就是民航。纽约市的空中交通非常发达,是美国唯一一个拥有三个大飞机场的城市,即肯尼迪、纽瓦克和拉瓜第三大机场。通过这些机场,旅客可飞往全国美国和世界各地。每年通过纽约市机场飞往各地的旅客超过7500万人次,其中国内旅客5200万人次、国外旅客2300万人次。

1. 肯尼迪国际机场

肯尼迪国际机场(John Kennedy International Airport,简称JFK)位于纽约市皇后区的东南部,距离曼哈顿24km,是纽约市和新泽西地区最大的飞机场,也是美国东海岸最重要的国际机场,肯尼迪机场的吞吐量占全美国30%以上的国际客运和50%以上的进出口货运。

纽瓦克国际机场的发展给肯尼迪国际机场带来一定压力。十多年前,国际旅行的旅客有98.5%在肯尼迪机场上下飞机。现在在该机场起降飞机多数(76.6%)也是国际航班,少数为国内航班。

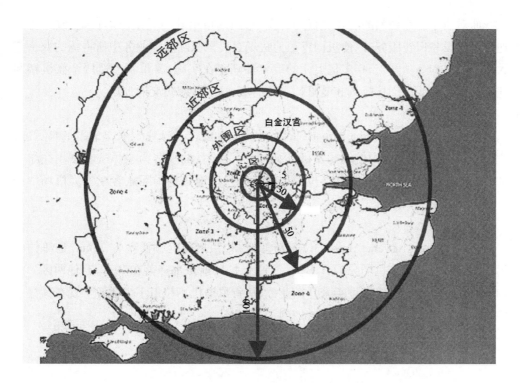

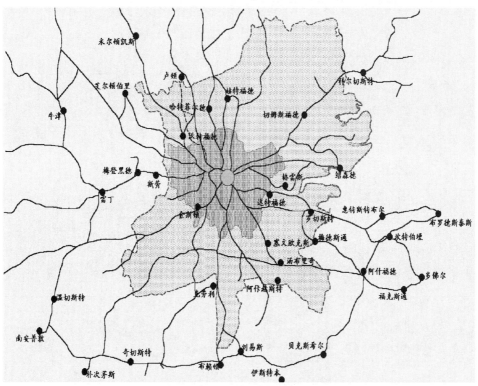

图 16-2　伦敦大都市交通圈示意图(尺寸单位:km)

面对位于新泽西州的纽瓦克机场的竞争,纽约市市政当局正筹措资金,改进肯尼迪机场的设备以及服务,以便巩固肯尼迪机场在美国国际航空业务中所占据的龙头老大地位。目前一项开支 30 多亿美元的改建计划正在实施,要重新改造两个候机楼和建立一条铁路线以连接机场和曼哈顿之间的交通联系、减缓交通拥堵。

2. 拉瓜地机场

拉瓜地机场(La guardia Airport, LGA)位于曼哈顿以东 13km,长岛北部的皇后区,规模较小,主要起降国内航线的飞机,以国内商务旅行的乘客为主。从北京飞往纽约的西北航空公司的航班起降均在拉瓜地机场。拉瓜地机场国际旅客在三大机场中的比例为 5.8%。

3. 纽瓦克机场

纽瓦克机场(Newark Airport)位于新泽西州,距离曼哈顿西南方 26km,是纽约的第二大国际机场。该机场分为 A、B、C 三个区,国际航班都降落在 B 区,其他两区为国内航班使用。纽瓦克机场近年来开拓业务,从肯尼迪机场拉走不少业务。现在其接送的国际旅客在三个机场中的比例增加到了 17.5%。

第十七章 我国综合交通运输体系建设与实践

第一节 "十二五"综合交通运输体系规划

一、规划概况

交通运输是国民经济和社会发展的重要基础。构建网络设施配套衔接、技术装备先进适用、运输服务安全高效的综合交通运输体系,是交通运输领域落实科学发展观的重要举措,对促进经济长期平稳较快发展、全面建设小康社会具有十分重要的意义。"十二五"时期是我国构建综合交通运输体系的关键时期,根据《中华人民共和国国民经济和社会发展第十二个五年规划纲要》,并与《综合交通网中长期发展规划》等衔接,制定《"十二五"综合交通运输体系规划》(以下简称《规划》)。

图 17-1 为综合运输大通道和全国性综合交通枢纽示意图。

二、《规划》要点

(一)《规划》原则

"十二五"时期,综合交通运输体系发展要坚持以下原则。

(1)安全质量。牢固树立以人为本、安全第一的理念,建立严格的安全监管和质量管理制度,并贯穿于交通运输规划、设计、建设、运营的各阶段,着力提升技术和装备水平,全面提高运输的安全性、可靠性和应对自然灾害、突发事件的保障能力。

(2)合理布局。按照主体功能区战略要求,与区域经济发展和城镇化格局、资源分布和产业布局等要求相适应,合理布局不同区域、不同层次的运输网络,实现通道畅通、枢纽高效。

(3)优化结构。因地制宜,发挥各种运输方式优势,强化铁路和国省干线公路的作用,优化运输结构,促进各种运输方式在区域间、城市间、城乡间、城市内的协调发展。

(4)适度超前。按照全面建设小康社会的总体部署、互利共赢的开放战略、扩大内需的长效机制和经济长期平稳较快发展的要求,着眼于综合交通运输体系的建立,在满足现阶段客货运输需求的基础上,使基础设施能力适度超前。

(5)讲求效益。坚持以市场为导向,统筹经济效益与社会效益,合理配置和整合交通运输资源,发挥各种运输方式技术经济优势和交通网络效能,提升服务水平、物流

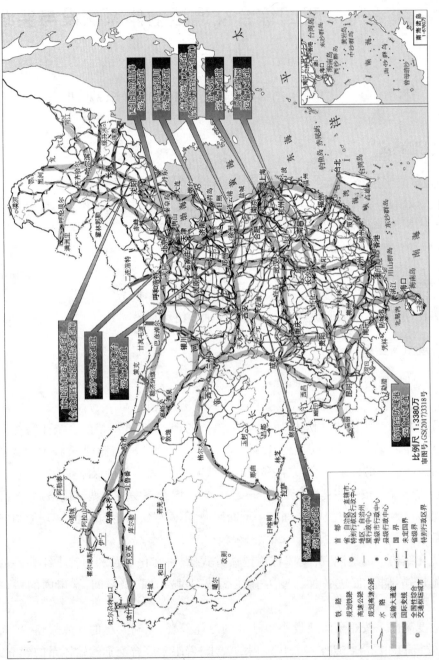

图 17-1 综合运输大通道和全国性综合交通枢纽示意图

效率和整体效益。

(6) 绿色发展。从国家战略和基本国情出发,把积极应对气候变化、节约集约利用资源和保护环境落实在基础设施、技术装备和运输服务中,推进综合交通运输体系的绿色发展。

(7) 多元投入。引入市场竞争机制,推进投资主体多元化,营造公平、有序的市场环境,鼓励民间资本参与交通基础设施建设,拓宽社会资本进入交通运输领域的渠道和途径。

(8) 改革创新。深化改革,积极创新,完善政府运输监管,按照综合发展的要求,建立发挥政府和市场各自职能的高效的体制机制,依托科技进步和管理创新,充分发掘存量潜能,全面发挥增量效能,增强综合交通运输体系健康发展的内生动力。

(二) 发展目标

"十二五"时期,综合交通运输体系发展的主要目标如下。

(1) 初步形成以"五纵五横"为主骨架的综合交通运输网络,总里程达 490 万 km。

(2) 基本建成国家快速铁路网,营业里程达 4 万 km 以上,运输服务基本覆盖 50 万以上人口城市;加强煤运通道建设,强化重载货运网,煤炭年运输能力达到 30 亿 t;建设以西部地区为重点的开发性铁路;全国铁路运输服务基本覆盖大宗货物集散地和 20 万以上人口城市。

(3) 基本建成国家高速公路网,通车里程达 8.3 万 km,运输服务基本覆盖 20 万以上人口城市;国道中二级及以上公路里程比重达到 70% 以上;农村公路基本覆盖乡镇和建制村,乡镇通班车率达到 100%、建制村通班车率达到 92%。

(4) 完善煤炭、进口油气和铁矿石、集装箱、粮食运输系统,海运服务通达全球;70% 以上的内河高等级航道达到规划标准,运输效率和服务水平显著提升。

(5) 扩大和优化民用航空网络,80% 以上的人口在直线距离 100km 内能够享受到航空服务。

(6) 形成跨区域、与周边国家和地区紧密相连的原油、成品油和天然气运输网络。

(7) 强化城市公共交通网络,市区人口 100 万以上的城市实现中心城区 500m 范围内公交站点全覆盖。

(8) 基本建成 42 个全国性综合交通枢纽。

(9) 增强邮政普遍服务能力,发展农村邮政,实现乡乡设所、村村通邮。

(三) 主要任务

1. 基础设施

建设以连通县城、通达建制村的普通公路为基础,以铁路、国家高速公路为骨干,与水路、民航和管道共同组成覆盖全国的综合交通网络,发挥运输的整体优势和集约效能。

1) 完善区际交通网络

统筹各种运输方式发展,建设黑河至三亚、北京至上海、满洲里至港澳台、包头至广州、临河至防城港 5 条南北向综合运输通道,建设天津至喀什、青岛至拉萨、连云港至阿拉山口、上海至成都、上海至瑞丽 5 条东西向综合运输通道,优化结构、提升能力,形成覆盖全国的区际运输网络。

(1)铁路。科学推进铁路建设。加快构建大能力运输通道,形成快速客运网,强化重载货运网。

①发展高速铁路,基本建成国家快速铁路网。贯通北京至哈尔滨(大连)、北京至上海、上海至深圳、北京至深圳及青岛至太原、徐州至兰州、上海至成都、上海至昆明"四纵四横"客运专线,建设相关辅助线、延伸线和联络线。强化区际干线,新线建设与既有线改造相结合,扩大快速铁路客运服务覆盖范围。

②加快西部干线建设,强化煤炭运输等重载货运通道,尽快形成功能布局完善、覆盖范围广、通道能力强、技术结构合理的运输网络;建设港口后方铁路集疏运系统,推进集装箱运输通道建设。加强改造既有线,配套建设客货运设施。

(2)公路。有序推进公路建设。贯通国家高速公路网,加强国省干线公路改扩建,发挥高等级公路快速通达的效益。

①基本建成国家高速公路网。基本贯通北京至上海等 7 条首都放射线、沈阳至海口等 9 条南北纵向线、连云港至霍尔果斯等 18 条东西横向线,形成由中心城市向外放射、横贯东西、纵贯南北的高速公路大通道。适度建设地方高速公路。

②加大国省干线公路改造力度,提升技术等级和通行能力。重点改造"五射、六纵、四横"15 条国道及其他瓶颈路段;实施县通二级公路工程,基本实现具备条件的县城通二级及以上标准公路。

③加强省际通道和连接重要口岸、旅游景区、矿产资源基地等的公路建设。

(3)水路。积极发展水路运输。完善港口布局,提升沿海港口群现代化水平,推进航运中心建设,加快实施长江等内河高等级航道工程。

①推进环渤海、长江三角洲、东南沿海、珠江三角洲、西南沿海港口群规模化、专业化协调发展。推进与区域规划、产业布局相关的新港区开发和老港区迁建。加强港口深水航道、防波堤等公共基础设施和集疏运系统建设。完善 1000 人以上岛屿客、货运输交通设施。

②加快上海国际航运中心、天津北方国际航运中心、大连东北亚国际航运中心建设,推进重庆长江上游航运中心和武汉长江中游航运中心建设,促进物流、信息、金融、保险、代理等现代航运服务业发展。

③加快长江干线航道系统治理,推进西江航运干线扩能和京杭运河航道建设工程,加快建设长江三角洲和珠江三角洲高等级航道网,相应建设其他地区航道。加快内河主要港口规模化港区建设,发展专业、环保港区。

(4)民航。推进民用航空发展。优化空域资源配置,提升空中交通网络运行能力。加强机场建设,形成层次清晰、功能完善、结构合理的机场布局。

①通过建设平行航线、利用新技术等方式,扩能改造北京至上海、北京至广州、北

京至大连、北京至昆明、上海至广州、上海至大连、上海至西安、上海至成都、广州至成都9条国家骨干航路。加快雷达管制建设，完善以哈尔滨、沈阳、西安、成都、昆明、武汉、长沙、乌鲁木齐等为节点的区域航路航线。以支线机场和通勤机场为支撑，改善通信导航和航空气象服务，扩大支线航线网络。推进机场密集地区终端区建设，增加繁忙机场进离场航线运行容量。加快新一代空管系统建设，提高保障水平。优化低空空域运行管理，合理布局和建设飞行服务网点。

②加快推进北京、上海、广州机场建设，完善国际枢纽功能。改扩建繁忙干线机场，积极发展支线机场，调整布局、优化结构，支持有条件的中西部干线机场发展成为内陆航空枢纽。

③加快通勤和其他通用机场布点，积极稳妥建设通勤机场，促进通用航空产业发展。加强边远地区和交通不便地区机场建设。

(5)管道。合理布局管网设施。统筹油气进口运输通道和国内储备系统建设，加快形成跨区域、与周边国家和地区紧密相连的油气运输通道。

①加快西北、东北和西南三大陆路进口原油干线管道以及连接沿海炼化基地与原油接卸码头之间的管道建设。

②完善环渤海、长江三角洲、西南、东南沿海向内陆地区和沿江向腹地辐射的成品油输送管道，加强西北、东北成品油外输管道建设，加快区域互联互通。

③加快西北、东北和西南三大陆路进口天然气干线管道建设，合理布局沿海液化天然气接收站，加快接收站配套管网与主干管网联接，完善川渝、环渤海、珠三角、中南、长三角等区域性管网，大力推动储气调峰设施建设，初步形成包括进口气、国产气、煤层气、煤制气等多种气源，连接主产区、消费地和储气点的全国基干管网。

2)建设城际快速网络

(1)以轨道交通和高速公路为骨干，以国省干线公路、通勤航空为补充，加快推进城市群(圈、带)多层次城际快速交通网络建设，适应城市群发展需要。建设京津冀、长江三角洲、珠江三角洲三大城市群以轨道交通为主的城际交通网络。在城市群内主要城市之间，加快高速公路改扩建。在中小城市与城镇之间及城镇分布较为密集的走廊经济带上，视运输需求，加密高等级公路网络、提升省道技术等级或以城市快速路的形式建设相对开放的快捷通道，并注重与区际交通网络的衔接。

(2)推进重点开发区域城市群的城际干线建设，构建都市交通圈。加快中心城市到区域主要城市的城际快速通道建设，发展较快的城市群区域，以轨道交通和高速公路为主；尚处于形成初期的城市群区域，以高等级公路为主。进一步完善区域中小城市及城镇间公路网络。

(3)充分利用区际通道运输能力，服务城际交通。优先考虑利用新建铁路客运专线和既有铁路开行城际列车，提高综合交通运输的效率和效益。城际交通与区际以及城市交通在通道布局、服务范围、运营组织等方面需合理分工、有机衔接。准确把握城际轨道交通功能定位和技术标准，线路、车站应尽量覆盖规划人口10万以上的城镇，最大程度拓展吸引范围和辐射半径。

3）强化城市公共交通

(1) 实施公共交通优先发展战略,满足市民基本出行和生活需求。逐步建设规模合理、网络通畅、结构优化、有效衔接的城市综合交通系统。完善城市公共交通基础设施,科学优化城市交通各子系统关系,统筹区域交通、城市对外交通、市区交通以及各种交通方式协调发展,加快智能交通建设,合理引导需求,提升城市综合交通承载力,支撑城市可持续发展。

(2) 优先发展公共交通,提高公共交通出行分担比例。积极发展多种形式的大容量公共交通,提高线网密度和站点覆盖率,构建安全可靠、方便快捷、经济适用的公共交通系统。根据不同城市规模和特点,制定差别化的轨道交通发展目标,有序推进轻轨、地铁、有轨电车等城市轨道交通网络建设。市区人口超过 1000 万的城市,逐步完善轨道交通网络。市区人口超过 300 万的城市,初步形成轨道交通网络主骨架。市区人口超过 100 万的城市,结合自身条件建设大容量地面公共交通系统。

(3) 旧城改造和新城开发必须坚持交通基础设施同步规划和建设,发挥大容量公共交通在引导城市功能布局、土地综合开发和利用等方面的作用。统筹规划,优化城市道路网结构,改善城市交通微循环。保障公共交通设施用地,鼓励公共交通用地的综合开发,增强公共交通可持续发展能力。合理分配城市道路资源,落实地面公共交通路权优先政策,加快公共交通专用道建设,规范出租车健康、有序、合理发展。完善机动车等停车系统及与公共交通设施的接驳系统。有效引导机动车的合理使用,推进自行车、步行等交通系统建设,方便换乘,倡导绿色出行。

统筹考虑城市内多种轨道交通方式的衔接协调发展。充分利用既有铁路资源,结合铁路新线建设和枢纽功能优化调整,统一规划和布局,鼓励有条件的大城市发展市郊铁路,以解决中心城区与郊区、卫星城镇、郊区与郊区、城市带及城市圈内大运量城市交通需求问题。加快城市及其综合客运枢纽周边道路的建设,大、中城市可推进绕城高速公路建设。优化城市货运通道、枢纽场站和物流园区的布局,缓解城市出入口和枢纽周边交通压力。

4）推进农村交通建设

统筹城乡交通一体化发展,加快农村交通基础设施建设,提高农村公路的通达深度、覆盖广度和技术标准。

(1) 继续实施以通沥青(水泥)路为重点的通达、通畅工程,形成以县城为中心,覆盖乡镇、村的公路网络。加快集中连片特殊困难地区农村公路建设。新建和改造农村公路 100 万 km,实现具备条件的乡镇、东中部地区建制村、西部地区 80% 以上的建制村通沥青(水泥)路。实施县乡道改造和连通工程,提高农村公路网络水平。

(2) 实施农村公路的桥涵建设、危桥改造以及客运场站等公交配套工程,加强农村公路的标识、标线、护栏等安全设施建设,切实落实农村公路的养护和管理。

(3) 开发利用偏远农村地区水运资源,加快推进重要支流和库区的航运开发,延伸航道通达和覆盖范围，加强乡镇渡船渡口设施的更新改造。

5）发展综合交通枢纽

按照零距离换乘和无缝化衔接的要求，全面推进综合交通枢纽建设。

（1）加强以铁路、公路客运站和机场等为主的综合客运枢纽建设，完善客运枢纽布局和功能。依托客运枢纽，加强干线铁路、城际轨道、干线公路、机场等与城市轨道交通、地面公共交通、私人交通、市郊铁路等的有机衔接，强化枢纽和配套设施建设，促进枢纽与干线协调发展，形成城市内外和不同方式之间便捷、安全、顺畅换乘，提高综合客运枢纽的一体化水平和集散效率。完善邮轮、游艇、陆岛等客运码头与其他运输方式的衔接。适时开展多式联运示范工程。

（2）加强以铁路和公路货运场站、主要港口和机场等为主的综合货运枢纽建设，完善货运枢纽布局和功能。依托货运枢纽，加强各种运输方式的有机衔接，建立和完善能力匹配的铁路、公路等集疏运系统与邮政、城市配送系统，实现货物运输的无缝化衔接。加大铁路在港口货物集散中的比重，减少公路集疏运对城市交通的影响。推进集装箱中转站建设。

（3）加快综合交通枢纽规划工作，做好与城乡规划、城市总体规划、土地利用总体规划等的衔接与协调。统筹综合交通枢纽与产业布局、城市功能布局的关系，以综合交通枢纽为核心，协调枢纽与通道的发展。城市人民政府要建立综合交通枢纽发展稳定的资金渠道，探索以市场为主体的综合交通枢纽建设与运营机制。研究提出相关扶持政策，引导综合交通枢纽健康发展。

6）衔接内地与港澳交通

坚定不移贯彻"一国两制""港人治港""澳人治澳"、高度自治的方针，严格按照特别行政区基本法办事。加强规划协调，完善珠江三角洲地区与港澳地区的交通运输体系，促进香港澳门长期繁荣稳定。

（1）支持香港发展航运业，巩固和提升香港国际航运中心地位。建立粤港两地航运更紧密协作关系，支持香港增强港口转口业务，发展与航运关联的业务以及现代物流业。按照优势互补、互利共赢原则，统筹规划珠江三角洲地区港口布局，有序发展集装箱码头，支持和鼓励内地香港港航企业加强合作，促进形成以香港为中心，与珠江三角洲港口共同发展的格局。

（2）深化内地与香港、澳门大型基础设施合作，研究探索建立新型管理模式，促进珠江三角洲地区与港澳交通一体化。加快建设港珠澳大桥，实现香港、珠海、澳门三地高速公路连通。建成广深港客运专线并与武广、杭福深客运专线接驳。研究建设港深西部快速轨道线。支持香港航空业界与珠江三角洲及内地机场间的合作，进一步协调珠江三角洲与港澳空域，完善内地与港澳空管协作机制，提升航空运输能力。

2. 技术装备

（1）按照安全可靠、先进高效、经济适用、绿色环保的要求，依托重大工程项目，通过消化、吸收再创新和系统集成创新以及原始创新，增强自主发展能力与核心竞争力，进一步提升技术和装备水平。加大交通运输新技术、新装备的开发和应用,加快推进具有我国自主知识产权的技术与装备的市场化和产业化,带动相关产业升级和壮大。研究设置能耗和排放限值标准,研究制定装备技术政策,促进技术装备的现代化。

(2) 推进先进、适用的轨道交通技术与装备的研发和应用,全面实现现代化。提升铁路高速动车组、大功率电力机车、重载货车等先进装备的安全性和可靠性,提高空调客车比例和专用货车比例,推进高速动车组谱系化,以及城际列车与城市轨道交通车辆等先进技术装备的研制与应用。通过工程应用带动技术研发,突破轨道交通通信信号、牵引制动、运行控制等关键核心技术,系统掌握高速磁悬浮技术,优化完善中低速磁悬浮技术。

(3) 积极发展公路专用运输车辆、大型厢式货车、多轴重载大型车辆和城市配送车辆,推进客货运车辆结构升级和节能化进程,加快老旧车辆更新。

(4) 继续发展大型干散货船、大型油轮、集装箱船、滚装船和液化气船,鼓励发展邮轮、游艇,加快推进内河运输船舶标准化,加速淘汰老旧船舶,提升远洋、沿海和内河运输船舶的整体技术水平,优化船队结构,船队总体上达到国际先进水平。提高港口现代化装备水平。

(5) 继续完善和优化我国民用机队结构,积极发展支线飞机和通用飞机,国产干、支线飞机研制取得突破,推进地空通信、空管自动化系统建设。

(6) 加强管道运输关键设备和技术的研发及应用,研制 X100 和 X120 高强度管线钢,实现天然气长输管线大型球阀等关键设备自主制造,掌握系统集成技术和压缩机、电机(汽轮机)、变频控制系统的设计制造技术。

(7) 提高交通运输的信息化、智能化水平。加强协调,推进综合交通运输公共信息平台建设,逐步建立各种运输方式之间的信息采集、交换和共享机制。积极推动客货运输票务、单证等的联程联网系统建设,推进条码、射频、全球定位系统、行包和邮件自动分拣系统等先进技术的研发及应用。

(8) 逐步建立高速公路全国监控、公路联网和不停车收费系统,提高运营安全与效率。

3. 运输服务

按照建立综合、高效交通运输服务系统要求,实现运输服务能力与质量的同步提升。加快运输市场建设,完善政府运输监管和公共服务职能,着力提高运输服务水平和物流效率,提升运输服务对国民经济和社会发展的支撑作用。

(1) 加快运输市场建设。进一步完善运输市场准入制度,规范市场行为与经营秩序,积极推动运输市场全面开放,加快构建公平开放、竞争有序的运输市场。深化运输价格改革,加强运输价格监管,建立健全国家宏观调控下灵活反映市场供求状况的铁路运价形成机制,完善公路收费政策,稳步推进民航运价市场化改革。优化企业经营环境,加强对交通运输企业"走出去"的宏观指导和服务,加快培育具有较强国际竞争力的运输企业。加快发展运输代理、交通工具维修检测和租赁、物资供应、劳务、运咨询和信息传播等运输辅助服务,培育行业协会及中介组织,建立和完善行业的行为规范、服务标准及自律机制。

(2)完善政府运输监管。强化综合交通运输政策,运用经济、法律手段和必要的行政手段,加强政府对运输市场的监管,促进公平竞争。加强政策引导,促进运输市场结构合理化,着力提高运输服务集中度和组织化水平。

(3)强化公共服务职能。转变政府职能,加大政府对公共运输服务的供给力度。建设信息服务平台,推动各种运输方式信息系统的互联互通,为社会和公众提供全方位、立体化的出行服务信息平台。加大公共财政对城市公共交通、农村客运、支线航空服务和邮政普遍服务的扶持力度,逐步推进基本公共运输服务均等化。

(4)提升运输服务水平。加强各种运输服务之间的无缝衔接与合作,提高客货运输服务效率,降低社会物流成本。鼓励运输企业开展一体化运输服务,加强运输服务中的线路、能力、运营时间、票制、管理的衔接。优化运输组织,创新服务方式,推进客票一体联程、货物多式联运,大力发展现代物流服务、快递等先进的一体化运输服务方式以及汽车租赁等交通服务业,有效延伸运输服务链。

(5)加强高速铁路市场开发与培育,优化产品结构。积极发展集装箱运输服务网络,逐步满足市场多样化需求。积极发展公路甩挂运输。建立农产品、农资、农村消费品的货运系统。提高普遍服务能力与水平,适应低收入人群和偏远地区运输需求。

(6)依托综合交通运输体系,完善邮政和快递服务网络,提升传递速度。加强邮政设施建设,积极发展农村邮政,实现普遍服务覆盖城乡。同时,充分发挥邮政综合服务平台作用,拓展邮政物流、代理代办等业务。加快发展电子商务配送等新兴业务,推进航空快件等绿色通道建设。大力发展便捷、高效快递服务。健全保障和监督机制,提高邮政业服务能力和水平。

4.安全保障

坚持安全第一、预防为主的方针,正确处理好安全与发展、速度、效率、质量的关系。

(1)强化交通安全理念。坚持预防为主、安全为本的方针,减少交通安全隐患。建立政府主导的交通安全长效教育机制,制定交通安全公共教育计划,形成专业教育、职业教育、企业教育相结合的交通运输安全生产培训和宣传教育体系。树立交通安全终身教育理念,提升交通参与者安全意识。

(2)完善安全管理体制。健全完善交通运输安全管理体制机制,探索建立交通运输安全监管机构,加强交通安全管理部门之间的沟通协作。完善国家、省、市、县四级交通运输安全生产和应急管理体制,成立乡镇交通运输安全监管部门。

(3)健全安全管理制度。完善交通运输设施、装备安全标准和安全认证规范以及安全法律法规制度,加强高速公路安全监管系统建设,推行交通建设工程安全审计、安全生产责任考核和责任追究制度。建设交通运输安全生产和应急综合信息系统,完善落实安全评估机制。

(4)加强安全监督管理。将安全监管贯穿于交通基础设施规划、设计、建设、运营全过程。强化重点时段、重点地区、重点领域、重点环节的安全监管,落实监管机构和监管责任,提高安全生产监管覆盖面。深入开展安全隐患排查和治理,强化危险品运输的市场准入和监控,规范危险品及特种货物运输。加快交通安全监管网络建设,加强道路交通安全监管。基本建成重点运营车辆GPS(全球定位系统)联网联控系统和道路交通动态监控平台。

(5)加大安全设施投入。加大高速铁路运营安全投入,攻克控制系统等关键环节和薄弱环节,提高通信信号及运输调度指挥安全保障水平。建立铁路安全监控、防灾预警系统;推进公路交通线网灾害防治工程、安保工程建设,实现交通安全设施与道路建设主体工程同时规划、同时设计、同时施工、同时验收、同时使用;推进水路安全设施建设,加强引航设备、消防设施、防台风设施建设。

(6)加快推进农村公路渡口改造和渡改桥工程;完善机场空管、安保、消防救援等设施设备,确保民航通航安全。

(7)增强安全科研力量。加大智能交通技术、车辆安全技术、交通执法设备装备、交通应急系统研究以及科研成果转化力度。加强交通事故分析与研究,完善交通运输事故管理信息系统,从技术上保证综合交通运输体系安全。

(8)推进安全队伍建设。加强安全监管人员编制管理,制定交通运输管理人员准入条件与标准,不断优化队伍结构,规范队伍建设,提升行政执法装备水平,确保安全监管需要。开展有针对性的交通运输安全保障演练,提高交通运输从业人员现场应对能力。依托重点骨干运输企业,建立交通安全保障队伍。

(9)提升应急保障能力。构建国家和地方交通应急保障机制,制定交通应急能力建设规划,建立交通运输自身和交通环境污染突发事件应急预案和处置机制,形成跨区域交通应急信息报送和区域联动协调机制。增强交通设施抗御自然灾害的能力,提高保障水平。建立健全灾害易发区域和重点区域预测预警机制,加强迂回通道、直升机起降点等应急设施建设,积极储备可替代运输方式的能力。加快安全救助系统建设,提高应急反应速度和救援成功率。

5. 节约环保

大力发展循环经济,切实推进绿色交通系统建设,加大节能减排力度,努力控制交通运输领域温室气体排放,全面提高综合交通运输体系可持续发展能力。

(1)节约利用资源。在规划、建设、运营、养护等各个环节集约利用土地、线位、岸线、空域等资源,提高资源的综合利用水平。加快发展轨道交通、水路等节约型运输方式,提高资源利用效率。

(2)加强交通基础设施建设中废旧建材等再生资源的循环利用。

(3)提高用能效率。加强节能新技术、新工艺、新装备的研发与推广应用工作,提高节能环保型车船、铁路机车车辆、民用航空器、港站节能环保技术和工艺的应用水平。提高铁路电气化比例,鼓励港口使用电力驱动的装卸设施,淘汰高耗能交通设施设备和工艺。强化交通基础设施建设节能降耗。合理引导运输需求,提高运输组织水平,降低单位运输量的能源消耗。

(4)保护生态环境。增强交通规划阶段环保意识,加强交通基础设施建设的环境影响评价工作,对建设全过程实行环境影响动态监测。鼓励应用清洁环保交通技术和装备,降低污染物和二氧化碳排放水平,有效控制噪声污染。

第二节 综合运输服务"十三五"发展规划

《综合运输服务"十三五"发展规划》(以下简称《规划》)是交通运输大部门体制改革后,制定的第一个综合运输服务领域的专项规划。

一、综合运输服务"十二五"发展成效显著

"十二五"期,交通运输行业坚持科学发展,着力推进综合运输体系建设,开创了综合运输服务工作新局面。

1. 运输供给能力稳步提升

2015年,全社会客、货运输量分别达到194亿人次和410亿t。高铁旅客周转量超过全球其他国家和地区总和,港口吞吐量和集装箱吞吐量连续多年保持世界第一,航空运输规模稳居全球第二,快递业务量达到206亿件。

2. 客运便捷化程度不断改进

全国建成一批集多种运输方式于一体的综合客运枢纽,旅客换乘更加便捷,高铁客运取得突破性发展,城市轨道交通、快速公交系统(BRT)加快发展,民航航班正常率稳步提升。

3. 货运组织模式不断创新

多式联运发展取得初步成效,铁路快运班列等快速发展;公路甩挂运输试点稳步推进,航运中心建设取得积极进展;邮政快递业转型升级步伐加快。

4. 装备技术水平稳步提高

高速铁路、重载铁路技术取得跨越式发展;插电式混合动力、纯电动等新能源车辆在城市公共汽车和出租汽车领域加快应用;客运、货运、车船租赁及维修等领域O2O商业模式蓬勃发展。

5. 运输安全生产形势稳中趋好

铁路安全基础进一步夯实,道路交通安全生产形势总体平稳,海上突发事件搜救成功率保持较高水平,民航运营安全持续稳定。

6. 发展政策环境不断优化

交通运输行政审批制度改革不断深化,事中和事后监管不断加强;交通运输大部门制改革持续深化,综合交通运输规划、运输服务安全监管、客货运输组织保障等方面部门间协同配合力度不断加强。

二、《规划》思路

"十三五"期是我国全面建成小康社会决胜阶段,是深化"四个全面"战略布局的关键时期。综合交通运输体系进入基础设施"大建设"与综合运输"大服务"并举并重的发展阶段,新形势对综合运输服务提出了新的更高要求。主要体现在五个方面:一是实现全面建成小康社会总目标,要求加快提升综合运输服务能力和水平;二是适应经济发展新常态,要求加快改进综合运输服务效率和品质;三是支撑国家重大战略,要求加快调整综合运输服务结构和布局;四是把握深化改革新形势,要求加快完善综合运输服务治理体系;五是顺应"互联网+"新趋势,要求加快创新综合运输服务模式和形态。

"十三五"期,综合运输服务将进入以结构调整、转型升级、提质增效为主要特征的发展阶段,需要转变发展理念、调整工作重心,主动适应和引领服务需求加速升级、服务模式加速创新、运输结构加速调整、市场资源加速整合的行业发展新态势。

《规划》立足综合交通运输体系建设,以"四个全面"战略布局为统领,以改进提升综合运输服务为宗旨,以推动各种运输方式协同协作、竞合融合为主线,加快构建普惠均等、便捷高效、智能智慧、安全可靠、绿色低碳的综合运输服务系统,着力打造综合运输服务升级版,持续增进社会公众满意度和获得感。

三、重点任务

《规划》坚持定量与定性相结合、以定量为主的原则,提出了"十三五"期综合运输服务的发展目标。在指标构成和选取方面,综合考虑目标与任务关联性、指标结构的完整性以及可获取、可评估等因素,提出了普惠均等、便捷高效、智慧智能、安全可靠、绿色低碳5大类、45项具体指标。为确保实现发展目标,《规划》提出了11个方面共45项重点任务。

1. 法治化、市场化增强行业内生动力

《规划》围绕发挥市场在资源配置中的决定性作用和更好发挥政府作用,以法治化和市场化为导向,不断增强综合运输服务健康发展的内生动力。

(1)健全法规制度标准,消除运输市场壁垒。开展《综合交通运输促进法》和《多式联运法》立法研究,推进综合交通运输标准体系建设,弱化资源和资格等前置审批管理,强化事中和事后监管。

(2)推进重点领域改革,强化运输市场监管。发展铁路全程物流和总包物流,推进道路客运班线经营许可改革,鼓励港口、海运企业发展全程物流服务,实施民航空域资源分类管理,推进低空空域管理改革发展,加强信用考核评价监督管理,制定守信激励和失信惩戒制度。

2. 构建便捷舒适的客运服务体系

"十三五"期,综合交通运输将以公共客运为主导,提升客运服务均等化、便捷化、多样化服务水平,更好地满足公众出行需求。

(1)推进旅客联程运输发展。鼓励开展空铁、公铁、空巴等联程运输服务,推广普及电子客票、联网售票、实名制购票,支持企业提供旅客联程、往返、异地出行票务服务,鼓励依托第三方平台发展"一票制"客运服务。

(2)建设高品质的城际客运系统。优化铁路客运、公路长途客运、航空客运结构,推动形成高速、特快、快速、普速合理匹配的多层次铁路客运产品体系;支持毗邻地区客运班线公交化改造,推进长途客运接驳运输发展。

(3)完善多层次的城市客运服务体系。深入落实城市公共交通优先发展战略,进一步提高公交出行分担率;建立出租汽车运力动态调控机制,鼓励移动互联网与出租汽车行业融合创新;鼓励汽车租赁业网络化、规模化、品牌化发展,满足群众高品质、差异化出行需求。

(4)建立一体化的城乡客运服务网络。提高农村客运通达深度和覆盖面,加强农村客运通达情况监测考评,推进有条件的地区实施农村客运公交化改造;统筹协调城乡客运在票价、税费、补贴、通行等方面的政策,促进城乡基本公共服务均等化。

3.构建集约高效的货运物流服务体系

持续推进传统货运业转型升级,更好发挥交通运输在物流业发展中的基础和主体作用也是"十三五"期综合运输服务重点任务。

(1)推进多式联运快速发展。着力构建设施高效衔接、枢纽快速转运、信息互联共享、装备标准专业、服务一体对接的多式联运组织体系,重点发展以集装箱、半挂车为标准运载单元的多式联运。

(2)推动甩挂运输全面发展。重点推进跨区域甩挂、企业联盟甩挂、网络型甩挂、邮(快)件甩挂、干线运输与城市配送衔接甩挂等主题性模式加快发展;鼓励创新"挂车池"等新兴物流服务,支持发展长途接驳甩挂运输,鼓励发展挂车租赁、挂车互换等业务。

(3)统筹城乡配送协调发展。完善城乡配送跨部门协同工作机制,引导企业发展统一配送、集中配送、共同配送等集约化组织模式;推进农村物流资源整合与协同开发,推广"多站合一"的农村物流节点发展模式。

(4)引导货运企业转型发展。鼓励企业通过参股控股、兼并重组、协作联盟等方式做大做强,推动形成一批技术水平先进、组织集约高效、核心竞争力强的大型现代物流企业;引导传统货运企业向上下游延伸服务,与其他产业联动发展、跨界融合,加快向综合物流服务商转型。

(5)鼓励专业物流创新发展。完善冷链运输全程温控相关技术标准和服务规范,推进船舶管理、船舶代理、水路运输代理等传统航运服务业创新发展,提升邮政收寄投递、全程时限、跟踪查询等服务能力。

4.加快提升综合运输通道服务效能

《规划》提出,要适应国家综合运输大通道建设要求,优化通道内各种运输方式服务结构,推动各种运输方式运量的合理分担。

(1)优化通道内运输组织网络。加强综合运输大通道内铁路、水运能力建设,优化道路运输网络的层级匹配;有序推进各种运输方式节点体系和重点枢纽场站建设,完善集疏运体系。

(2)创新通道运输组织模式。依托综合运输通道,发展旅客联程运输、货物多式联运等集约高效的运输组织模式;支持发展"空铁通""空巴通"、铁路货物快运班列等服务模式;引导民航企业和邮政快递企业发展全货机、支线航空货运,稳步推广货物空空中转、航空快件中转集拼等业务。

(3)构建通道联运服务系统。依托阿拉山口、霍尔果斯等陆路口岸,广泛开展对中亚、欧洲等地的公铁、铁水集装箱多式联运;依托长江黄金水道,鼓励发展集装箱、大宗散货、汽车滚装及江海中转等多式联运;依托京津冀、长三角等城市群航空货运枢纽及铁路集装箱中心站,完善邮政快递分拨中心布局,大力发展空陆联运,探索发展铁路驮背运输。

(4)推进通道运行协同管控。推动建立跨方式、跨部门、跨区域的通道运输服务协调联动机制;建立通道内各运输方式间信息开放共享与互联互通机制,推进运输一体化统筹调度;完善通道内交通应急处置工作机制,统筹不同运输方式应急联动响应,提高协同保畅能力。

5. 综合运输枢纽服务品质更高更多元

围绕实现客运"零距离换乘"、货运"无缝化衔接"的目标,"十三五"期间,综合运输服务将推动建立标准统一、功能融合、运营规范、服务高效的综合运输枢纽体系。

(1)提高综合运输枢纽规范化服务能力。建立综合运输枢纽统一规划、一体设计、同步建设、同期运营、协同管理的联动工作机制,规范运输方式间的交通标志指引、标识管理,推动铁路、公路、民航、邮政、城市交通等服务标准在枢纽内相衔接。

(2)拓展综合客运枢纽多元化服务功能。优化枢纽接驳服务,推动各种运输方式互设自助售票取票设备,探索开展旅客"行李直挂"和跨方式行李联程托运等业务。

(3)提升综合货运枢纽集约化发展水平。优化货运枢纽(物流园区)规划布局,推进铁路集装箱中心站建设,鼓励铁路货运站场向综合货运枢纽和物流服务中心转型升级,支持货运枢纽(物流园区)与区域内产业互动。

6. 统筹各种运输方式装备标准协同应用

《规划》提出,统筹各种运输方式装备标准协同应用,提升运输装备的现代化水平。

(1)大力发展多式联运技术装备。推广标准化、集装化运载单元和托盘,推进集装化单元装载机具以及大型转运吊装设备、非吊装式换装设备普及应用;支持企业研发应用铁路驮背运输平车、半挂车滚装专用船舶等多式联运专用载运装备和机具,提升运输装备的通用性和现代化水平。

(2)大力推进货运车型标准化。加强货运车辆公告、生产、检测、注册登记、营运使用等环节的标准衔接,完善挂车、汽车列车等技术标准,推动建立营运"多检合一"

及"结果互认"工作机制。

(3)推进专业运输装备技术升级。完善具有自主知识产权的铁路动车组技术标准体系,推广应用大容量、低地板公交车辆以及空调车、无障碍化公交车辆,推进国产大飞机投入试运行。

(4)积极发展节能环保运输装备。落实对新能源汽车推广应用的政策措施,鼓励研发专用车型,推动完善加气、充换电等配套设施;以城市公交、出租汽车、邮政快递等领域为重点,大力推广应用插电式混合动力汽车。

7. 运输服务引进来、走出去

围绕服务国家"一带一路"战略,深化对外交流与合作,提高运输服务"引进来""走出去"的能力和水平。

(1)统筹集装箱国际班列协调发展。有效整合中欧、中亚国际集装箱运输班列资源,推动形成"统一品牌标识、统一运输组织、统一全程价格、统一服务标准、统一协调平台"的中欧班列国际物流品牌。

(2)完善国际运输互联互通网络。围绕新亚欧大陆桥、中蒙俄、中国—中亚—西亚、中国—中南半岛,以及中巴、孟中缅印等经济走廊,推进国际道路运输双、多边协定的制定、修订和签署实施,推动形成丝绸之路经济带国际运输走廊。

(3)推动陆路口岸通行便利化。加强口岸国际道路运输管理机构基础能力建设,推动形成运输管理、边检、海关、检验检疫一体化与"一站式"的陆路口岸通关模式。

(4)拓展国际航空航运市场。统筹研究国际航空运输开放政策,鼓励国内航空公司开拓国际市场,积极推进境外落地服务。支持国内机场集团"走出去",通过托管、参股等形式参与"一带一路"沿线各国适宜条件的机场管理。

(5)支持跨境寄递发展。推进寄递服务与跨境电子商务联动发展,完善国际邮件处理中心布局,支持建设一批国际快件转运中心和海外仓,开发国际航空快递专线。

8. 安全管理全过程、全方位、精细化

加强运输安全生产管理体系建设,健全全过程、全方位、精细化的安全管理长效机制。

(1)强化安全生产主体责任。严格落实企业主要负责人、安全生产管理人员、从业人员安全生产法定责任,强化企业安全生产隐患排查治理主体责任,健全企业安全生产责任追究机制,强化落实安全生产"一票否决"制度。

(2)强化安全运行监管能力。加强危险品等特殊货类、交通高峰期等特殊时段、冰冻雨雪等恶劣气象条件下的运输安全监督管理,加强车辆动态监管和重点领域安全监管。

(3)强化安全生产基础支撑。建立安全风险防控体系,建立健全事故统计分析制度,强化涉及安全应急等重点岗位从业人员的教育培训和资格管理。

(4)强化应急保障能力建设。完善运输服务应急预案体系,加强各级交通运输应急保障运力储备,加强安全应急演练,提升运输服务应急联动能力;健全大面积航班、高铁延误以及铁路重点物资运输迟滞等预警机制,提高综合运输服务整体应急处置能力。

9."互联网+"与运输服务融合发展

为适应移动互联网时代"指尖消费"需求,《规划》从多个方面推动"互联网+"与运输服务融合发展。

(1)推动实现智慧运输服务"一点通"。支持提供基于移动终端的铁路、民航、公交运行动态信息及城市路况查询等服务;推进综合运输服务"移动政务"平台建设,加强政务公共信息向全社会开放。

(2)推动实现公众出行支付"一卡通"。建立交通一卡通清分结算、服务价格、风险管控、绩效评价等制度规则,鼓励组建交通一卡通清分结算平台,推动交通一卡通积极拓展小额支付、移动支付等服务功能。

(3)推动实现公共信息服务"一网通"。统筹公众出行信息服务平台建设,以公众出行服务网站、多媒体查询、移动终端、可变信息板等多种形式,合理引导公众出行。

10.运输服务与关联产业协同联动

围绕培育壮大多业联动产业集群,推动运输服务与前后向、上下游关联紧密产业的协同联动,促进形成"运输服务+"跨界融合发展新格局。

(1)推动运输服务与制造业联动发展。以先进轨道交通装备、节能与新能源汽车、高技术船舶以及标准化运载单元和货运车辆、多式联运转运设备等为重点,推动形成一批具有较强国际竞争力的运输装备制造跨国公司和产业集群。

(2)推动运输服务与流通业联动发展。加快构建便捷高效的综合运输服务体系和顺达通畅城乡物流网络,支撑内贸流通创新发展。

(3)推动运输服务与旅游业联动发展。加强交通运输与旅游行业间信息共享,完善主要旅游景区公共客运基础设施,加强枢纽场站与旅游景区交通衔接,推动"快进慢游"的便捷运输服务系统建设。

(4)推动运输服务与农业联动发展。探索建立以便捷交通为引导的农村社区空间布局、现代农业产业体系发展模式,推动形成"三农"发展新格局。

11.广泛凝聚合力促重点任务落地

为加快推动重点工作任务落地,《规划》列出了快件上车上船上飞机、综合运输服务示范城市、公交都市、多式联运、公路甩挂运输、城乡交通一体化、货运车型标准化、国际道路运输便利化、一卡通互联互通、汽车维修信息公开与电子健康档案、"互联网+"运输服务、12328服务畅通12项专项行动和推进工程。

《规划》在贯彻实施过程中,需要广泛凝聚各地交通运输主管部门、地方政府、运输企业等的合力。一是加强部门衔接协调,明确任务分工,落实工作责任。二是强化市场主体作用,充分调动市场主体参与规划实施的积极性和能动性。三是优化政策环境,创新政府与社会资本合作模式,加强资金使用监督管理考核。四是开展关键技术基础研究、联合攻关和示范应用,发展综合运输服务众创空间。五是着力提升运输从业人员服务意识、专业素养和业务能力,加快培育一支爱岗敬业、服务规范、形象文明、诚实守信的从业人员队伍。六是加强舆情监测与新闻宣传,主动接受社会监督,及时回应公众关切,深入推进交通运输文化建设,为综合运输服务改革发展营造良好氛围。

第三节 杭州市域综合交通运输协调发展规划

一、概况

近年来,杭州在城市空间、城市职能、发展环境、产业结构、经济发展等方面都发生了巨大的变化。城市正在打破单中心的发展格局,实现"城市东扩、旅游西进、沿江开发、跨江发展",形成"一主三副、双心双轴、六大组团"空间形态,市域城镇则形成"一心二圈、三轴二连、一环多点"的城镇空间布局。

随着国家经济增长方式转变和城市公共交通地位的提升,以科学发展观统领的节约型城市建设加快。目前的区域性交通规划正打破长三角传统的"Z"字型交通格局,同时,杭州也正在酝酿从城市扩张方式到交通发展模式的转变。城镇空间结构和城市职能的变化正引起杭州市域交通需求发生巨大变化,如何使市域交通适应这种变化,并进而推进市域整体发展,是当前杭州市交通规划决策部门重点思考的问题。

2005年,杭州市委、市政府为落实科学发展观,打破城乡二元结构,城乡统筹解决"三农"问题,优化城市功能布局,发挥各组团和中心城镇的作用,提出了构建杭州市域网络化大都市的战略决策。构建市域网络化大都市的核心就是统筹城乡建设,通过建立多层次、多节点、开放型的网络化大都市,实现以城带乡,以乡促城,城乡互动,协调发展,提升城市整体发展水平,增强大都市综合竞争力。

2007年7月,杭州市委又提出了"接轨大上海、融入长三角、打造增长级、提高首位度"的新战略,对市域综合交通协调发展提出了更高的要求。

"十三五"期间,"交通西进""东网加密""乡村通达""黄金水道""铁路提速""机场搬迁改造"等工程相继实施,为市域综合交通改善取得了丰硕成果。杭州市已初步建成国家重要的交通枢纽,城市交通设施水平和管理水平也在不断提升。

杭州市域各区县均编制了各自的相关规划,铁路、公路、水运、城市交通等部门也都编制了各自的专业规划。但由于受行政区划和行业管理体制制约,规划成果难以从统一的规划思路入手,导致最终的交通设施在空间布局、功能定位、规模测算、建设时序等方面与城市新时期发展目标存在矛盾。在市域网络化大都市建设的关键时期,急需整合和协调这些既有规划,使市域的交通设施在规划、建设和管理上纳入统一体系,实现综合交通的协调发展。

二、规划要点

(一)客运交通枢纽布局

1.枢纽规划原则

(1)按照客运交通需求特征,一体化规划城市对外客运交通、城市公共交通和旅游交通,统一布局市域铁路、航空、长途客运、公共交通、旅游交通枢纽,形成独立于部门、行业的综合交通客运枢纽体系,整合与协调各种交通方式。

(2)按照枢纽组织综合交通网络。通过客运枢纽形成公共交通放射干线与中心城区、外围组团内部网络,以及放射干线在中心城区衔接,对外客运与城市公共交通干线衔接,旅游交通与对外交通、城市公共交通紧密衔接的交通网络布局,并通过枢纽组织交通。

(3)与区域对外交通衔接的综合枢纽,是指与城市轨道交通、公共交通一体化规划设计的主要铁路客站、公路客运站、机场等,形成快速便捷的集疏运体系,是多种交通方式的转换枢纽,是对外客运与城市干线交通网络衔接点。

(4)根据城镇化发展延伸公共交通服务,都市区内部的道路客运、城乡公交与城市公共交通一体化规划、管理、运营。旅游服务/集散中心与对外客运、城乡公交等有机结合。区域旅游服务中心与区域交通直接衔接。

2. 枢纽分类

客运枢纽按照其承担的交通功能和客流集散量进行分类,见表17-1。

综合客运枢纽分类　　　　　　　　　　　　　　　　　　表17-1

枢纽类型	枢纽功能	枢纽客流集散量（万人次/日）	公共交通用地注（m²）
Ⅰ类客运枢纽	承担大型区域对外客运枢纽与城市公共交通系统的衔接、中心区主要交通集散、区域旅游服务中心	12	5000
Ⅱ类客运枢纽	承担都市区内部干线之间的转换和衔接、干线公共交通与普通公共交通集散、次级旅游服务/集散中心	6	2000

注:不包括铁路、机场、长途客运设施用地。

3. 客运枢纽布局规划

根据城市空间和主要公共交通走廊布局,形成老城中心、钱江新城、钱江世纪城、萧山中心、下沙中心、临平中心、杭州东站、杭州城站、萧山站、机场、临安、建德12处Ⅰ类客运枢纽,以及九堡(客运中心)、铁路北站、客运南站、客运东站、客运西站、客运北站、黄龙集散中心、桐庐、富阳、千岛湖、分水、淤潜、义蓬、临浦、良渚、老余杭、转塘、三墩、康桥等Ⅱ类客运枢纽。其中,建德作为西部最重要交通枢纽和旅游服务中心。临安作为中心城区交通网络与西部交通网络衔接的重要交通枢纽,同时也是中西部重要的旅游服务中心。杭州市域枢纽布局规划见图17-2。

(二)大杭州都市区客运轨道交通

1. 轨道交通功能等级划分

大杭州都市区轨道交通系统根据需求特征划分不同等级,形成都市区快线(图17-3)和普通轨道线两级轨道交通系统。快线系统主要解决都市区主要发展组团与中心区之间快速交通联系需要。快线系统与区域轨道交通系统通过枢纽衔接,并接入组团综合客运枢纽。

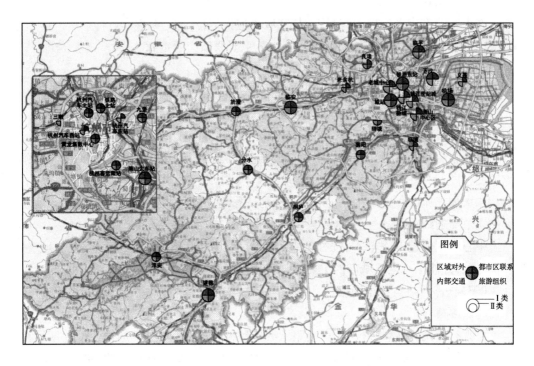

图 17-2 杭州市域枢纽布局规划

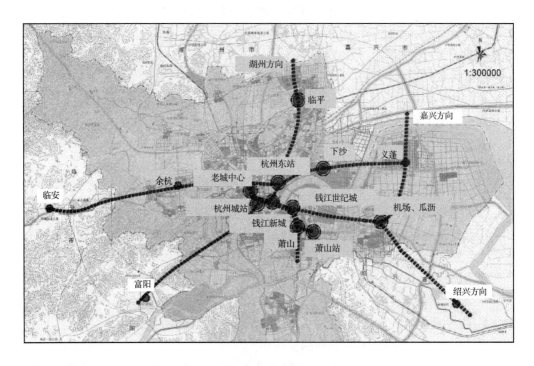

图 17-3 杭州市轨道快线系统示意图

2. 轨道交通网络规划调整

在大杭州都市区发展的背景下，与区域轨道相结合，进行调整和延伸。

(1) 网络结构调整：快线系统覆盖都市区主要联系交通走廊。

(2) 城市轨道网络向大都市区延伸延。

(3) 中心城区轨道网络调整：

① 扩大网络规模，增加副城、组团间联系网络。

② 调整各条线路间的衔接，尽量通过客运枢纽进行衔接。

③ 调整目前的轨道交通网络走向，加大老城中心、钱江新城、钱江世纪城的轨道站点密度，并增加各中心之间轨道交通的联系。

④ 增加老城区历史文化保护区轨道交通的密度，并建设西湖风景名胜区重点旅游区的轨道交通线路。

中心城区轨道交通与多中心的布局结合起来，密切联系老城中心区、钱江新城、钱江世纪城，并使中心区与城市的主要对外客运枢纽密切联系。

(三) 铁路网络与枢纽衔接

1. 铁路网络

在既有沪杭、浙赣、宣杭、萧甬铁路干线铁路网的基础上，主要加强西部地区铁路联系，弥补东部工业区缺少铁路线的不足。根据未来发展需要和需求特征，结合《长三角城际轨道交通规划》和《浙江省铁路网规划》，加快建设杭建衢快速铁路、杭黄城际铁路、以及建德至黄山铁路，并改造升级建德至金华铁路，完善杭州市域铁路网络。同时，加快建设沪杭、杭宁和杭甬城际轨道交通。在东部工业区增建专线铁路，满足东部地区工业发展需要。

2. 铁路枢纽

根据杭州市铁路网络和站场布局现状和发展需要，在铁路枢纽的布局上，按照大杭州都市区考虑布局，建立服务于东部、中部、西部的铁路枢纽。提升西部地区和江南地区铁路枢纽地位，形成城站、东站、萧山站、九堡站、建德站五个铁路客运主站，以及北站等作为辅助的铁路枢纽。

(四) 市域道路网规划调整

1. 大外环

随着城市核心区域的扩大，城市已突破原有的绕城高速的范围，需要构建联系都市区主要发展地区以及西部地区与长三角东部地区联系的大外环(见图17-4)。

作为围绕东、中部连绵发展的城市地区的绕城道路，有利于大都市区核心的形成。

在交通组织上，目前过境交通均通过绕城高速，对中心城区交通造成巨大压力。形成东部、中部地区大外环道路，便于东、中、西部分别组织对外交通。

大外环的不同部分还具有不同的交通功能。

(1) 东部作为钱江通道，是联系东部工业发展区的快速通道。同时，也可以建立上海与西部、东部与西部的直接联系。

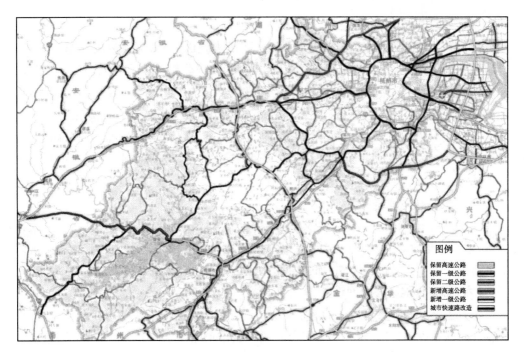

图 17-4 杭州市域道路网规划调整示意图

(2) 南部作为与临安与富阳的快速联系通道。

北部、西部形成上海方向与安徽方向的直接联系。

2. 东部网络

根据杭州工业发展规划,未来东部地区将积聚很多大型工业园区。因此,为满足东部工业区发展需要,规划沿杭州江东大桥(钱江九桥)向东经过东部工业区一直到绍兴开发区的城市快速路。

3. 中部网络

根据城市发展重新规划城市快速路网络(范围包括东中部地区),并加快建设。

(1) 加快跨江通道建设,进一步改善主城与萧山中心区的交通联系。

(2) 增加城市中心与临安、富阳的联系通道。

(3) 协调城市快速路与萧山区、余杭区、富阳、临安的城市发展、城市交通网络发展。

(4) 建立与城市空间发展、主导联系方向一致的骨架道路网络,改变主城区环湖布局为向江布局,利用骨架路网布局打破目前各片道路网络走向、布局不一致所造成的交通组织矛盾。

(5) 中部地区的交通枢纽是全市性、甚至区域性交通枢纽,需要通过快速网络方便联系外围各发展组团。

4. 西部网络

西部地区旅游资源丰富,是杭州和长三角重要旅游地之一。但目前西部地区对外交通联系不畅,有的方向公路等级很低,为加强西部地区与南京、黄山、金华方向间的联系,需要增加或改善道路设施。

(1)建设淳安至黄山方向高速公路,加强千岛湖与黄山两个重要旅游地之间的联系。

(2)改造千岛湖与江西方向的道路网,提升为二级公路。

(3)提升文昌镇至昌化、昌化至临安界公路为一级公路,改善西部旅游交通条件,建立千岛湖与天目山两大旅游区之间的快速联系,同时,加强对外交通联系。

(4)加快临金高速公路建设,建成后的临金高速公路南与金丽温高速公路相接,成为浙西北地区到浙东南沿海地区的重要通道,对完善"进浙入闽"战备通道具有重要的战略意义。

(五)机场联系道路

新建机场东面出口道路,连接义蓬、钱江通道,通过钱江通道及其延伸线分别联系嘉兴、绍兴。建设之江大桥通道,形成西部地区与机场的联系通道。之江大桥至富阳的高速公路调整为城市快速路,加强西部地区与机场的快速联系。

(六)都市化地区公路网调整

随着主城区和都市化地区的不断扩大,主城区与中心城区、中心城区与周边都市化地区间联系更加紧密,原来的公路交通成为城市道路交通,但公路与城市道路建设标准不一样,不能满足城市交通需要。因此,应对都市化地区的原有公路系统进行改造,以适应城市交通特征的交通流运行和城市的开发。

大外环以内都市化地区的原有公路调整为城市道路。对于高速公路,需要将收费站外移到外环线外,同时适当增加出入口,成为城市快速路。其他公路根据城市规划,适时改造成城市道路。

(七)航运与港口

1. 航运

1)东部地区加快航运网络建设,积极融入长三角航运网

接轨上海国际航运中心洋山港、宁波—舟山港及其他沿海港口,利用航道实现杭州的通江达海;市域内部要顺畅京杭运河水系、钱塘江水系和萧绍水系的联系。

(1)为使航运与城市发展协调,减少京杭运河对城市的影响,改变目前京杭运河穿过主城区的现状,结合东部产业发展,实施京杭运河改线,使运河靠近东部产业发展区,即形成运河二通道。通过运河二通道的建设,逐步取消主城区的货运港口,主城区内部的京杭运河只保留客运,将港口岸线转化为城市生活和旅游岸线,同时对原来的仓储用地进行置换。同时加快改造提高江东工业园区航道等支线航道。

(2)提升东部工业区域的水运能力,加速东部地区航运网络建设,加快与乍浦港的联系,尽早融入长三角航运网,并作为上海航运中心中转的组成部分,实现水水中转。主要接轨上海港黄浦江沿线港区、芦潮港区、洋山港区的杭申线、杭平申线,接轨宁波—舟山港的杭甬运河和可直达洋山港区的钱塘江出海航道。

(3)建设城市东部区域产业发展带的货运通道,联系杭浦、杭甬等与门户港口联系的区域通道,同时与向西辐射的高速公路联系。

2)西部地区航运重点发展客运,利用航运实现产业跨越式升级

西部地区航运以旅游为主,航运为辅,逐步撤销与旅游发展相互矛盾的西部货运码头,引导航运向客运为主导方向转化,促进西部旅游发展和环境保护。提升改造钱塘江干线航道,畅通钱塘江中上游航道。打通富春江大坝,提高富春江航道等级。

2. 港口

杭州港的建设需要把环境保护放在突出位置。结合杭州市域产业及分布发展特征,港口发展的重点放在东部地区,即杭州港货运作业区的建设重点在东部地区,而西部地区逐步撤消货运码头,重点建设客运码头。并且,为了融入长三角航运网,应加快集装箱港口建设,形成杭州内河集装箱运输系统。

(1)港口建设重点突出临平等集装箱作业区建设,以及二通道沿线下沙综合作业区、倪桥头综合作业区、双林散货作业区和南庄综合作业区等的建设,建立起杭州内河集装箱运输系统。

(2)中心城区港区重点整治钱江、运河两大港区现有与城市现代化不相适应的码头,建设七格集装箱作业区、江东综合作业区、钱江海运作业区、衙前作业区、瓜沥作业区、临浦作业区、萧山义桥散货作业区、所前件杂货作业区等。

(3)武林门客旅中心在原武林门客旅码头的基础上,通过设施完善改造,形成功能齐全、设施先进、服务周全的现代化客旅中心,重点围绕运河文化向水上旅游、娱乐等方向发展,其中拱宸桥客旅码头为分流武林门客旅码头的客运量服务。

(4)五县(市)港区重点建设桐庐综合码头、富阳东洲综合作业区、临安青山湖旅游码头、建德旅游客运码头、千岛湖旅游客运码头等。

杭州市航道与港口布局示意见图17-5。

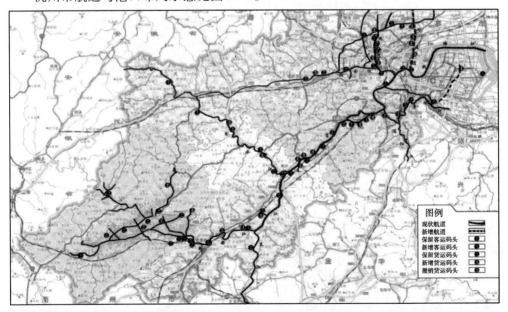

图17-5 杭州市航道与港口布局示意图

(八)物流与货运枢纽布局

根据物流发展趋势和特征,在大杭州都市区统一布局物流设施和货运枢纽。结合市域空间布局和产业发展特征,以及交通设施发展情况,杭州市域物流组织主要在东、中部地区,重点围绕下沙、江南、临平、江东、康桥等区域,同时兼顾富阳、临安、桐庐和建德等西部地区物流发展。将市域划分为9个重点区域,物流规划的调整按照分区进行。

东部——临平区域、下沙区域、江东区域。通过下沙、临平两个物流区域的建设,利用两区便捷的对外和区域交通网络,服务于东部区域产业带。通过航空物流园区建设,促进杭州高科技、高附加值物流发展。通过江东物流区域的建设,促进杭州东部工业区发展。

中部——康桥区域、江南区域、临安区域、富阳区域。通过康桥、江南两物流区域的建设,形成服务于南北产业区的物流网络。通过临安、富阳两个物流区域的建设,形成服务于中西部的物流网络,从而带动两市工业发展。

西部——桐庐区域、建德区域。通过建德、桐庐等物流园区建设,形成利用航运、高速公路和铁路辐射西部地区的物流网络,促进西部地区经济发展。

针对既有物流设施和货运场站情况,结合未来发展需要,将各区域功能相似,且相距较近场站相互整合。

(九)对外交通衔接

1. 主要联系方向

根据未来发展和分区策略,未来杭州市域对外联系主要方向如图17-6所示。

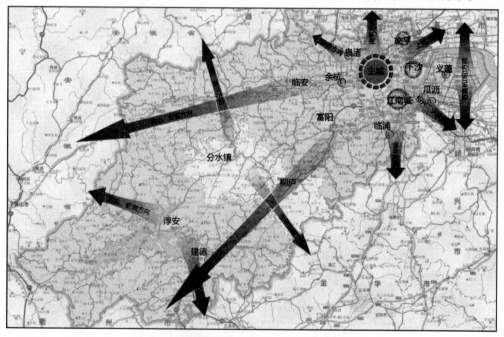

图17-6 杭州市域对外主要交通联系方向示意图

2. 对接上海

在杭州的对外联系中,对接上海,是现状和未来交通需求最大的方向,是杭州市打造一城七中心,提升区域地位的关键联系方向。

本次规划强调铁路/区域轨道在对接上海中的重要地位,引导交通需求向铁路转移,远期考虑双线的可能。在公路方面,通过大外环,建立西部地区与上海直接联系的快速通道。

3. 东中部

东中部主要是沪杭走廊、杭甬走廊以及杭宁和杭长走廊。沪杭走廊主要承担大杭州都市区对接上海,与上海的城市中心以及港口等重要门户设施的联系,杭甬主要承担与宁波都市区、宁波港口以及南部沿海地区的客货运联系,宁杭和杭长走廊主要承担与宁(南京)合(合肥)都市区、安徽北部地区以及与长三角北部的联系。

未来随着跨越杭州湾交通设施的建设(宁波跨海大桥、沿海铁路等),沪甬方向的过境交通流会得到一定的疏解,沪杭甬方向主要是上海、宁波方向的终到交通,及大都市区范围内的联系交通。而随着西部对外联系通道的完善,西部与安徽、浙江中西部的交通联系可以不再通过东中部地区。

各方向对外交通通过绕城高速公路或外环公路网与城市交通网衔接,或进行方向的转换。

城市轨道交通与沪杭城际轨道交通在杭州东站交通枢纽相互衔接,与杭宁城际轨道在杭州东站衔接,与杭甬城际轨道在萧山站衔接。

4. 西部

建立西部地区的直接对外交通通道,通过铁路建设提升西部旅游交通区位,引导产业发展。

(1) 提升金华—建德—千岛湖—黄山交通走廊的通行能力。

(2) 建设杭建铁路,与东部产业区相连接。

(3) 建设临金高速公路,构建西部地区与安徽北部和浙江东南地区联结的快速通道。

(4) 在交通衔接上,将建德站建设成铁路、公路、旅游、城市公共交通一体化的大型综合客运枢纽,实现对外交通与城市交通的衔接。

5. 干线联系交通与组团交通衔接

根据杭州市域城镇空间结构和组团布局的特点,市域重点协调干线联系交通走廊与组团交通的衔接。而市域中部和东部地区是市域和区域行政、政治、经济、文化发展中心,同时东部地区也是主要的工业集聚区。东中部地区重要节点(区域)之间联系十分紧密,交通需求大,这些重要节点之间形成重要交通走廊。

1) 中东部地区各交通走廊

中东部地区各交通走廊均由城市快速路、干线公路和高速公路连接,并且在主要的交通走廊上还有城市轨道交通(地铁)和城际铁路连接。

(1)连接主城与三个副城、富阳、临安、六个组团。三个副城之间通过城市快速路、轨道交通(地铁)连接。

(2)密切联系主城和萧山城区,实现跨江发展,提升萧山城的交通地位,建立萧山与东部组团之间的快速联系。

(3)外围组团之间通过快速路联系。

(4)主城与嘉兴、湖州和绍兴之间分别通过干线公路、区域轨道联系。

(5)市域西部地区包括富阳、临安、桐庐、建德、淳安、淤潜镇、分水镇等重要节点,以及重要旅游风景区、物流集散地等节点,节点之间形成交通联系走廊,如图17-7所示。

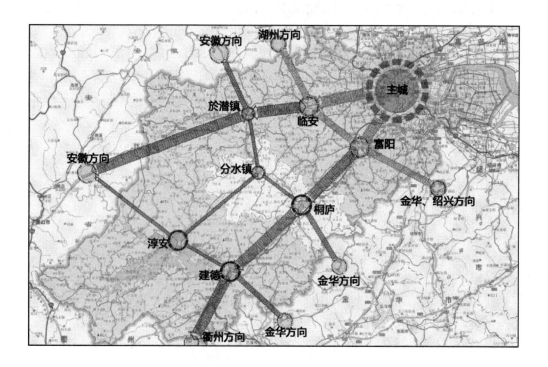

图17-7 杭州市域西部地区干线联系交通走廊示意图

2)西部地区干线交通走廊

西部地区干线交通走廊主要由高速公路和城市快速路连接。其中杭徽和杭新交通走廊是最主要的都市区联系通道和对外交通干线。

(1)建设临金高速公路,将临安的淤潜、分水镇、桐庐、金华联接起来,也是西部地区重要的干线。

(2)通过铁路/区域轨道联系主城区—临安—淤潜—黄山;主城区—富阳—桐庐—建德。

(3)建设建德、淳安至黄山的高速公路、铁路。

杭州市域对外联系交通走廊如图17-8所示。

(十)旅游交通组织

按照长三角西部旅游服务一体化要求整合区域旅游服务,即形成由旅游服务中心、次中心、集散中心构成的多层次、完善的旅游交通服务体系。在区域内,加强与上海、黄山、南京等区域级的旅游服务中心的联系,提供完善的旅游服务设施。

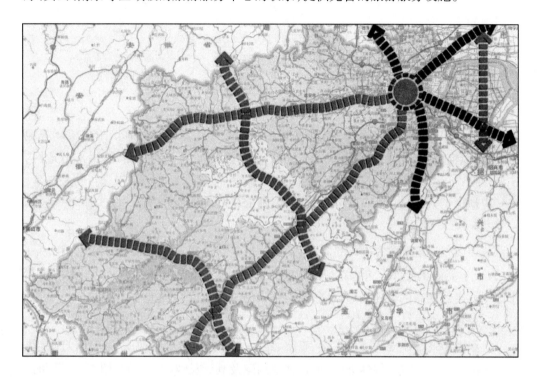

图 17-8　杭州市域对外联系交通走廊示意图

1.旅游交通组织模式

(1)未来杭州旅游交通组织的重点是中部和西部。按照旅游景区的分布和旅游交通需求特征,结合交通枢纽整合,转变原有的旅游交通全部依靠主城区组织的模式,在提升中部旅游服务的基础上,建立西部的旅游服务系统,共同构筑区域级的旅游服务中心,将杭州建设成为杭州—黄山旅游区的服务中心。

(2)结合综合交通枢纽的布局,建立多级交通集散中心,形成中西部地区旅游服务中心布局。在临安和建德设置一类客运枢纽,主要功能是旅游服务、集散。通过轨道、高快速路网络与机场、铁路、城市中心、上海、南京等方向衔接,通过公共交通干线和高快速道路网络与黄山、千岛湖、桐庐等地的服务中心、旅游景点联系。

2.旅游交通通道

利用南北和东西方向的区域性走廊,构筑西部旅游地区内部和对外联系交通网络,形成独立的对外交通组织系统。

(1)建立西部旅游区与杭州萧山、黄山、金华机场(规划的浙中大型机场)的直接快速联系通道。

(2) 建立天目山旅游区、千岛湖旅游区和富春江旅游区等主要旅游区各旅游点与对外通道的衔接。

(3) 完善天目山旅游区、千岛湖旅游区和富春江旅游区等主要旅游区之间的联系通道。

(4) 完善旅游集散中心与旅游点之间的联系通道。

(5) 其他旅游区之间通过一般旅游道路联系。

(十一) 机场交通组织

1. 机场腹地分析

杭州萧山国际机场位于长三角南翼中心城市杭州市萧山区,因此,萧山机场腹地很大,不但辐射杭州市域以及嘉兴、湖州、绍兴等地,而且还辐射江西、安徽部分地区。主要包括:杭州、金华、绍兴、宁波、舟山、嘉兴、湖州、安徽(部分)、苏州、衢州、义乌等。机场腹地覆盖人口 800~1000 万人,辐射范围 150~200km 左右。

2. 机场交通组织

到 2020 年,机场旅客吞吐量将超过 4000 万人次。现有的一条机场通道(机场高速公路)不能满足要求。除建立与主城区的快速通道外,航空枢纽要建设与大杭州都市区主要组团联系的快速交通网络,并与杭州的主要区域性快速通道联系。

3. 机场东部通道

机场东部通道主要为市域东部、嘉兴、绍兴、宁波、舟山等腹地服务。所以应尽快新建东出口,连接义蓬、钱江通道,通过钱江通道及其延长线联系嘉兴、绍兴等。同时,通过大外环,也可实现机场与西部旅游区的又一快速、便捷通道。

4. 西部运输通道

(1) 提升既有通道,提高通行能力。按照 8 车道标准拓宽机场高速公路。

(2) 为建立机场与西部腹地的直接联系,需要尽快建设之江大桥通道。

(3) 通过绕城高速转换连接西部五县(市)、安徽、湖州、南京方向等。

5. 机场轨道规划

建立机场与各区域联系的轨道交通网,通过轨道交通干线联系都市区主要交通枢纽(见图 17-9)。

(1) 机场与主城区联系的轨道线:机场—钱江世纪城—杭州东站/萧山,规划机场轨道线路与区域轨道交通分别在铁路东站和萧山站衔接。

(2) 机场与义蓬、嘉兴方向的轨道交通线:下沙(嘉兴)—义蓬—机场(瓜沥),规划机场轨道线路与嘉兴轨道交通相互衔接。

(3) 机场与绍兴方向的轨道交通线:机场(瓜沥)—绍兴,规划机场轨道线路与绍兴轨道交通线相互衔接。

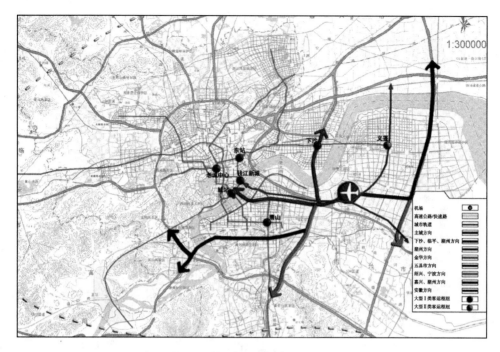

图 17-9 杭州市机场联系通道示意图

第四节 上海虹桥综合交通枢纽总体规划设计

一、枢纽概况

上海虹桥综合交通枢纽集民用航空、高速铁路、城际铁路、长途客运、地铁、地面公交、出租汽车等多种交通方式于一体,是上海"十一五"期间重点建设的 5 个 A 类交通枢纽中最大的一个,是目前世界上最大的综合交通枢纽之一。上海虹桥交通枢纽位于上海中心城区的西面,东起外环线(环西一大道)、西至现状铁路外环线,北起北翟路、北青公路,南至沪青平高速公路,距离市中心(人民广场)13.5km,距离外滩约 15km,距陆家嘴金融中心约 20km 左右。各种交通方式在此聚集,交通便利,可达性高。同时,虹桥综合交通枢纽地处长三角东部,毗邻江苏、浙江,位于沪宁、沪杭高速公路之间,是上海与其他省市交通联系的重要节点。上海虹桥综合交通枢纽位置如图 17-10 所示。

上海虹桥综合交通枢纽规划区域面积约 26.26km^2,"设计规划之复杂,线路之多,均创下世界之最。"土建部分总投资近 360 亿,被称为中国的"超级工程"之一。

上海虹桥综合交通枢纽规划是机场、铁路、磁浮、地铁、出租、公交等一系列城市对内、对外交通服务功能一体化的综合性客运交通枢纽,枢纽的将京沪高速铁路站、城际轨道交通站、虹桥机场新航站楼等多种交通方式汇集于一体。枢纽将服务全国的远距离航空、高速列车,服务长三角的中距离城际列车、高速巴士,以及城市内部轨道交通、公共交通等综合设置有机衔接,以适应不同层次交通出行要求;枢纽内引入磁悬浮,将

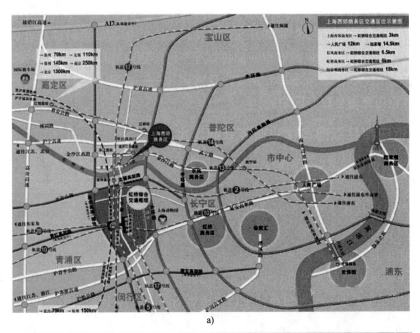

a)

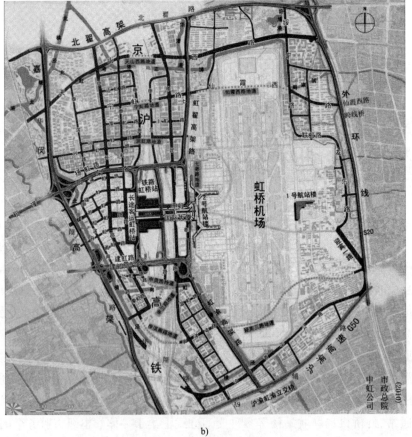

b)

图 17-10 上海虹桥综合交通枢纽区位图

实现航空旅客在虹桥和浦东两机场间快速周转,枢纽内多达56种多样灵活的交通换乘方式可为客流集散提供更多便利。在主体建筑内的地下设置两个城市地铁车站,引入5条通往上海市区各个方向的地铁线,在区域内规划了快速集散道路系统和各项公用配套设施,在主体建筑的东西两侧分别设有交通广场,分别设置长途高速巴士,城市公交车站和出租汽车场地,区域内还配置了足够的社会车辆停车场。这样的规划布局方案能够实现城市土地资源、城市环境资源和市政综合配套资源最佳程度的集约化使用,并为长三角地区旅客前往浦东国际机场换乘国际航班,在虹桥枢纽进行各种交通方式换乘,以及进出上海市区提供了非常便利的交通条件。同时,为了最大程度地方便乘客,在枢纽主体建筑内的地下和地上分别设置了3条贯通整个建筑东西向的大通道,并布置商业、餐饮等设施,使旅客能风雨无阻地活动并进行各种交通方式的换乘。以依托综合交通枢纽的特有功能,将整个区域建设成为为长三角、为全国经济服务的现代服务业发展区域,使虹桥综合交通枢纽区域成为上海连接、服务长三角,服务全国的重要交通纽带和经济纽带地区。

上海虹桥综合交通枢纽是包括城际铁路、高速铁路、轨道交通、长途客运、市内公交等多种换乘方式于一体的交通"巨无霸",号称世界上最复杂的交通枢纽工程。它既像欧洲交运流量最大的德国法兰克福机场,又像美国芝加哥的奥海尔国际机场(全美面积最大、客运吞吐最繁忙的机场,但并没有磁悬浮、高铁等复杂的功能);它又像东京的新宿、池袋、涉谷的综合(那里聚集着通向日本各地的路网系统,但没有虹桥枢纽的空港功能)。

上海虹桥综合交通枢纽是城市交通建设上的一大创新,它包括将航空、高速铁路、磁浮、地铁等多种交通方式结合在一起,不管是汇集的交通方式的数量还是规模,在国际上都是前所未有的。它的重要性不仅体现在交通本身,更体现在服务功能上。

(1)上海城市发展的需要;
(2)服务长三角区域经济的需要;
(3)可持续发展的需要;
(4)适应现代化交通发展的战略需要;
(5)为世博会服务的需要;
(6)发展现代物流产业的需要。

二、枢纽综合交通总体布局及交通需求

(一)枢纽规模及核心区布局

枢纽核心区内各交通主体(形成综合建筑体——交通中心)的平面布局,如图17-11所示。核心区平面布局由东向西依次为:机场跑道、机场航站楼、东交通广场、磁浮站、高铁站、西交通广场;枢纽建筑综合体(站本体)的竖向布局自下而上分5层,如图17-12所示;机场跑道、磁浮线及高铁轨道均为南北向布置。集中了目前世界上所有的以陆地为依托的交通方式,汇聚了世界上所有类型的车站。

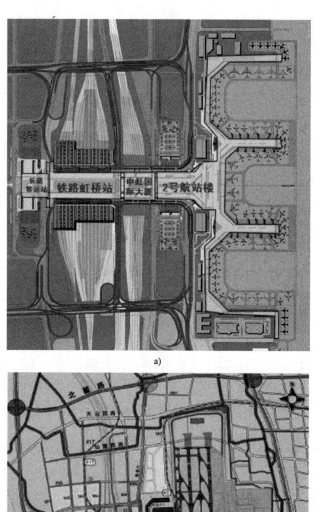

a)

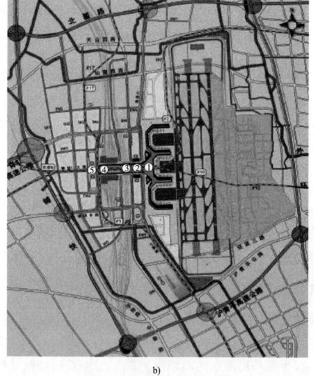

b)

图 17-11 上海虹桥综合交通枢纽平面布局
1-机场航站楼;2-东交通广场(含长途、公交与枢纽各类交通的换乘);3-磁浮车站;4-高铁车站;5-西交通广场

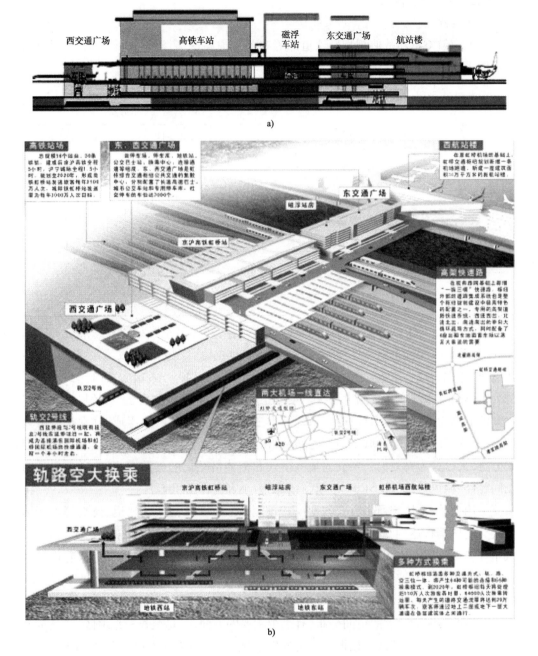

图 17-12　上海虹桥综合交通枢纽站本体竖向布局图

轨道交通进入枢纽的线路为 2 号线、10 号线、17 号线、5 号线、青浦线。其中，2 号线与 10 号线自东向西由地下二层横穿枢纽核心区，设 2 站（地铁虹桥东站和西站），17 号线与 5 号线南北向由地下三层交于高铁西侧站房下，并与 2 号线及 10 号线形成换乘。青浦线自西向东从地下二层进入地铁虹桥西站内，与其余轨道交通形成换乘。

(二)枢纽交通需求

1. 客运规模

在上海航空枢纽战略规划及铁道部等有关京沪高铁、磁浮规划的基础上,对虹桥枢纽四大对外大交通客运量进行了预测,得到预测结果见表17-2。

上海虹桥综合交通枢纽对外客运量预测(单向)   表17-2

大交通主要方式		2030年	
		年发送量(万人次/年)	日均发送量(万人次/日)
机场	东航站楼	500	1.4
	西航站楼	1500	4.1
高速(城际)铁路		7838	21.5
磁悬浮	沪杭线	1205	3.3
	机场线(两场客流)	1035	2.8
高速巴士		500	1.4
合计		12578	34.5

预测2030年由铁路客站、虹桥机场、高速磁浮、高速巴士客站的日均发送量将达到34.5万人次。虹桥枢纽作为轨、路、空三位一体的综合型的世界级超大城市对外客运枢纽,考虑高峰日系数,一般高峰日集散客流将达到140万人次。其内部交通主要分为主体系统和配套系统两大层次。主体系统主要由高速铁路客运,虹桥机场航空客运和沪航高速磁浮客运组成;配套系统则由三大类配套交通网络组成,分别是城市轨道网络、两场间磁悬浮和城市城际道路网络。再对三大类配套交通网络组成的交通模式分类,又可分为高效的公共交通集散模式和个体机动化的集散模式,前者主要由两场间磁浮、城市地铁、各类巴士组成,后者则为小客车和出租车。

采用公共、个体交通多方式均衡模式预测,在2030年枢纽内轨道、公交等可持续公共交通比例将达到60%左右,其中轨道交通比例可达35%~45%,出租车、私人小汽车等各类小客车比例基本控制在50%以内,枢纽交通核心区预测产生的道路交通量将达到24万PCU/日。

2. 枢纽到达客流空间分布

枢纽的客流到达的的空间分布,有三个主要的方向,一是至长三角地区,二是至上海市区,三是至上海郊区。根据长三角的发展规划、上海市的人口分布、岗位分布,预测得到虹桥交通枢纽客(车)流的空间分布如图17-13所示。

三、总体规划设计理念及原则

(一)规划设计理念

将枢纽核心区集散交通与枢纽开发区内的交通分离。轨道交通车站与枢纽站本体(建筑综合体)一体化布局,以垂直换乘为主。建设枢纽站本体专用高架快速集散道路系统,满足枢纽交通核心区车辆快速集散要求。车道边及停车库等旅客换乘设施就近在枢纽站本体附近立体化集中布置,机动车停、停车场等静态停车设施则尽可能利用枢纽高铁、磁浮等站场夹心地集约化布局。

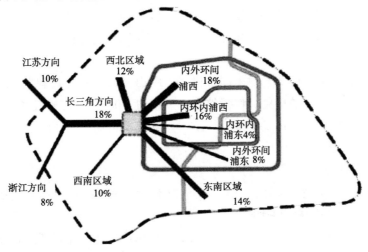

图 17-13　上海虹桥综合交通枢纽客流空间分布示意图

虹桥枢纽内交通总体设计理念如下:
(1)功能整合的立体化枢纽空间;
(2)公共交通为主的层次化交通系统;
(3)人车分离的人性化交通环境;
(4)分块集散的简捷化交通流线。

(二)规划设计原则

针对虹桥枢纽不同交通模式的功能定位、交通需求、用地布局以及交通中心的建筑平立面布局,在规划设计理念的指导下,枢纽内交通总体设计及组织采用如下原则。

1. 基本规划原则
(1)公交优先立体换乘;
(2)专用通道分类集散;
(3)南北分行分块循环;
(4)营运数字化信息化。

2. 总体规划设计原则

1)铁路客运专线上海总站(虹桥高铁站)

虹桥高铁站,距离虹桥机场 400m,将作为京沪高铁和沪宁、沪杭城际铁路的专用客站(不办理货运),以接发时速 200km 以上的高速和城际列车为主,设 32 股道、2 个车场,设计日吞吐量 20 万人次,建成后将是上海第一大站。

2)航空港(T1、T2 航站楼)

虹桥机场老航站楼改造工程已经完成,目前正在把主跑道加长。2010 年前,虹桥机场还将加修第二跑道,另建第二航站楼,使年旅客吞吐量在 2004 年的基础上增加一倍到 3000 万人次。

3）机场快线（磁悬浮）

机场快线为连接虹桥枢纽及浦东国际机场的交通线路，规划在虹桥机场新航站楼下建长 280m、宽 140m 的机场快线站。已经确定将浦东、虹桥两大机场用磁悬浮贯通，从龙阳路起，途经世博园、上海南站后，接入虹桥综合交通枢纽。

4）城市轨道交通

确定 3 条轨道交通：2 号线（虹桥机场—中山公园—张江高科技园区—川沙新镇—浦东国际机场）将最早接入虹桥综合交通枢纽；10 号线（虹桥机场—古北新区—新天地—老西门—五角场—新江湾城）；13 号线（虹桥机场—金沙江路—新客站）。同时还预留了两条轨道交通线。

5）地面公共交通

规划在铁路客站东、西两个广场共设总数不少于 30 条的公共汽车路线和日客运量 2.5 万人次的长途高速巴士站。

此外，为配合虹桥综合交通枢纽建设，虹桥机场周边地区还将新建 2 条快速道路：一条是苏虹机场高速公路（A15），另一条是连接沪宁、沪杭两条高速公路的华翔路—中春路高架道路。

四、规划设计方案

（一）轨道交通

1. 线路组成

共有 5 条轨道交通线路引入虹桥枢纽，分别为近期建设的 2 号、10 号线以及规划远期建设的 5 号、17 号线及青浦线。轨道交通系统东起虹桥西侧新建机场航站楼前广场下，西至西广场以西 SN2 路下方，在地下串连起航站楼、东交、磁浮、高铁、西交，并在地下一层形成与枢纽内其他各种交通方式换乘的人行大通道。

2. 车站布局

轨道交通在虹桥枢纽站本体下方共设两站，分别为虹桥枢纽东站、虹桥枢纽西站。虹桥枢纽西站设于拟建高速磁浮站房西侧，拟建高铁及城际铁站房下，该站为地下三层车站，地下一层为人行大通道兼作轨道交通车站站厅层，地下二层为 2 号线、青浦线、10 号线站台层，三线呈东西向平行于枢纽轴线且对称布置于轴线两侧，青浦线设于 2 号、10 号线之间，为侧式车站，是终点站，预留站前及站后折返的条件，2 号线为终点站，站前设单渡线，站后设折返线及存车线，10 号线为与 2 号线联络的接轨站，在站东端设单渡线及与 2 号线的联络线；地下三层为 5 号、17 号线站台层，两线为单岛式呈南北向布置，两线共一站，均为站前折返的终点站。虹桥枢纽东站设于拟建高速磁浮车站东侧、航站楼西侧下方，东站设二层车站，平面上呈东西向平行于枢纽轴线且对称布置于枢纽轴线两侧，地下一层为大通道且兼作轨道交通车站的站厅层，地下二层为 2 号线、10 号线的站台层，2 号线、10 号线平行呈东西向布置形成两线换乘车站，为一般中间站。

(二)快速的道路集散系统

1. 系统组成

整个快速集散道路系统有以下几方面组成:立交、高架衔接段、高架循环圈、车道边、地面循环道路、落地匝道。

(1)立交:与外围快速路系统衔接,实现车流转换,4个立交节点分别是青虹路—西郊高架路立交、徐泾中路—西郊高架路立交、七莘路—北翟路立交和七莘路—沪青平(A9)立交。

(2)高架衔接段:作为提供枢纽旅客集散的专用快速通道,主要采用全封闭的快速路形式,并分别通过青虹路、徐泾中路、七莘路的四条高架衔接道路与外围快速路网的4个立交节点直接相连,为进、离场的车辆提供快速通道,并体现南进南出、北进北出、西进西出的交通组织要求。

(3)高架循环圈:车辆进出枢纽通过同一节点的行驶需求与习惯进行设计,将循环高架分为南北两个循环圈;此外为了均衡进出高铁、磁浮与机场的交通流量,又将循环高架分为高铁循环圈与磁浮、机场循环圈,由此共形成4个单向运行的高架循环圈。每一条循环高架线路均有其特定的功能,且采用单向、分离的运行方式。

(4)落地匝道:系统通过匝道实现高架、地面道路、地道之间的连接,实现各道路层面之间连接。

(5)地面循环路:在核心区范围,高铁西侧地面SN3路与SN4路形成单向循环道路,磁浮与航站楼之间SN6路与七莘路形成单向循环路,方便两处交通中心进出车流的交通组织。

2. 高架循环圈形态设计

高架循环圈形态基于南北分块的原则,为了均衡车流量,减少车辆交织及绕行距离,提高交通运行效率,综合考虑最终推荐高架循环圈采用均匀分块循环方式。

(三)枢纽站本体相关交通组织

1. 枢纽站本体(建筑综合体)内人流组织

枢纽站本体(建筑综合体)内部人流交通组织主要通过地面下一层、-4.2m层大通道、地面上一层、17.3m层到发层;另外在地面下半层、2.4m层解决西交通广场的巴士到达高铁的部分客流;在地上11.75m夹层内解决磁浮车站到达客流直接转换航班的需求。

各分层之间通过楼梯、垂直电梯、自动扶梯等垂直换乘通道联系。

在主要人流换乘层的地下一层和地上二层还布置了自动步道,作为站本体内的捷运系统,为步行旅客提供换乘的便利。同时结合地铁东、西两站的布局,机场航站楼(以及磁浮)换乘西交通广场高速巴士的旅客以及机场航站楼和高铁之间的换乘旅客,为了减轻因换乘距离过长所带来的不便,可借用枢纽内的地铁东、西两站作为捷运,建议枢纽为内部换乘的旅客提供免票服务。

2. 巴士

巴士指服务于大量旅客的长途（高速）巴士、线路巴士、专线巴士以及旅游巴士等，巴士交通组织采用如下原则：

(1) 公交优先到发分离；

(2) 场站分离核心区外停车；

(3) 服务对外大交通限制对内小交通间换乘；

(4) 高速、专线巴士采用一站式布局。

大交通（飞机、磁浮、高铁等交通工具）到达枢纽为到达，离开枢纽为出发；小交通（线路巴士、轨道交通及出租车等市内交通）则相反。

为减少巴士在枢纽内的行驶距离，长途巴士枢纽内接客离场采用一站式，位于西交通广场内；线路、专线等巴士接客离场采用"一站式"，根据枢纽内部客流量实际分布情况，上客站可选择布置在西或东交通广场。根据实际运营的需要，长途及线路巴士也保留了采用"两站式"进行交通组织的可能。巴士进出枢纽核心区均通过快速集散道路系统。

3. 出租车

枢纽内出租车在高架车道边送客，回停车场后，通过专用通道至高铁站房南、北地下一层专用出租车地道车道边，磁浮车站及航站楼地面层车道边接客离场。

出租车进出枢纽均通过快速集散道路系统。

4. 社会车辆

社会车辆进场送客可在高架车道边，在高峰期高架车道边停车空间不足时，进场送客则控制在车库内的车道边；社会车辆接客离场则统一安排在车库内。

(四) 静态交通

1. 车道边

车道边是枢纽内实现人、车换乘的区域。受到建筑布局的限制，车道边资源非常有限，因此需要综合考虑、合理利用并有效提高使用效率。

枢纽内车道边分别布置在出发层、到达层和车库内。

1) 出发层

在枢纽高架层，结合建筑进站流程，布置旅客出发层车道边如图17-14所示。车道边共设2组，内侧一组提供大载客量、大车型巴士使用，设置部分锯齿型下客站；外侧一组提供小载客量出租和社会小汽车使用。

2) 到达层

在磁浮站厅、机场航站楼和高铁站厅前的车道边分别布置巴士和出租车的上客点。

3) 社会停车库

内磁浮站厅、机场航站楼和高铁站厅等建筑体前的车道边资源有限，因此设计将车道边功能延伸至枢纽静态停车库内。结合社会车库布局，在社会车库内社会车辆车道边社会车辆车道边西交通中心社会停车库西交通中心社会停车库内车道边靠近交通中心人行换乘通道处也分层布置了上、下客车道边,供社会车辆接送客停靠使用,其中西交通广场社会停车库内车道边布局如图17-15所示。

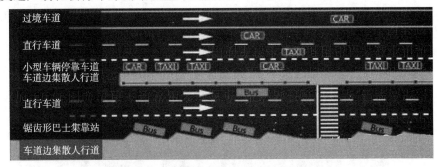

图17-14　上海虹桥综合交通枢纽高架出发层车道边

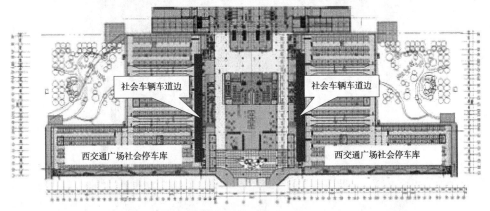

图17-15　上海虹桥综合交通枢纽西交通广场社会停车库

枢纽内出租车必须进行有序单独管理,并提供充足的停车场和专用的补给通道进行排队等候,以满足高铁、磁浮和机场的需求。

枢纽内布置原则是尽量利用边角地带,增加土地的利用率,同时与整个快速循环道路系统密切相连。整个交通枢纽共设置四处出租车地面停车场,分别服务于高铁、磁浮和机场,位置分别选择在高铁轨道与道路红线的夹心地、磁浮轨道与道路红线的夹心地以及高架桥下,其规模可满足到达乘客量对出租车的实际需求。

考虑到高铁的需求量远大于磁浮和机场,并且结合其到达车道边南北两侧分别设置(地道)的形式,高铁的出租车停车场也分别设为南北两处。

图17-16中北侧TP1与南侧TP2为服务于铁路旅客的出租车停车场,近期可提供停车位1200个、远期可扩充至2000个;北侧TP3为服务于磁浮旅客的出租车停车场,近期提供停车位300个、远期可扩充至500个;南侧TP4服务于机场旅客的出租车停车场,近期提供停车位600个、远期可扩充至1000个。

因受到枢纽核心区空间资源限制,巴士将在枢纽核心区内设过境站式始发站,同时为确保巴士车辆进场接客的准点性,停车场则被就近安排在枢纽核心区外。在枢纽高铁西侧的北部以及南部靠近核心区位置各设 1 处巴士停车场,在东交通广场以北、磁浮出租车停车场以南设 1 处线路巴士停车场,如图 17-16 中的巴士停车场,分别为位于北侧的 BP1 巴士停车场以及磁浮东北侧 BP3 巴士停车场,服务自北侧进入枢纽下客的巴士车辆;位于南侧的 BP2 巴士停车场,服务自北侧进入枢纽下客的巴士车辆。

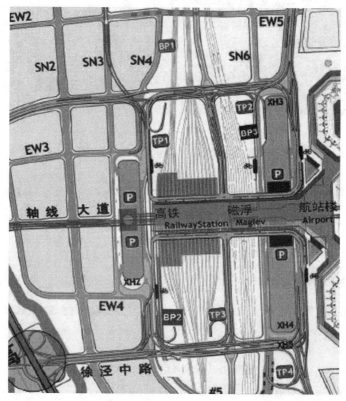

图 17-16　上海虹桥综合交通枢纽出租车停车场及巴士停停车场布置

2. 社会停车库

在枢纽高铁站房西面的西交通广场内,紧邻高速巴士车站南、北两侧分别布置了地下三层社会停车库为高铁旅客服务,近期可提供小车停靠车位 3120 个,远期可扩展至 4320(5000)个。地面提供 134 个大、中型车停车位。

在枢纽磁浮站房和西航站楼间的东交通广场内,紧邻巴士车站,在其南、北两侧分别布置社会停车楼为磁浮和机场旅客服务,近期可提供小车停靠车位 2732 个,同时预留远期的车库扩展空间。地面提供大型车停车位 62 个、中型车停车位 106 个。

参 考 文 献

[1] 王庆云. 交通运输发展理论与实践(上下)[M]. 北京:中国科学技术出版社,2006.

[2] 刘强,陆化普,邹博. 我国综合运输网络布局规划研究[J],武汉理工大学学报(交通科学与工程版),2009.

[3] 吴群琪,孙启鹏. 综合运输规划理论的基点[J],交通运输工程学报,2006(6).

[4] 毛保华. 综合运输体系规划理念与顶层设计方法[J]. 交通运输系统工程与信息,2014(14).

[5] 徐宪平. 统筹协调 优化配置 着力推进综合交通运输体系建设[J]. 综合运输,2011(1).

[6] 黄民. 关于我国交通运输发展若干问题的思考[J]. 综合运输,2010(5).

[7] 孔哲,孙相军. 综合运输规划评价指标体系研究[J]. 综合运输,2013(7).

[8] 孙启鹏. 综合运输理论与方法——运输方式动态技术经济特性[M]. 北京:经济科学出版社,2010.

[9] 罗仁坚. 中国综合运输体系理论与实践[M]. 北京:人民交通出版社,2009.

[10] 荣朝和. 推进综合交通规划的方法创新[J]. 综合运输,2010(1).

[11] 吴兆麟. 综合交通运输规划[M]. 北京:清华大学出版社,2009.

[12] 杨浩. 交通运输概论[M]. 2版. 北京:中国铁道出版社,2009.

[13] 谢家举. 发展甩挂运输是促进道路货运行业转型升级的突破口[J]. 交通运输部管理干部学院学报,2011(2).

[14] 郑松富,连义平. 综合交通运输概论[M]. 成都:西南交通大学出版社,2009.

[15] 张家庆,程显胜. 集装箱多式联运[M]. 北京:中国人民大学出版社,2013.

[16] 方照琪. 集装箱运输管理与国际多式联运[M]. 北京:电子工业出版社,2016.

[17] 吴念祖. 虹桥综合交通枢纽旅客联运研究[M]. 上海:上海科学技术出版社,2010.

[18] 杨志刚,等. 国际集装箱多式联运实务、法规与案例[M]. 北京:人民交通出版社,2006.

[19] 赵一飞. 多式联运实务与法规[M],上海:华东师范大学出版社,2007.

[20] 交通运输部文件. 关于促进甩挂运输发展的通知. 交运发[2009]808号.

[21] 武德春,武骁. 国际多式联运实务[M]. 北京:机械工业出版社,2007.

[22] 李敏. "一带一路"下的国际多式联运SWOT分析[M]. 北京:现代教育出版社,2016.

[23] 孔令斌. 城市发展与交通规划:新时期大城市综合交通规划理论与实践[M]. 北京:人民交通出版社,2009.

[24] 龚露阳.我国旅客联程联运发展关键问题及思路[J].交通标准化,2014(15).

[25] 秦灿灿,徐循初.法兰克福机场的空铁联运[J].交通与运输(学术版),2005(2).

[26] 张建民,杨子敬.法兰克福机场地面服务的管理经验及其对中国的启示[J].经济研究导刊,2010(25).

[27] 殷峻,俞济涛,王丽萍.空铁联运接驳方式研究与实践[J].高速铁路技术,2012(5).

[28] 葛春景,郝珍珍.以机场为中心的综合交通枢纽规划与建设[J].科技和产业,2013(9).

[29] 田雨.基于长三角地区的空铁联运模式研究[J].科技创新与应用,2014(15).

[30] 武德春,武骁.国际多式联运实务[M].北京:机械工业出版社,2007.

[31] 顾丽亚.国际多式联运实务[M].北京:人民交通出版社,2008.

[32] 班晓英,杨志刚.国际多式联运实务与法规指南[M].北京:化学工业出版社,2014.

[33] 杜文.旅客运输组织[M].2版.成都:西南交通大学出版社,2008.

[34] 赵一飞.多式联运实务与法规[M].2版.上海:华东师范大学出版社,2015.

[35] 贾磊.空铁联运的优势分析[J].经营管理者,2010(11).

[36] 李纯,等.空铁联运模式及其实施路径分析.空运商务,2011(3).

[37] 瞿孝志.长三角城市群"空铁联运"发展模式研究[J].江南论坛,2013(12).

[38] 陆锡明.综合交通规划[M].上海:同济大学出版社,2003.

[39] 李·毕理克巴图尔.区域综合交通运输一体化[M].北京:经济管理出版社,2012.

[40] 刘武君.综合交通枢纽规划[M].上海:上海科学技术出版社,2015.

[41] 陈元.现代综合交通运输体系建设研究[M].北京:研究出版社,2008.

[42] 徐宪平.我国综合交通运输体系构建的理论与实践[M].北京:人民出版社,2012.

[43] 荣朝和.交通大部制应尽快转向综合运输政策管理[J].综合运输,2013(10).

[44] 郭文帅,荣朝和.综合交通运输研究综述[J].经济问题探索,2013(10).

[45] 交通运输部办公厅文件.综合交通运输标准体系.交办科技[2015]80号.

[46] 王瑜.浅谈交通运输业技术发展及创新轨迹.科技创新与应用[J],2012(21).

[47] 齐禹萌.科技进步与航空运输发展[J].中国民用航空.2008(09).

[48] 康灿华,孙国庆.中国公路交通科技创新的特点浅析[J].时代经贸(中旬刊),2008(S2).

[49] 何华武.中国铁路发展与科技创新[J].铁道工程学报.2007(07).

[50] 董千里.交通运输组织学[M].北京:人民交通出版社,2008.